"十三五"国家重点图书出版规划项目
21世纪海上丝绸之路与广东发展研究丛书（第2批） 主编：张燕生 王义桅

21 Shiji Haishang Sichou zhi Lu
yu Guangdong Guoji Maoyi

21世纪海上丝绸之路与广东国际贸易

黄新飞 ◎ 编著

中山大学出版社

·广州·

版权所有 翻印必究

图书在版编目（CIP）数据

21世纪海上丝绸之路与广东国际贸易/黄新飞编著. —广州：中山大学出版社，2020.8

（21世纪海上丝绸之路与广东发展研究丛书·第2批/张燕生，王义桅主编）

ISBN 978-7-306-06779-1

Ⅰ.①2… Ⅱ.①黄… Ⅲ.①海上运输—丝绸之路—中国—21世纪 ②国际贸易—贸易发展—研究—广东 Ⅳ.①K203 ②F752.865

中国版本图书馆CIP数据核字（2019）第274612号

出 版 人：	王天琪
策划编辑：	金继伟　徐　劲
责任编辑：	王　璞
封面设计：	林绵华
责任校对：	周　玢
责任技编：	缪永文
出版发行：	中山大学出版社
电　　话：	编辑部 020-84110771，84113349，84111997，84110779
	发行部 020-84111998，84111981，84111160
地　　址：	广州市新港西路135号
邮　　编：	510275　传　真：020-84036565
网　　址：	http://www.zsup.com.cn　E-mail：zdcbs@mail.sysu.edu.cn
印 刷 者：	佛山市浩文彩色印刷有限公司
规　　格：	787mm×1092mm　1/16　19.25印张　285千字
版次印次：	2020年8月第1版　2020年8月第1次印刷
定　　价：	48.00元

如发现本书因印装质量影响阅读，请与出版社发行部联系调换

总序一

打开丛书，翻开一本本书稿，醒目的主题指引、鲜活的思想碰撞、深邃的智慧启迪、扑面而来的南国文采，深深吸引、打动和感染了我。"21世纪海上丝绸之路与广东发展研究丛书"是"十三五"国家重点图书出版规划项目、国家出版基金资助项目，第1批包括了《21世纪海上丝绸之路与广州发展》《21世纪海上丝绸之路与广州国际化大都市建设》《21世纪海上丝绸之路与广州离岸文化中心》《21世纪海上丝绸之路与广东自由贸易区》《21世纪海上丝绸之路与广东旅游发展》，第2批包括了《21世纪海上丝绸之路与广东国际贸易》《21世纪海上丝绸之路与广东海洋经济》《21世纪海上丝绸之路与广东会展发展》《21世纪海上丝绸之路与广东高等教育》《21世纪海上丝绸之路与广州国际航空枢纽》《21世纪海上丝绸之路与深圳科技产业创新》，涵盖了经济、社会、文化等不同主题。这是一套值得仔细阅读、慢慢品味和深入思考的好丛书，实在令人惊喜。

2018年是我国改革开放40周年。在人类社会的历史长河里，40年可谓弹指一挥间。然而，在中华民族数千年上下求索、连绵不息的文明史中，这40年则有着非同寻常的重大意义。在历史上，中华民族在大多数时期执行的都是开放包容的政策体系，由此创造了人类社会唯一没有中断的灿烂的中华文明。然而，作为历史片段的一项闭关锁国政策，再加上内部缺少变革活力和发展动力，最终造成了中华民族近代被动挨打的惨痛经历。习近平指出，人类社会发展的历史告诉我们，开放带来进步，封闭必然落后。中国开放的大门不会关闭，只会越开越大。这是中华民族从近代历史中汲取的惨痛教训，已凝练成中国人民永世难忘的集体记忆，成为推动中华儿女前赴后继勇于变革的强大动力。

习近平指出，古代丝绸之路打开了各国友好交往的新窗口，书写了人类发展进步的新篇章，"积淀了以和平合作、开放包容、互学互鉴、互利共赢为核心的丝路精神"，这是人类文明的宝贵遗产。今天，我们要乘势而上、顺势而为，推动"一带一路"建设行稳致远，迈向更加美好的未来，将"一带一路"建成和平之路、繁荣之路、开放之路、创新之路、文明之路。①

历史之问：古代海上丝绸之路时期，广东海外贸易为什么长盛不衰？广东是中国2000多年来唯一一个海外贸易长盛不衰的地区。只是在宋元时期，泉州曾经超过广州成为中国最大的海外贸易地区。即便如此，那个时期以广州为核心的广东地区海外贸易也没有衰落。② 这套丛书的作者告诉我们，唐宋时期在广州居住的外国商人和侨民有十几万人，占广州居民的三成以上。广州在元朝已与众多国家和地区有贸易往来；在明朝成为我国朝贡贸易的第一大港；在清朝成为我国唯一的对外通商口岸，史称"一口通商"；在19世纪中叶成为世界十大城市之一，是仅次于北京、伦敦、巴黎的世界性大城市。③

今日之问：广东作为21世纪海上丝绸之路最主要的始发地，未来仍能够引领国家海外贸易乘势而上、顺势而为、高质量发展吗？在新时代，广东站在了一个历史的新起点上，开始了现代化的新征程。无论是21世纪海上丝绸之路的建设，还是粤港澳大湾区世界级城市群的打造，

---

① 习近平：《携手推进"一带一路"建设——在"一带一路"国际合作高峰论坛开幕式上的演讲》，载《人民日报》2017年5月15日。

② 王先庆：《21世纪海上丝绸之路与广东自由贸易区》，中山大学出版社2018年版，第2页。

③ 姚宜：《21世纪海上丝绸之路与广州国际化大都市建设》，中山大学出版社2018年版，第26页。

推动高质量发展、建设现代化经济体系、解决不平衡不充分发展的矛盾都是新时代的新要求。习近平指出："高质量发展，是能够很好满足人民日益增长的美好生活需要的发展，是体现新发展理念的发展，是创新成为第一动力、协调成为内生特点、绿色成为普遍形态、开放成为必由之路、共享成为根本目的的发展。"①

21世纪海上丝绸之路的相关经济体大多数是发展中国家。一方面，这些国家多是制度风险、政治风险、经济风险、市场风险和经营风险显著高发地区。越是艰险越向前，这是广东人的开放天性和独到本领。广东是我国第一侨乡，海外侨胞占全国的2/3，其中，在海上丝绸之路沿线东南亚国家的华侨占广东海外华侨人数的60%以上，因此，广东具有其他地区无可比拟的侨商优势。② 只要将广东人的特色与21世纪海上丝绸之路当地人的优势相结合，加上与在海上丝绸之路相关地区有百年以上从商经验的欧洲、北美、东北亚的企业、金融机构和社会组织开展全方位的国际合作，就能够取得双赢、多赢的结果。另一方面，21世纪海上丝绸之路相关经济体有着强烈的发展需要。广东可以聚焦于21世纪海上丝绸之路上的重点国家、重点地区、重点领域，开展双边、多边合作，尤其是推动第三方合作；基于共同合作意愿，推动交通、能源、电力、信息、通信基础设施建设、农业、先进制造业、服务业等领域的优势互补、互通互动、互利共赢的合作；通过构建21世纪海上丝绸之路建设的"项目群、产业链、经济区"等多种形式，打造利益共同体；通过最大限度发挥广东软实力优势，推动与21世纪海上丝绸之路相关经济体之间的人文交流、离岸文化、旅游休闲、社会民生、绿色发展等领域

---

① 中共中央宣传部：《习近平新时代中国特色社会主义思想学习纲要》，学习出版社、人民出版社2019年版，第112页。
② 秦学：《21世纪海上丝绸之路与广东旅游发展》，中山大学出版社2018年版，第10页。

的合作。

21世纪海上丝绸之路建设的定位是"我国今后相当长时期对外开放和对外合作的管总规划"[①]，"本质上是通过提高有效供给来催生新的需求，实现世界经济再平衡"[②]。广东在推动21世纪海上丝绸之路全方位国际合作方面有着独特优势和社会责任。我们期待，这套丛书能够从全球经济、社会、人文等不同角度，推动社会各界关心、关注、关怀21世纪海上丝绸之路建设的方方面面，最大限度满足人民日益增长的美好生活需要，推动高质量发展，建设现代化的经济体系。同时，祝愿广东人民、全国人民、"一带一路"沿线各国人民乃至全世界人民在合作中生活得更加美好。

（张燕生，国家发展和改革委员会学术委员会委员，研究员、博士生导师，中国国际经济交流中心首席研究员）

[①] 中共中央文献研究室编：《习近平关于社会主义经济建设论述摘编》，中央文献出版社2017年版，第276页。

[②] 习近平：《让"一带一路"建设造福沿线各国人民》，见习近平著《论坚持推动构建人类命运共同体》，中央文献出版社2018年版，第357页。

总序二

"一带一路"建设是我国未来一段时期最重要的发展战略之一，对于世界有着深远的影响。围绕如何推进"一带一路"建设，很多专家学者高屋建瓴，从国家层面提出了合理化建议。各省份也在积极探讨如何融入和对接"一带一路"，以期准确抓住经济社会发展新的战略机遇。在"21世纪海上丝绸之路"建设中，广东省无疑具有举足轻重、不可替代的作用。系统地研究"21世纪海上丝绸之路与广东发展"，对作为我国改革开放前沿地、"海上丝绸之路"起点之一的广东省的未来发展具有极其重要的指导作用，对我国推进"一带一路"建设也将起到应有的促进作用。"21世纪海上丝绸之路与广东发展研究丛书"就是在这种背景下的及时之作。

广东作为改革开放的前沿地，在过去的40年里取得了辉煌的成就，为全国提供了重要的经验借鉴，也正在为"一带一路"沿线国家提供经济发展的样本。在建设"一带一路"的新历史时期，积极参与到国家的战略建设中，既是广东的机遇，也是广东的责任。广东地区的一批专家学者围绕国家的战略方向，结合广东地区发展的实际，从经济、文化、城市发展等角度，深入探讨"一带一路"建设带来的历史机遇，分析广东具有的优势，提出了一系列新观点、新思路和富有建设性的对策建议，在此基础上，汇集成为"21世纪海上丝绸之路与广东发展研究丛书"，既有深远的学术价值，也有深刻的现实意义。

这套丛书的最大优点是把握住了国家战略与地方发展的互动。在我国当前的体制下，国家战略导向既是地方发展的重要机遇，也是各地许多已有研究成果的出发点。同时，各地在贯彻落实国家战略的过程中，形成各具特色的"走出去"模式,成为推进国家战略的有力支撑。广东由于其特殊地理位置和历史传统,在"一带一路"建设中,尤其是在21世纪海上丝绸之路的建设中,再次发挥着引领作用,甚至可以说在一定程度上影响着国家战略的实施效果。这套丛书对这种互动关系进行了深入阐发,具有较高的学术价值和指导意义。

作为"专题式系统研究之学术著作",这套丛书及时填补了"'一带一路'与区域发展"研究领域之空白,具有较高的史料价值。

这套丛书的鲜明特色是把握住了广东地方发展的实际与推进"一带一路"建设的优势。从国家层面来看,"一带一路"建设必须综合协调有序推进,但是从地方实践出发,必须扬长避短并形成区域优势。这套丛书的研究内容与广东地方实际结合得非常紧密,这也是广东最能发挥特长并在全国范围内形成示范的领域。相信这套丛书的出版,能助推广东再次成为改革开放的先锋,为全国各地贯彻落实"一带一路"倡议提供借鉴。

(王义桅,中国人民大学国际关系学院外交学教授、博士生导师,国际关系学博士)

内容提要

本书首先以时间为脉络对我国海上丝绸之路发展的历史进行概述，概括总结了自秦汉至近代关于海上丝绸之路的发展历程、表现形式和特征，以及对不同历史时期社会、经济、文化的贡献和影响。随后，分析论证了习近平主席提出的"一带一路"倡议的必要性和重要性，并从民族认同、经济发展两大方面分别展开论述"一带一路"倡议的当代及未来历史使命，给出21世纪海上丝绸之路贸易发展的重点与方向建议。紧接着，本书介绍了广东海上丝绸之路的贸易发展，特别是广州十三行的发展历程，以及广东省在海上丝绸之路中的重要作用。

其次，本书从理论的视角对海上丝绸之路进行了宏观的分析。首先介绍了新经济地理学、国际贸易与国际投资这三种与海上丝绸之路高度相关的理论的基础知识和主要框架，通过对比各种学说流派的核心观点的演进发展，直观高效地为读者奠定理解"一带一路"的理论基础。在理论分析的基础上，本书进一步分析了广东省在21世纪海上丝绸之路建设和经济新常态中的优劣势，从而寻找广东省的发力点。

再次，本书通过计算对比经典的产业集聚指数——空间基尼系数和EG指数，分析了产业聚集程度的影响因素，直观地向读者展现出我国制造业产业聚集程度的变动方向、发展趋势、行业间异质性和国际间比较。接着结合新经济地理学和产业组织学，阐述产业聚集度对经济发展的影响，包括对经济增长、全要素生产率、工业空间演化、企业创新的作用及其内在机制。随后就粤港澳大湾区的制造业产业聚集情况、劳动者分布进行具体分析。然后从产业聚集角度分析粤港澳服务贸易自由化的必要性和可行性、政策保障以及实施措施。

本书后半部分聚焦于广东的经贸发展，梳理了广东海上丝绸之路的贸易发展脉络，介绍了广东省国际贸易的国家合作现状以及加强与"一带一路"沿线国家贸易合作的必要性。通过历史数据，简要对比分析广东对外贸易发展的结构和方式的渐变，结合当前国内外环境，分析广东外贸发展现阶段存在的局限性，探讨在"21世纪海上丝绸之路"倡议及"粤港澳大湾区"战略规划的机遇下，广东如何主动创新求变，实现贸易转型升级，并给出相关参考建议。广东省传统的贸易模式主要有加工贸易、补偿贸易和转口贸易。在电子商务等新时代背景下，广东省的贸易模式不断进行转型和升级。从贸易特征上看，广东省民营企业出口发展迅猛，出口商品以机电产品为主，其中一般贸易占主导地位。在国际新形势下，广东省与"海丝之路"沿线国家的经贸往来将进一步发展。

最后，本书对21世纪广东贸易的政策创新与措施进行了归纳总结。

第一章 导论 / 1
第一节 21世纪海上丝绸之路的历史背景 ………………… 3
第二节 21世纪海上丝绸之路的时代使命 ………………… 10
第三节 21世纪海上丝绸之路的贸易发展重点与方向 …… 13

第二章 广东贸易发展路径与历程研究 / 21
第一节 广东海上丝绸之路贸易发展的历史路径 ………… 23
第二节 广州十三行：广东贸易发展的原点 ……………… 33
第三节 海上丝绸之路：广东国际贸易先行一步 ………… 42

第三章 21世纪海上丝绸之路的理论分析 / 53
第一节 主要理论基础 ……………………………………… 55
第二节 21世纪海上丝绸之路的现实需求 ………………… 67

第四章 21世纪海上丝绸之路广东发展现状：阶段与优势 / 71
第一节 广东省经济贸易发展 ……………………………… 73
第二节 先试先行的改革发展之路 ………………………… 96
第三节 广东经济贸易的优势和风险 ……………………… 103

第五章 21世纪海上丝绸之路与广东高质量发展 / 109
第一节 高质量发展的理论内涵与发展特征 ……………… 111
第二节 世界经济格局与产业转移趋势 …………………… 133

第三节　高质量发展的广东贸易发展方向……………………145

第六章　21世纪海上丝绸之路产业发展：集聚视角 / 153

第一节　产业集聚与经济发展……………………………………155
第二节　粤港澳大湾区的产业一体化……………………………171
第三节　粤港澳服务贸易自由化…………………………………184

第七章　21世纪海上丝绸之路互联互通：广东与世界 / 191

第一节　基础设施的互联互通：国际航运枢纽和国际航空门户……193
第二节　互联互通的重要平台：粤港澳大湾区…………………201
第三节　互联互通的重要平台：广东自贸区……………………212
第四节　国际贸易核心城市与战略支点城市……………………223
第五节　广东国际贸易现状………………………………………227

第八章　21世纪海上丝绸之路与广东贸易转型升级 / 243

第一节　广东对外贸易发展和转型升级…………………………245
第二节　广东省外贸转型升级……………………………………253
第三节　推动"引进来"和"走出去"协调发展………………260

第九章　21世纪海上丝绸之路广东贸易的政策创新与措施 / 265

第一节　广东参与21世纪海上丝绸之路建设的政策研究框架…267
第二节　政策沟通：构建多层次沟通协商体系…………………267
第三节　设施联通：交通运输、信息能源等齐头并进…………270
第四节　贸易畅通：开放型经济新体制正在形成………………274
第五节　资金融通：金融开放助力广东企业"走出去"………278
第六节　民心相通：以旅游合作和人文交流为突破口…………281

参考文献……………………………………………………………287

第一章

导论

本章首先以时间为脉络对海上丝绸之路发展的历史进行概述，回顾了自秦汉至近代关于海上丝绸之路的发展历程，简要叙述海上丝绸之路的表现形式和特征，及其对不同历史时期社会、经济、文化的贡献和影响，紧接着对丝绸之路和海上丝绸之路名称的由来进行科普性介绍。随后以中国特色社会主义发展阶段的国情国力、综合成就为现实基础，结合通俗经济学原理，分析论证习近平主席提出"一带一路"倡议正当时，是必要的和重要的，是促进世界和平发展的"及时雨"和"催化剂"，是普惠的和互利的。进一步从民族认同、经济发展两大方面分别展开论述"一带一路"倡议的当代及未来使命。最后给出21世纪海上丝绸之路贸易发展的重点与方向建议。

第一节 21世纪海上丝绸之路的历史背景

一、"丝绸之路"与"海上丝绸之路"名称由来

"丝绸之路"一词,最早是由19世纪70年代的德国地质学家、地理学家李希霍芬(Ferdinand von Richthofen,1833—1905年)在《中国旅行记》一书中提出,他在谈到中国经西域到希腊、罗马的陆上交通路线时,鉴于大量的中国丝绸和丝织品经此路西运,将张骞开辟的这条东西大道誉为"丝绸之路"。但在当时,"丝绸之路"这一名称其实是对中国与西方所有来往通道的统称,实际上并不是只有一条路。

德国学者胡特森在对中国"丝绸之路"多年研究的基础上,撰写成专著《丝路》。也因为《丝路》一书的产生,"丝绸之路"这一名称开始得到世界的承认。概括地讲,丝绸之路是自古以来,从东亚开始,经中亚、西亚进而联结欧洲并延伸到北非的这条东西方交通道路的总称,它可以说是连接亚欧大陆的交通动脉,是中国、印度和希腊三种主要文明进行交汇的桥梁。在新疆按其路线分为南、中、北三道。

除了陆上交通以外,还有一条主要途径是取道海路,自中国东南沿海港口,往南穿过南中国海,进入印度洋、波斯湾地区,远及东非、欧洲。这一东西方交往的海上交通要道,被称为海上丝绸之路。也有研究者根据不同历史时期主要的贸易商品,称之为瓷器之路、茶叶之路、香料之路。1913年,法国汉学家沙畹首先提出了"海上丝绸之路"的概念,他在其所著的《西突厥史料》中提出:"丝路有陆、海两道。北道出康居,南道为通印度诸港之海道。"随后被学术界逐渐接受和采纳。

二、海上丝绸之路起源及发展概述

中国的海上丝绸之路大致可分为秦汉形成、魏晋发展、隋唐繁荣、宋元鼎盛和明清衰退五个历史发展阶段。

据《汉书·地理志》记载以及后期文物出土表明,海上丝绸之路的雏形在秦汉时期便已存在。秦始皇统一岭南后造船业的规模和技术水平很快提高。先秦和南越国时期,以岭南地区当时的番禺和徐闻港为基础的海上交流是海上丝绸之路形成的基础。西汉时期,汉武帝灭南越国后凭借海路拓宽了海贸规模。在西汉中晚期和东汉时期,海上丝绸之路真正形成并开始发展。这时期海上丝绸之路兴起。东汉时期实现了与罗马帝国第一次的来往,这同时标志着横亘亚、非、欧三大洲的、真正意义上的海上丝绸之路的形成。我国从东汉时期到三国时期均进行丝绸的生产与改良,三国时期也是我国的丝绸之路从陆地转向海洋的一个关键时期。其间因长江上的频繁战事与海路交通和运输的需要,当时的吴魏两国都积极发展水军,因此,船舰设计与制造的规模和技术都得到了巨大的进步。这进一步促进了与海洋、航海相关技术的发展,并为海上丝绸之路的更进一步发展提供了良好的条件。

专栏1.1 西汉南越王墓出土的秦代造船厂遗址

西汉南越王墓发现于1983年,墓室保存完好,出土了一大批稀世珍宝,发掘结束,广州市政府决定进行古墓保护,并在原地辟建博物馆。该馆占地1.4万平方米,展馆面积8657平方米。博物馆依山而建,以南越国第二代王赵眜的陵墓为中心,两栋陈列楼分峙其周。藏品以南越王墓出土的1000余件(套)文物为主,包括香港杨永德夫妇捐赠的200多件唐宋元时期的瓷枕和新石器时期的

400多件彩陶。该馆的出土文物陈列，反映了2200多年前广东、广西地区的早期开发和广州城市的历史发展状况。展品中，有中国完整玉衣中最早的丝缕玉衣、中国自己烧制最早的平板蓝玻璃、南越王"文帝行玺"金印（中国最早的帝王印玺）、世界最早的丝绸印染工具以及300多件玉雕和独具地方特色的青铜器。南越王墓是中国南方最早的石构建筑，被列为全国重点文物保护单位。

1974年年底，在今广州的中山四路附近发现了南越国宫署的遗址，考古学者在宫署遗址之下又进一步发现了秦代的造船厂遗址。学者们根据出土文物判断，这是属于秦始皇统一岭南时设立的"一军处番禺之都"的造船工厂遗址。1975年，考古工作者对秦代造船遗址正式进行发掘，其间清理出一段29米长的造船台。到1997年，考古工作者进一步发现了一个3600平方米的造船木料加工厂。并在勘探中惊奇地发现南越国宫署直接压在工厂之上，考古工作者最后决定为了保护宫署而不再向下继续发掘。经过多次的勘查发掘与研究，考古工作者们得出了较为一致的结论：造船工厂是由3个长度超过100米、东西走向、平行排列的木质造船台以及南

> 侧的木料加工厂组成。在当时的背景下，使用这一造船台可制造出宽 8 米、长 30 米、载重五六十吨的大木船。
>
> 资料来源：南越王博物馆官网。

魏晋时期，我国开辟了一条以广州为起点的沿海航线。通过这一沿海航线进行的对外贸易共涉及 15 个国家和地区。在这些贸易中，丝绸往往是最主要的贸易输出品。海上丝绸之路发展至此，总的来看仍只是作为陆上丝绸之路的一种补充形式而存在。

到了隋唐时期，由于西域频繁的战事，陆上丝绸之路被战火所阻断，因此，海上丝绸之路的地位和作用得到极大提升。这使得当时的广州发展成为中国的第一大港、世界著名的东方港市。海上丝绸之路在此时终于完成了对陆上丝绸之路的替代，并成为我国古代对外交往的最为主要的通道。

宋元时期，宋代的造船技术和航海技术明显提高，指南针广泛应用于航海，中国商船的远航能力大为加强。在宋朝时期，广州成为海外贸易第一大港。外贸管理制度发展促进私人海上贸易极大发展。元代时期，由于战争，先后四次实施海禁，海上贸易一度阶段性受阻。1322 年之后取消海禁，随后，元代海上贸易的发展遍及 100 多个国家。元朝在经济上采取重商主义政策，海上丝绸之路发展进入鼎盛阶段。

明清时代的 15—18 世纪是人类历史上发生重大变革的时代。特别是地理大发现，开启了大航海时代，同时伴随侵略性的扩张，改变了传统海上丝绸之路以和平贸易为基调的特性。随后明朝实施海禁，正常贸易中断，航海的主要功能转为维系朝贡。

清代政府因对台湾地区的战事而实行了海禁政策，此时广州也成为中国海上丝绸之路唯一对外开放的贸易大港，发展速度超过唐、宋两代鼎盛时期，并逐步促成了空前的全球性大循环贸易，广州这一贸易大港的地位一直延续和保持到鸦片战争前夕,历久不衰。鸦片战争后,中国丧失海权,沦为西方列强的半殖民地。从此,海上丝绸之路开始一蹶不振,步入了衰落期。

三、当代中国"一带一路"倡议提出的现实背景和基础

"一带一路"倡议,唤起了相关沿线国家的历史记忆。古代丝绸之路是一条贸易之路,更是一条友谊之路。在中华民族同其他民族的友好交往中,逐步形成了以和平合作、开放包容、互学互鉴、互利共赢为特征的丝绸之路精神。在新的历史条件下,我们提出"一带一路"倡议,就是要继承和发扬丝绸之路精神,把我国发展同沿线国家发展结合起来,把中国梦同沿线各国人民的梦想结合起来,赋予古代丝绸之路以全新的时代内涵。

——摘自2016年4月29日,习近平在第十八届中央政治局第三十一次集体学习时的讲话。

> **专栏1.2 "一带一路"倡议小知识**
>
> 2013年9月7日,习近平主席在哈萨克斯坦纳扎尔巴耶夫大学发表题为《弘扬人民友谊 共创美好未来》的重要演讲,并在此次演讲中首次提出共建"丝绸之路经济带"的倡议。
>
> 2013年10月3日,习近平主席在印度尼西亚国会进行《携手建设中国-东盟命运共同体》的演讲,并在该次演讲中首次提出共同建设"21世纪海上丝绸之路"的倡议。
>
> 2015年3月28日,国家发展改革委、外交部与商务部联合发布了《推动共建丝绸之路经济带和21世纪海上丝绸之路的愿景与行动》。这是首次发布的关于"一带一路"的国家正式发展规划。

2017年5月14—15日,"一带一路"国际合作高峰论坛在北京召开,是"一带一路"倡议提出3年多来最高规格的论坛活动。

2017年6月,国家发展改革委与国家海洋局联合发布《"一带一路"建设海上合作设想》。这是自2015年3月28日相关部门发布《推动共建丝绸之路经济带和21世纪海上丝绸之路的愿景与行动》以来,中国政府首次就推进"一带一路"建设海上合作提出中国方案,也是"一带一路"国际合作高峰论坛的成果之一。

2017年10月,习近平主席在中国共产党第十九次全国代表大会报告中强调:"要以一带一路建设为重点,坚持引进来和走出去并重,遵循共商共建共享原则,加强创新能力开放合作,形成陆海内外联动、东西双向互济的开放格局。"

资料来源:中国一带一路网。

丝绸之路发展历史实践表明,"丝路"的繁荣兴衰是历代发展的缩影,也对世界范围的政治、经济和文化产生了广泛和深远的积极影响,"丝路"文明是一种世界共建共享的精神财富。由于近代的战乱和半殖民统治,中国当时海上贸易的主动性和主导权被削弱。中华人民共和国成立后的前期,仍处于社会主义发展初级阶段的曲折探索时期,海上外贸依然没有全面复苏。发展至今,中国的经济建设取得了巨大成就,但也面临诸多压力和挑战,而前行道路上,同样也孕育着机遇。机会是留给有准备的人的,成功者才会被追随和仰望!"一带一路"倡议的提出不是历史的偶然与巧合,而是中国发展成就和世界发展现状格局促成的必然共识,具有客观的现实背景和科学的理论依据。

改革开放以来,我国的经济建设取得了辉煌的成就。近40年来,年均GDP(国内生产总值)增长速度高达9.7%,居世界首位。人均GDP由1978年的1014元提升到2017年的52799元,产业结构得到优化,城镇化率增长近3倍,达58.5%,国家财政、企业利润、居民收入全面提升。基础设施建设成效显著，人均电力超过世界平均水平，立体交通网络规模和里程位居世界前列，人均预期寿命由65.8岁上升至76.1岁。科技创新异军突起，后来者居上。截至2016年，我国发明专利授权量跃居世界第一，尤其是党的十八大以来，以习近平同志为核心的党中央领导集体继续全面深化改革开放，使改革更精准地对接经济发展所需、民生所盼，为"一带一路"倡议的提出奠定了坚实牢固的内部经济和民心基础。倡导和平稳定共同发展，积极、负责任的外贸外交政策进一步提升了大国形象和政治互信基础，为"一带一路"倡议获得世界响应和"点赞"增添巨大向心力。

当今世界正在发生复杂而深刻的变化，国际金融危机的深层次影响继续逐步显现，世界经济复苏缓慢、发展分化，国际投资贸易格局与多边投资贸易规则也在酝酿深刻变革与调整，世界各国面临的发展问题依然十分严峻。中国经济和世界经济高度关联，同样面临发展的压力和动力，在主动寻求世界经济发展创新突破口和新的增长路径中，发挥着积极引领作用。中国一直致力于维护全球自由贸易体系和开放型世界，因此，"一带一路"倡议的提出正当其时，是顺应新时代下经济全球化、世界多极化、社会信息化、文化多样化的潮流，并符合国际社会的根本利益，彰显了人类社会的共同理想和美好追求，也是对国际合作和全球治理新模式进行全新的积极探索的体现，并将为世界的和平与发展增添新的正能量。

第二节　21世纪海上丝绸之路的时代使命

一、承古励今——谱写古代海上丝绸之路新辉煌

2017年4月19日，习近平主席亲临古代海上丝绸之路始发港城市北海视察，首站参观北海合浦汉代文化博物馆，通过文物了解汉代北部湾地区对外通商交流史。他指出，中华民族历史悠久，中华文明源远流长，要加强研究和传承，向海之路是一个国家发展的重要途径。汉朝借助丝绸之路发展经济，逐步强盛安定，实现了中国古代的第一个发展高峰，实现了民族大一统，为中华民族的后续发展奠定了基础。历史沧桑巨变，几经沉浮，但我们永远不忘曾经辉煌的丰碑，今天中华民族再次崛起，在世界舞台上绽放光芒，这是一种敬畏历史的契约力量，是深入血脉的中华龙之精神再次彰显。今天我们倡议"21世纪海上丝绸之路"，是历史的传承与呼应，更是为了激励我们超越历史的辉煌。我们谱写古代海上丝绸之路新时代的辉煌，这是中华民族用再次崛起腾飞的成果感恩历史和先辈的必然使命。

二、梦想夙愿——助力中华民族的伟大复兴

中华民族5000多年的历史，创造了灿烂的中华文明。我们历经文景武帝盛世、开元盛世、永宣盛世、康乾盛世，为人类做出了卓越的贡献，是世界上最伟大的民族之一。鸦片战争后，中华民族一时陷入了内忧外患的境地，中国人民历经山河破碎的苦难、绵延不绝的战乱、民不聊生的困顿，但是，为了民族的再次崛起与伟大复兴，无数的仁人志士前赴后继、不屈不挠，进行了一幕又一幕可歌可泣的斗争和一次又一次敢为人先的尝

试，但一次次的抗争依然未能改变旧时代中国的社会性质和千百万人民的困厄命运，历史终究给努力奋斗的人选择的机会，中华民族正确地选择了中国共产党，委以民族复兴重任。经过多年的奋斗，中国共产党初心不改，矢志不渝，克服艰难险阻，带领中华民族走上全面发展的康庄大道。今天，中国人民比任何时期都更接近，更有能力和信心实现中华民族伟大复兴的目标。但"行百里者半九十"，我们尝够了落后就要挨打的滋味，发展经济是中华民族伟大复兴的重要支撑，"一带一路"倡议顺应时代需求，彰显民族力量和自信，如中国经济腾飞的两只翅膀，又如重现历史辉煌的彩蝶，支持中国人民在关键时刻，不忘历史，不忘初心，走好新的长征路，助力中华民族伟大复兴的"最后十里"。

三、创新合作——探寻国际经济增长驱动力

从世界范围看，历史上的大国崛起都源于海上崛起，海上贸易具有费用成本低、承载量大、相对稳定安全等优点，目前全球贸易中大部分货物运输都利用海运完成。当前全球经济正处于复苏的过程中，但力量不足，全球贸易摩擦频繁，主流大国量化宽松货币政策不稳定，蕴含潜在金融风险。任何国际问题都离不开经济利益的因素，探寻世界经济增长新的动力引擎，是缓解暂时困难的良方。历史上，海上丝绸之路联通亚非欧大陆，对世界经济和文化交流发展做出了重要贡献。今天，我们用创新合作的方式，以史为鉴的睿智，重新倡议共建海上丝绸之路，是及时有效的，因为，中国已经成为亚洲最大经济体，在国际"双循环"价值链格局中起着承上启下的关键作用，中国经济已是世界经济的"润滑剂"和"连通器"，代表着活跃的亚洲经济圈，其与发达的欧洲经济圈之间所囊括的就是广阔的腹地国家，他们的经济发展和市场容量具有巨大潜力，21世纪海上丝绸之路以沿线中心城市为支撑，重点港口为节点将成为再次链接世界经济的海上走廊，辅以多层次政府间宏观政策沟通交流机制，科学的区域合作规划和措施，必将成为世界经济增长的新动力。

四、普惠互利——推动全球经济一体化进程

中国以"政策沟通、设施联通、贸易畅通、资金融通、民心相通"五通理念目标积极参与实施"一带一路"建设,全球经济一体化的终极表现形式是世界范围内商品、资本和劳务能够自由流动。他是以区域一体化为基础逐步实施的,"一带一路"形成的经济区是天然的,是经过历史检验过的富有成效的典范。当前我国通过改革开放取得的成果,已经在基础设施、产业园区、合作平台、资金支持、制度建设等方面与"一带一路"沿线国家展开了深度合作,铺就面向东盟、面向世界的海上丝绸之路,打造共同带动腹地发展的战略支点。加快"一带一路"的建设,有利于更进一步促进沿线各国经济的繁荣稳定与区域间经济的紧密合作,这必然是加速推动全球经济一体化进程的全新的中坚力量。

五、责任担当——促进世界和平稳定与发展

恪守联合国宪章的宗旨和原则,遵守和平共处五项原则,即尊重各国主权和领土完整、互不侵犯、互不干涉内政、和平共处、平等互利。坚持和谐包容。倡导文明宽容,尊重各国发展道路和模式的选择,加强不同文明之间的对话,求同存异、兼容并蓄、和平共处、共生共荣。

——摘自国务院《推动共建丝绸之路经济带和21世纪海上丝绸之路的愿景与行动》

在国务院发布的"一带一路"共建原则中,唯一重复强调的关键词就是"和平共处",和平是世界共同发展的重要前提,中国作为经济、人口、地域、资源的综合大国,有义务和责任维护和平与发展,也有能力和信心去担当。这是自步入21世纪以来,在以和平、发展、合作、共赢作为主题的新时代面前,中国适时提出"一带一路"可谓推动共同发展、实现共同繁荣的一条合作共赢之路,是加强理解信任、增进全方位交流的

一条和平友谊之路。

改革开放取得的经济发展成就使得中国在国际事务中的力量和声音越来越被尊重和认可。"一带一路"不是一个中国的实体机构,是一种重振经济发展和文化精神的理念载体,事实证明,已得到越来越多国际社会共鸣、响应和参与,秉持和平合作、开放包容、互学互鉴,打造政治互信、文化包容、经济融合的利益共同体、命运共同体和责任共同体。作为"一带一路"倡议的核心指导思想,这是一种大国的胸怀和能量的体现,也是必须承担的责任与担当。

第三节　21世纪海上丝绸之路的贸易发展重点与方向

一、我国海上丝绸之路贸易的现状总结

根据截至2018年4月的中国海关及宁波航运交易所发布的"海丝贸易指数"综合概括分析(见图1.1),"一带一路"沿线国家进出口4月份总额为2.51万亿元,增长11.6%,远高于与欧美日三大发达经济体平均6%贸易额增长率,2013—2017年间,"一带一路"沿线国家的累计贸易总额超过5万亿美元,其中与东盟地区的贸易额增长最为显著,增速达到12.9%。与"一带一路"国家的进出口贸易一直保持较高的持续增速,国内工业品与消费品供需结构的优化改善促进了企业的生产积极性。在"一带一路"沿线国家的需求增加和国内消费升级的双重驱动下,总体表现出贸易逆差扩大,进口增速高于出口增速。进口商品类别来看,原油、成品油、铁矿石等是进口快速增长的主要驱动因素。在国内消费升级的背景下,工业生产景气度上升,主要生产材料的需求相对旺盛,带动了进口额的增加。从进出口商品类别来看,高新产品与机电产品均为贸易顺差,平均出口增速为17.8%,劳动密集型产品出口额4月份同比负增长,说

明当前"21世纪海上丝绸之路"已明显促进了贸易结构优化和贸易额提升。

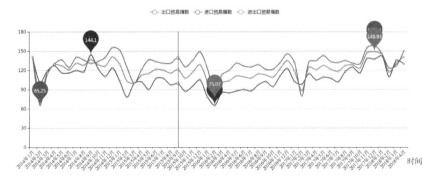

图1.1 截至2018年4月"海丝贸易指数"

数据来源：宁波航运交易所。

图片来源：中国一带一路网。

专栏1.3 "海丝贸易指数"简介

海上丝路贸易指数（maritime silk road trade index, STI）由宁波航运交易所开发编制，数据来源于海关月度进出口贸易数据，由出口贸易指数、进口贸易指数、进出口贸易指数构成，并从总体、分区域、分运输货类等不同维度衡量中国与21世纪海上丝绸之路沿线重要国家间的经贸发展水平，反映中国与海上丝绸之路沿线重要国家间的贸易发展变化趋势。该指数以2015年3月为基期，基点为100，每月发布。

二、当前 21 世纪海上丝绸之路贸易发展的重点

(一) 加强公共基础设施建设

要想富,先修路,交通物流是经济发展的前提保障,这条路已不仅是传统意义的道路,已提升为对交通物流、信息通信、能源渠道的综合基础设施的立体保障需求,自古以来海上丝绸之路的最大本质意义与贡献就是联通,五通指标中,最直观和立竿见影的就是设施联通,设施联通了才能促进贸易的畅通,因此,具体加强基础设施建设,推动跨国、跨区域互联互通是共建 21 世纪海上丝绸之路应该优先实施的重点领域。中国应主动引导和激励"一带一路"沿线国家开展铁路、公路、港口、电力、信息通信、能源等基础设施建设,促进地区互联互通和运输便利化。

沿线国家港口建设及作用的发挥,依赖于周边配套基础设施的完善,接驳港口的铁路、公路,保障港口高效持续运行的电力及信息通信都至关重要,基础设施建设是系统的网络工程,需要优先同步统筹,"一带一路"建设实施的这 4 年以来,相应的基础设施建设可谓从无到有,并取得了阶段性成果。例如,中欧班列贯通欧亚,雅万高铁、匈塞铁路的开工建设,中国–东盟信息港的顺利进展,以及瓜达尔港正式开航,中国与老挝、缅甸和泰国等四国共同编制且实施了《澜沧江–湄公河国际航运发展规划》等。但"一带一路"沿线国家和地区人口众多,这些国家和地区的财政约束普遍具有刚性,国家基础设施建设投资支出普遍不足,以致基础设施相对落后,因此,以海上丝绸之路为导向的基础设施建设任重道远,是首要重点发展领域。

(二) 支持多边多元金融合作与创新

资金是经济的"血液",基础设施的建设与金融支持密切相关。沿线国家应建立更多共同平台,释放支持"一带一路"建设和融资的积极信号,中国倡导的丝路基金、亚洲基础设施投资银行、上合组织开发银行以

及金砖国家开发银行已经起到了率先示范作用，但随着"一带一路"国际化认知和参与的加速扩张，现有的金融机构及服务的支持远远不能满足需求，建议相关方在金融机构和私营部门之间建立有效的信息交流，并通过基础设施的融资支持实现可持续发展，充分发挥和利用各国政府间的合作基金、对外援助资金等现有的公共资金渠道，并协调激励其他相应的资金渠道，积极宣传引导沿线国家当地银行机构加入人民币跨境支付系统，推动人民币国际化进程。

各国的政策性金融机构、出口信用机构也应继续为"一带一路"建设提供相应的政策性金融支持。可以通过贷款、联合融资、担保、股权投资等多种多样的方式，发挥融资的促进和风险的分担作用。多边开发银行以及各国的开发性金融机构也应在其职责的范围内通过贷款联合融资、股权投资和担保及其他融资渠道等各种方式，积极地参与"一带一路"建设，协力完成跨境跨国的相关基础设施建设。多边开发银行和各国开发性金融机构还应加强共同的协调合作，为发展沿线国家的股权投资市场和本币债券市场扩大长期融资来源。加强多边多元金融合作与创新，促进资金融通和货币流通，能够为"一带一路"建设创造稳定的融资环境，有利于激励各国资本参与实体经济发展和价值链创造，以"一带一路"为契机和载体，推动世界经济健康发展。

（三）创建及推广全面的标准化

标准的表现形式是一种规范性的文件，作用是在一定范围内形成最佳秩序，"一带一路"面向的范围广大，并且面对的各沿线国家的国情与文化之间存在较大的差异，各国实现全面合作的标准统一是实现五通的核心软实力，国家间的标准互换互认标准信息服务能力提升是五通之间内部相互有机自动协调促进的重要前提保障。沿线国家积极开展标准信息交换，以标准信息交换带动标准互认是当前发展阶段的紧迫任务。因此，建议加强政府、智库、企业、社会组织和公众共同参与的多元标准指定与信息服务。

标准化推广首要的艰巨任务是基础设施的标准建设,它支撑设施联通网络的建设,涉及面广且需要在实践中同步匹配,例如,铁路、公路、水运、民航、油气管道等技术标准体系。同时,与国际产能和装备制造相关的设计研发、原料采购、生产加工、检验检测和售后服务等各环节的标准也需要引导和帮助,树立和鼓励企业积极采用科学普适兼容的标准体系的意识。另外,加快主要贸易产品和绿色产品评价标准的研究制定,推动各国间统一的产品标准体系构建,有利于减少贸易壁垒,保障贸易畅通。全面标准化的建设推广与实施,是保障和促进"一带一路"互联互通的重要的隐形力量。

三、未来 21 世纪海上丝绸之路发展方向建议

(一) 兼顾和加强能源合作

能源是各国战略发展的焦点,是人类社会发展的重要物质基础,关系到各国国计民生。当下的世界能源形势正在发生着复杂而深刻的变化,全球能源供求关系虽然呈现出总体缓和的趋势,并且中国与世界能源发展的关联度也越来越高,全球能源的治理新机制也正逐步形成,但这些都与人均可持续能源拥有的目标还相差甚远,因此,各国能源发展所面临的许多问题也依然严峻。加强海上丝绸之路沿线国家能源合作有利于带动更大范围、更高水平、更深层次的区域合作,这是中国与各国的共同愿望。

新一轮能源科技革命加速推进,加强国际能源合作,共同打造开放包容、普惠共享的能源利益共同体、责任共同体和命运共同体是大势所趋,能促进和提升区域能源安全保障水平,提高区域能源资源优化配置能力达到区域能源市场深度融合,最终实现区域能源绿色低碳发展,"一带一路"的能源合作经验的范本借鉴,将极大地改善各国能源紧张关系,促进世界经济和谐包容快速发展。

(二) 倡导和坚守绿色生态发展理念

经济发展一定程度要以环境为成本代价，海上丝绸之路沿线有许多的发展中国家处于高速的发展阶段。我们理解基本的规律、尊重各国的发展诉求，但世界发展进程中我们已经树立了意识，达成了共识，积累了环保经验与教训，更重要的是获取了环境治理和谐发展的能力和信息。我们不应该也永远不能以环境代价作为高速发展的要素驱动。共同珍爱共有海洋，守护蓝色家园，是海上丝绸之路建设发展的基本准则之一。国家主席习近平多次强调，要践行绿色发展理念，着力深化环保合作，加大生态环境保护力度，携手打造绿色丝绸之路。

生态是人类宝贵的财富，是经济发展的重要物质基础之一，海上丝绸之路沿线国家大多数属于发展中国家和新兴经济体，因此，工业化和城镇化过程中带来的环境污染、生态退化等一系列问题与挑战日趋严峻，中国一直和一些沿线国家积极探索环境与经济协调发展模式，在海洋生态系统监视监测、健康评价与保护修复等方面取得了一些成功经验，但与高速发展的经济对环境保护需求还不够匹配，加快转型、推动绿色生态发展的需求不断增强。处理好经济发展和环境保护关系，推动沿线国家跨越传统发展路径，最大限度地减少对生态环境的不利影响，是实现海上丝绸之路区域绿色经济的可持续发展的一条重要途径。也为未来世界各国可持续发展和国际发展合作指引方向和提供经验借鉴。

(三) 加快21世纪海上丝绸之路相关国际立法进程

法制是一种高度文明的象征和体现，他能平等自动自发地调节各种社会关系，"一带一路"各国发展历史和现实水平，文化信仰各不相同，目前在广泛而密切的经贸联系进程中，我们已经通过各种论坛会议、合作机制、高层对话等达成了许多阶段性的共识成果和局部点对点的行动合作计划，这种沟通方式和过程是一种必要和必经的探索和尝试。"一带一路"终究是一个全局整体的载体和世界共同的大舞台，公平全面普适兼容的立法成果是我们发展的长远方向和目标之一,这是一个复杂而漫长的过程,但一定是利在千秋的壮举。立法是一种契约精神、产权制度、社会秩序、国家关系的维护和保障,"一带一路"相关立法将强有力地稳固和加强紧密的经贸关系,有力地促进各国经济和产业发展,为海上丝绸之路沿线国家建立互利共赢,更加均衡、平等和可持续的贸易体系保驾护航。

第二章

广东贸易发展路径与历程研究

本章主要介绍了我国海上丝绸之路发展的政治军事背景、文化交流及经济往来历史。同时，重点介绍了我国古代历史上用于管理海上贸易的相关制度即唐朝正式建立的市舶使制度以及宋朝的元丰立法。相关制度的建立及完善对我国古代贸易的发展起着重要的作用。随着贸易的进一步发展，商船贸易从朝贡体制向市场或平等互市转变，是古代史与近代史的分水岭；而十三行在这个转变过程中扮演了重要的角色。因此，十三行于海上丝绸之路的中国而言，是古代与近代之间的一座重要里程碑。本章第二节介绍了十三行的起源、发展以及对我国贸易制度的影响。最后，论述了改革开放以来广东贸易的发展历程以及所取得的成就，详细分析了广东贸易发展的潜力。

第一节　广东海上丝绸之路贸易发展的历史路径

一、丝绸之路的形成和发展

丝绸之路的发展历史是一部兴衰更替的历史。总体而言，海上丝绸之路的发展经历了初步形成、蓬勃发展到逐渐衰落的一个过程。具体而言，海上丝绸之路是从西汉时期兴起和初步形成，经历了魏晋南北朝、隋唐五代以及宋代的发展，到唐朝时期达到了繁荣鼎盛的阶段。明代海上丝绸之路的高度发展，到了清代得到延续，到了民国时期海上丝绸之路已经衰落。海上丝绸之路在不同时期的发展状况差异，主要因素体现为历朝历代的统治者态度以及当时的政治经济环境的影响。（见表2.1）

表2.1　古代海上丝绸之路政策

朝代	贸易政策	标志性事件
汉朝	朝贡贸易	张骞出使西域，开启丝绸之路
魏晋南北朝	开放政策、朝贡贸易	派遣使者出访海外，组织大规模官方贸易
隋唐五代	朝贡贸易和私商贸易	始设市舶使管理海外贸易
宋朝	政府垄断贸易、开放	以政府使者身份来往各国，促进双方贸易
元朝	武力控制贸易	1274—1281年，元朝两次出兵东征日本，以武力为官方贸易做后盾
明朝	时禁时开、以禁为主	明朝统治者加强专制主义集权，郑和七次下西洋，与多个国家建立朝贡贸易关系
清朝	海禁及迁海	1717年，康熙首发禁海令，禁止大陆人民出海与西欧殖民者控制下的南洋进行贸易

(一) 海上丝绸之路形成及发展的政治因素

海上丝绸之路在西汉时期兴起。西汉初期，为了解除匈奴的威胁，朝廷曾采取和亲政策，每年向匈奴馈赠大批金银和丝绸以换取匈奴对汉的和平友好局面。建元二年（前139年），张骞率领使团和金银出使西域，与大夏等国家进行贸易并建立了和平友好的关系。元狩四年（前119年）再次出使西域各国，打通与西域各国的贸易商路，这就是史称的"陆上丝绸之路"。在开辟四川到印度的商路遇到困难之后，汉武帝采纳了张骞的建议，选择自广东出海，打开海上贸易商道。这主要取决于南越国与海外交往的关系，南越国当时既有农业基础，而且造船水平也达到较高水准，为汉武帝时期"海上丝绸之路"的建立打下了良好的交通基础。就海上丝绸之路始发港而言，西汉王朝版图中的日南、徐闻、合浦和南越国都城番禺都有可能成为当时的始发港之一。

魏晋南北朝时期，北方战乱连绵，封建主各据一方，逐鹿中原，使得社会经济遭到严重的破坏，而南方相对安定的环境使中原百姓为逃避战祸向南转移，使得广东地区的社会生活和经济得到快速发展。同时，三国时期的孙吴政权特别注意发展海上交通业，大力发展造船技术，而且设置专门负责造船的官职——建安典船校尉，在建安郡建立造船基地。在此期间，南海航线上的一些海外国家造船技术也有长足进步，船队规模不断扩大，直接为孙吴政权提供了航海贸易的可能；而陆上丝绸之路距离孙吴政权控制的地区较远，促使孙吴政权特别重视海外贸易的发展，以获取宫廷所需的必需品，并借以扩大财政收入。北方各政权所需的宫廷奢侈消费品也只有与南方政权交换，而南方政权又必须通过海上丝绸之路进口这些商品。因此，南方各时期的政权都更加注意发展海上丝绸之路的对外贸易。两晋时期，以广州为起点的广东海上丝绸之路，在孙吴政权统治下对外贸易得到了进一步发展。刘宋末年，扶南国官方派商人到广州进行贸易，随着外商纷至沓来，中国人对这些沿线国家及这些国家到中国的航路也有了更多的了解。广州成为当时外国商船来中国贸易的主要港口，南海海上丝绸之路上的对外贸易有了新的发展。南朝时，外国商船直接来广州进行贸易活动的已不在少数。

东晋南朝时期广州海上丝绸之路上对外贸易的经营方式是以传统的官贸方式为主，即双方互派官员往来贸易，这种形式的贸易较为常见。总体而言，魏晋南北朝时期南海海上丝绸之路上的贸易得到了初步的发展。

到了隋唐五代时期我国海上丝绸之路经历了繁盛发展阶段；开皇九年（589年），隋朝建立，结束了近500年的分裂割据局面，建立起了统一的帝国。隋朝对发展外交相当重视，设置鸿胪寺，作为中央负责外交事务的专职机构，体现了其重视海外贸易发展的积极姿态。

到了唐代，天宝十年（751年），因唐将高仙芝在中亚的恒罗斯之战中失利，陆上丝绸之路被切断，只好将贸易的重心由陆路转向海路。海上丝绸之路已经从广州经东南亚至南印度扩展到阿拉伯、波斯湾，乃至巴格达，海上丝绸之路在唐代已经有了较大的发展。北宋和辽对峙期间，因与高丽边境接壤，宋政府为了避免高丽将军将物资贩卖给辽，曾一度禁止商人与高丽人进行海上贸易。宋神宗时期，北宋与高丽恢复了友好关系，宋政府于元丰二年（1079年）正式颁布法令允许商人去高丽经商。明嘉靖二年（1523年），宁波发生了史称为"争贡之役"事件，此后，宋政府更加严厉管制海上贸易，加强防范百姓与外国的往来。

（二）海上丝绸之路发展的制度因素

在不断加强封建集权统治的历史条件下，封建统治阶级为维护统治阶级利益而制定的对外贸易政策对海外贸易的兴衰有着重大的影响。

首先，统治者自身的政治理念对贸易会产生重要的影响。例如，唐朝统治者对贸易非常重视，实行开明的对外贸易政策；该政策使得大批商人可以通过海上或陆上丝绸之路来到中国，也可以长期居住在中国。宋朝统治者为了防止五代十国分裂割据局面的再现，在立国初年就实施了一系列强化中央集权统治的政策，对不久后开始的市舶贸易造成了长期的影响。宋朝采取了严格垄断进口商品的做法，朝廷直接掌握全部合法进口的商品，但导致朝廷也付出了高昂的交易成本，并使海外贸易成为经济效益很低的部门。总体来说，宋代的贸易起伏的原因除了有朝廷垄断导致外贸低落，连年战乱社会不稳，还有宋朝外贸政策的不合理、官吏贪污、敲诈勒索所致。不过，宋朝后期比较重视海上丝绸之路的经济价值，因而很快纠正偏差，清除障碍，使海外贸易重新获得正常发展。但到了明朝时期，实行的海禁政策却使得海上丝绸之路由盛转衰。

其次，统治者为了扩大政治声望，不计较物质利益，是海外贸易发展的重要因素。古代海上丝绸之路发展对外贸易实行的是经济服从政治、外贸服从外交的原则。隋唐时期经济高度发达，经济基础决定其将不断谋求政治上的影响力，因此，便不断通过海外贸易扩大其政治影响力，这对海外对外贸易的发展起到了一定的刺激和促进作用。封建王朝历来讲究"天朝恩泽"，在这种思想下往往中国赐给海外贸易国家的要多于其他国家朝贡给中国的财物。其中，宋王朝不仅免税优待各国"贡物"，还赠送价值高于贡品的物品。明朝郑和七次出使西洋的目的就是加强与海外诸国的联系，他们在进行贸易的同时，也在不断地扩大明朝的政治影响。

二、丝绸之路的海外交流

（一）海外经济交流

在海上丝绸之路发展的历史进程中，朝贡贸易在整个贸易的发展过程中占有举足轻重的地位，进口的商品主要是为了满足统治阶级以及富贵权势的需求。在出口商品构成部分，手工业产品始终占据主导地位，例如丝织品、陶瓷等，进出口商品结构的变化也反映了社会经济发展的变迁。（见表2.2）在清朝以前，丝织品出口始终占据主导地位；进入清朝后，丝织品的出口规模下降为第二位，次于茶叶，茶叶成为第一大出口商品。

表 2.2 丝绸之路进出口商品结构

朝代	进口	出口
汉朝	珠饰、犀角、象齿、玻璃饰品、香料等	黄金和丝织品
魏晋南北朝	珍珠、香料、象牙等饰品	汉朝传统的丝织物及陶瓷等
隋唐时期	传统进口商品及各国特产，还含大量的药材输入	以丝织品、陶瓷为主，还有铁、宝剑、貂皮、肉桂等
宋代	香药、象犀、珊瑚、琉璃等	各色丝织品、陶瓷品、漆器、酒、糖、茶、米等日用品
元代	宝物、布匹、香货、药物、诸木、皮货、牛蹄角、杂物	丝织品、瓷器、青铜、金银
明朝	香料、珍禽异兽、奇珍、药材、军事用品、手工业制品	丝绸、铁器、瓷器、棉布、铜钱、麝香、书籍
清朝	鸦片、苦力	茶叶（第一）、丝绸、陶瓷

汉朝时期，进口商品主要有金银器皿、金银服饰以及其他工艺品，来源是多方面的，有来自中原内地的，但银盒等不属于中原所制，是海外输入品；出口商品主要有丝织品、陶器、青铜器等。

唐代的出口商品中丝织品仍然是大宗，无论是官营或私营丝织业都很发达，并且产品种类很多。品种繁多、质地优良的丝织品在海外市场备受欢迎，唐代广东的丝织业开始进入国际市场；陶瓷是唐代新崛起的出口商品，当时唐朝多地的商品都非常出名，譬如，广东、浙江等地的陶瓷。除了丝织品、陶瓷外，出口商品中还有铁、宝剑、肉桂、高良姜等；进口商品方面，部分来自外国的"贡献"，多数来自外商的贩运。

宋代时期的出口商品，允许流通于海上丝绸之路的商品，包括各色丝织品、精粗陶瓷器、漆器及酒、糖、茶等日用品，在进口商品方面，宋代从海外进口商品达 410 种以上，它们中的大多数是从广州港进口的。其次，中国政府在当时也会对一些商品采取时禁时许的政策，比如，宋朝海上丝绸之路，时禁时通的主要有金银、铜钱、铜器等。

元代与中国交往的国家和地区非常之多,盛况空前。同时,进出口的商品种类也在增加。具体进口产品方面主要表现在舶来品种类的增加,例如宝物、香货、药物等;而出口方面主要是手工业制成品,依然以丝织品、瓷器为主。

明朝时期的进出口商品结构与元朝相比变化不大,主要是为了满足统治阶级以及富贵阶层的需求,而不是以满足民生需求为主。

清朝时期的进出口商品结构发生了较大的变化,在以往的历朝历代,丝织品在出口规模中占据主导地位,出口规模名列第一;而在清朝,丝织品的出口规模却下降至第二位,茶叶成为广东出口规模最大的商品。与此同时,鸦片走私从走私变成合法行为,主要是外国的出口与中国的出口贸易相比一直处于逆差地位,为了扭转贸易格局,向中国走私鸦片。同时,苦力贸易猖獗,西方资本主义国家的迅猛发展对苦力的需求扩大,从而向中国掠夺劳动力,刺激了苦力贸易的兴起。清朝的进出口商品结构的变化由当时西方各国的经济发展扩张的需要以及中国的社会性质所决定。

专栏2.1 "南海一号"

1987年,广州打捞局与英国海洋探测公司在阳江海域寻找东印度沉船公司时,意外发现一艘宋代商船,并且在该商船中打捞出200多件瓷器,引起世界瞩目,该船被命名为"南海一号"。这是国内发现的第一个沉船遗址,其距今800多年,是迄今为止世界上发现的海上沉船中年代最早、保存最完整的远洋贸易商船。经过两次打捞,发现6万多件文物,价值连城。

同时,船体本身也成为考古的重要组成部分,"南海一号"为刀形船底,是典型的远洋货船,该沉船端坐海底,木材仍坚硬如新。近20年的打捞过程,见证了中国水下考古事业发展的同时,也为考察古代海上丝绸之路提供了鲜活的样本。

（二）人文交流

首先，体现在宗教交流方面。自从佛教传入中国之后，一批又一批的佛教信徒或西行求法，或东下弘法，历时甚久，数量众多。中国佛教教徒向西求法，在两晋南北朝时形成第一次高潮，隋唐时期求法人员依然众多，例如，玄奘西行即是对中印文化交流产生深远影响的代表人物。宋代是中国僧人赴印度的最后一个高潮，在宋朝之后，西行求法的僧侣逐渐减少。

其次，人员往来。主要包括商人、宗教信徒、使臣三大类。古丝路商人不仅要经商，而且兼有文化传播的作用。由于古代交通不便，而且信息传播方式较少，此时商人在丝路沿途经商地区传播不同国家及地区的信息，使得不同地区的人民可以了解外部信息。

最后，宗教信徒。世界三大宗教之一佛教诞生最早，佛教在古代贸易的过程中也得到了广泛传播，其中，僧侣是推动佛教传播、宣传教义的重要力量。

三、海上丝绸之路贸易管理制度及政策

（一）市舶司管理制度的创立和终结

在海上丝绸之路兴衰更替的发展过程中，往往伴随着相应的贸易管理制度的变化，其中贯穿始终起着重要作用的是市舶司管理制度，也是历朝加强中央集权的过程，如表2.3所示。市舶司制度创立于唐朝，完善于宋朝，终结于明朝。不同时期贸易条例也存在差异，其中包括贸易管理条例和外商条例。

表2.3 市舶司管理制度的发展变化一览

朝代	发展阶段	市舶使选任	职能
汉朝	雏形	由掌握军事政权及对外贸易的左右候官管理	设置和管理仓库，代表政府管理海贸事项
隋唐	创立	岭南节度使或监军使兼任、宦官或正官允许任	掌管海外诸国朝贡事务、总管东南海路通商贸易，对商舶征收进口货物税
宋朝	成型	最高长官由兼职逐渐过渡为专职，市舶司从属关系逐渐简化	对进出口商船的管理与服务，其他与外贸有关的事宜
元朝	发展	由地方官兼领	为朝廷服务征收外贸税和采购舶货，属于自上而下的囊括外贸的赢利系统
明朝	衰落	形成两套全力系统，一套以提举、副提举、吏目为系统的职责全力；另一套是以太监为系统的监督力量	区分官方贸易和民间私人贸易的船舶，以维系官方的朝贡贸易的运作；征收私货；用采取征税的办法加强对贡舶贸易的管理
清朝	终结	设置粤海关，广州十三行地位确立	管理广州贸易及征税

唐朝从中央到地方建立专职的贸易管理机构，形成从上至下完善的外贸管理体系，唐代对外贸易陆路由诸互市监主管，海路由广州市舶使主管，市舶使由朝廷派遣，不属于地方系统。随着广东海上丝绸之路的繁荣，唐朝亦在广州设立专管官员——市舶使主管贸易，但是对于其是否有相应的管理机构在学术界存在争议。唐朝在对外交往和海外贸易事务上初步建立起国家垂直领导、集中管理、垄断经营的全新机制，代表国家管理外交事务，为后世提供了可继承和借鉴的经管机构和制度。其次，设立的目的是为内库开拓财源；同时，市舶使设置于广州，强化了作为海上丝绸之路东方首港的地位。市舶使及市舶院的创立是唐朝在对外交往和唐代建立的完善的配套外交、外贸管理体系，不仅确保并推动

了对外关系的发展，而且为后世确立了一套行之有效的管理模式。

宋代海上丝绸之路市舶司制度的变化主要体现在以下方面：第一，市舶司制度管理方式的成型。这一时期市舶司的职能是对广州港从事海外贸易、国内沿海贸易的全部人、船、货进行管理，主要体现在对出口商船的管理与服务。其次包括对进口商船的管理与服务及其他与外贸有关的事宜。第二，签订了一份影响深远的外贸管理条例——元丰广州市舶条。这是一场全国范围内的外贸制度改革，是颁布于元丰三年（1080年）的一份重要法律文件，该法律大大加强了中央对外贸的集权，主要表现在：缺乏中央政府集权控制的海外贸易被更严格地禁止，市舶司的权力变得更为明确，以促进中央对外贸的控制。虽然元丰市舶条很快被废弃，但其加强中央集权主义的精神却保留下来，该条约的实行标志着中国古代外贸管理制度的又一个发展阶段的开始。第三，授予外商官衔，宋朝对外贸易采取了比较务实的态度，除了为外商创造良好的居住环境，使之安居后，还采取了授以官衔的措施，以鼓励外商前来广州进行贸易。

元代海上丝绸之路继承市舶司制度，宋代市舶司是中央政府的直属机构，元代的市舶司管理体制变化较大。最初市舶司隶属于各行省，后又在各行省设置行泉府司，在这种管理制度下，市舶司受到行泉府司和行省的双重管辖。且市舶司常由地方长官兼任，为朝廷服务征收外贸税和采购舶货，属于自上而下的囊括外贸的赢利系统，因此，市舶司既受到上级的行政体系监督又受到盈利体系的监督。元代在中国历史上首次制定全国统一并且系统性较强的外贸管理法则。

明朝海上丝绸之路准许相关国家以"朝贡"形式对中国进行贸易，并且采取"时禁时开，以禁为主"的外贸政策。实行贡舶贸易和市舶贸易，其中贡舶贸易由明朝政府直接控制海外贸易，而市舶贸易是指私商在广东港口或出海同外商进行的贸易。市舶司管理制度衰落，广东市舶司存在提举和市舶太监两套权力体系，在管理贸易的过程中易产生争端，造成许多弊端，在明代前期，市舶司的目的是"怀柔"远人，且市舶司官员配备职级下降；在明代后期，市舶司管理权力分解，三十六行代理了对外贸易事务的管理，又代征关税，导致市舶司制度的最终瓦解。

清朝海上丝绸之路承袭明末贸易制度，实行海禁政策、确立广州一口通商的政策、设置粤海关，征收关税和管理贸易。与此同时，广东十三行地位确立，官府通过广东十三行实行垄断贸易，限定通商渠道。

（二）贸易管理条例

在宋朝以前颁布的外贸管理条例较少，比较突出的是宋代的元丰市舶条和元代的至元法则和延祐法则。宋代颁布了全国性的外贸制度改革条例——元丰广州市舶条，是颁布于元丰三年（1080年）的一份重要的法律文件。元丰市舶条大大加强了中央对海外贸易的控制，重点将未受中央政府控制的民间贸易进行严格管制，其实质是进一步加强市舶司及中央政府对海外贸易的垄断。

元朝在中国历史上首次制定了全国统一的系统性较强的外贸管理法则，至元三十年（1293年）第一次颁布这样的法则，后延祐元年（1314年），根据新的外贸政策，朝廷对至元法则做了一些修改和增补，编成延祐法则。相比于北宋的条例，元朝的制度较为完整，因而可以全面了解元代外贸的管理制度。由于元朝实施官本官财的贸易政策，是元朝官方和地方权豪用钱财构筑起一个特殊的贸易体系，资本来自官方和权贵，实力雄厚，具有很强的垄断性和排他性，因此至元法则和元祐法则都对权势集团的盈利行为做出限制或进行相应的冷处理。各个时期对外贸易政策的变化如表2.4所示。

表2.4 主要时期对外贸易政策的变化

朝代	起始港	贸易方式	管理条例
隋唐	广州	朝贡贸易、私商贸易	采取开放的对外政策，唐朝统治者极大程度保护外商利益，以鼓励外商来华贸易

续表2.4

朝代	起始港	贸易方式	管理条例
宋朝	广州	政府加强中央集权,实行专买专卖,垄断外贸	元丰广州市舶条约,加强中央对外贸的集权;广州市舶条规定广州为唯一的出发港和回泊港;实行抽解制度,既有实物税又有货币税
元朝	泉州、广州	五次禁海,官本官船贸易	由政府出钱出船,委托商人经营的一种官本商办海外贸易模式,此时政府间接参与经营,其后政府直接参与经营,加大对海外贸易利润的剥削,同时助长了一批有势力的商人在海外贸易的地位
明朝	广州	首次实行严厉的海禁政策,形成独特的双轨管理制度。时禁时开,以禁为主的朝贡贸易	实行朝贡贸易和私人海外贸易分开管理的双规制度,采取禁止私人海外贸易的政策,使得中外贸易交流主要依靠朝贡贸易。且采取"厚往薄来"的贸易制度,使其付出高额的经济代价
清朝	广州	海禁和迁海,仅存广东开放	确立广州一口通商的政策;设置粤海关,管理对外贸易和征收关税;十三行地位确立,承揽进出口贸易,代理外商保管缴税

第二节　广州十三行：广东贸易发展的原点

一、广州十三行的起源和发展历程

从经济意义上来说,商船贸易从朝贡体制向市场或平等互市的转变,是古代史与近代史的分水岭。十三行正是在这个转变过程中扮演着重要的角色。因此,十三行对于海上丝绸之路的中国来说,是古代与近代之间的一座重要里程碑。广州是一个具有悠久对外贸易历史的港口城市。唐置市舶使，宋设市舶司，历元明而不变，十三行正是在这样具有传统而又具特色的历史中传承和发展起来。

"广州十三行"的提法最初见于明清诗人屈大均的《广州竹枝词》："洋商争出是官商，十字门开向二洋。五丝八丝广缎好，银钱堆满十三行。"由此可见，十三行的名气之大。据梁嘉彬先生的《广大十三行考》，十三行的起源与澳门、浪白澳的开阜相关联，即最早是与葡萄牙商人贸易相关。明代嘉靖三十二年（1553年）左右，明朝政权已允许非朝贡国葡萄牙在澳门、浪白澳及广州进行贸易，参与一年两季的"交易会"，慢慢催生了十三行。嘉靖三十四年（1555年），广东海道副使汪柏在广州立客纲、客纪，客纲类似于后来的保商，客纪类似于行商下的买办。当时十三行的性质同属于官设牙行，负责评估货价、介绍买卖、协助官府征税和管理外商等事务。至于十三行的名称由来，一种说法是当时广州的商行被广州、泉州和徽州三处的共十三家商行垄断，故称十三行。历史上的十三家商行如表2.5所示。还有一种说法是"沿明之习"，即其对外贸易的传统是沿袭明代。明代是中国的资本主义萌芽时期，相对于较为发达的经济贸易地区，商行数量确实较多，而十三行可能不是一个确定的商行数量。清代于康熙二十三年（1684年）开海禁，次年在广州设立粤海关，广东洋行制度（亦称"行商制度"）从此设立。至此之后，十三行的名称开始广泛被使用。洋货行也称外洋行，即十三行，从事相关贸易的商行称洋货行商、外洋行商，简称行商、洋商。

表2.5 历史上的十三家商行

序号	商行	人物	商名	序号	商行	人物	商名
1	怡和行	伍秉鉴	浩官	8	顺泰行	马佐良	秀官
2	广利行	卢继光	茂官	9	仁和行	潘文海	海官
3	同孚行	潘绍光	正官	10	同顺行	吴天垣	爽官
4	东兴行	谢有仁	鳌官	11	学泰行	易元昌	昆官

续表 2.5

序号	商行	人物	商名	序号	商行	人物	商名
5	天宝行	梁亟禧	经官	12	东昌行	罗福泰	林官
6	兴泰行	严启昌	孙青	13	安昌行	容有光	达官
7	中和行	潘文涛	明官	行商首领		潘振承	启官

注：十三行的商行家数最多为 26 家，最少为 4 家。

嘉靖时期，由于泉州和宁波的市舶司被撤销，只剩下广州，广州成为全国唯一的对外通商口岸，其地位更显重要。海禁在清代初期并不是那么严厉的，只是禁止私自出海，但清朝统治者为巩固其政权，防止反清复明，从顺治十三年（1656 年）起，海禁开始变得更加严厉，不仅严禁商船民船下海贸易，还规定外国商船"片帆不许入口"。直至康熙二十四年（1685 年），清政府开始设立粤、闽、浙、江四大海关，这标志着 1000 多年来的市舶制度的终结和具有近现代性质的中国海关制度的起始。十三行的出现，促使了中国由传统的"朝贡贸易制度"向"商业行馆贸易形式"转变，即贸易开始转向商业资本经营阶段，也就是说，从国家垄断的朝贡制度，转变为民间的平等互惠的自由贸易。

在此之后，广东海洋贸易迅速发展起来，商人的权势也随之增长，出现了具有不同背景支撑的官商。王商、总督商人、将军商人和抚院商人被称为四大官商，甚至出现"皇商"，但出现时间不长便衰落。随后，外国商人便开始在广州十三行正式设立商馆，作为对华贸易的基地，外国商馆如同雨后春笋般涌现。从"开海"到"禁洋"期间约有 30 年的历史，在这期间，十三行对外贸易也逐渐得以健全，中外商人均从中获得了巨大的利益。康熙五十六年（1717 年），清政府颁布"南洋禁航令"。"南洋禁航令"虽然不像清初那样全面禁海，只禁航南洋，东洋照旧，外国商人来华不禁，但是要严加防范。这严重损害了沿海百姓的生计，阻碍了中外贸易的顺利进行，对国内经济的发展造成了极大的影响。康熙五十九年（1720 年），行商开始组织公行，共同缔结了 13 条行规，要求参与的行商共同遵守。组织公行的初始目的是为保持公平的精神，使"行商有一个公平严密的组织，商人之间不再相互排挤而外人获利，也不令行商作出欺诈之举而使外人深受其害"。但随着官商勾结的发展，公行屡设屡废，公行逐渐失去其地位和作用，名存实亡。

直至雍正五年（1727年），清政府撤销"南洋禁航令"，10年"禁洋"结束，允许人民从事南洋贸易。雍正七年（1729年）实施"加一征收"，即所谓"缴送"的10%作为税收，由行商代交。直至乾隆元年（1736年）取消了"加一征收"，对外商实行优惠的政策，给十三行注入了旺盛的生命力，可以说清代中期的对外开放格局已经形成。随着广州的商业贸易发展日渐繁盛，粤海关的权势也日渐强大，官商与行商勾结，出现各种费用和附加税负，行商的地位日渐巩固。而外商则受压迫渐重，开始转向厦门、宁波等处开展贸易。乾隆十九年（1754年），清政府进一步加强管理规定：规定行商统一负责洋船、贡银、各种手续费且禁止非行商参与贸易，十三行的保商制度从此确立。并且规定十三行总管一切对外贸易，同时承担洋船进出口货税管理的责任。此外还规定：洋行统一负责购买外商所需的其他用品，外商违反该规定将由洋行承担相应的连带责任。可以看出，广州十三行保商制度使其具备商务和外交的双重性质。至乾隆二十二年（1757年），清政府的开放政策又发生了巨大的逆转。从"开洋"变成了"限关"，从多口通商变成了"一口通商"，加征浙海关关税，全国只剩下广州一处通商口岸与西方商船开展贸易，至此开始了长达80多年的广州一口通商口岸时期。"一口通商"的罪魁祸首便是中文名称为"洪仁辉"的英国商人。此人未经允许，驾船直奔天津，引起了乾隆皇帝的高度警惕，史称"乾隆朝外洋通商案"，因此便有了"一口通商"的管制。乾隆四十九年（1784年），美国商人驾驶"中国皇后号"到达广州，这一事件意味着中美直接贸易的真正开始，也标志着以广州为起点的海上丝绸之路已扩展到全球各地，实现了广州与世界的海上运输大循环。

沿至乾隆末年至嘉庆、道光年间，行商因拖欠官府课税和外商债款日渐严重，面临前所未有的困难，行商越来越难以生存。在官与夷的双重挟制下，以及鸦片贸易的冲击、行外商人的竞争中，行商制度已经名存实亡了。随着中国在第一次鸦片战争中的失败和《南京条约》的签订，废除了行商的特许身份，标志着行商制度的终结。1857年第二次鸦片战争，英法联军发动了对广州的攻城战。英军放火烧了整个十三行的商馆区东西沿江一带的洋行，连带数以千计的民房。广州十三行自此退出了历史舞台。

二、广州十三行的政策和相关制度

中国自汉唐以来，就特别注重盐、金属等重要物资的贸易，其生产和买卖受到官府的严格管制，对外贸易亦实行政府管制政策。就广州的对外贸易而言，唐置市舶使，宋元明设市舶司，市表示中外互市，舶表示中外船舶、海舶，包括各国的番舶。十三行是促使中国由传统的"朝贡贸易制度"向"商业行馆贸易形式"转变的重要里程碑。宋代之后，朝廷准许外国使节在进贡的前提下，随所乘船舶、车马携带商货来华进行贸易。而且朝廷规定，东南亚国家及西洋诸国在广州登陆，日本在浙江宁波登陆等。广州是指定贡舶靠岸最多的港口。这种朝贡贸易制度，从明代后期到清代，又延续了100多年。商业行馆贸易近似于自由贸易，即允许外国商人与民间商人进行交易，是一种较为平等互惠的自由贸易形式，以十三行行商制度为代表。

清代处于中国封建社会的晚期，在清代前期，广州中外贸易的外贸体制由四个环节构成，其中粤海关负责关税征收并对行商进行管理，十三行经营对外贸易并管理外商，澳门为来粤贸易的西方各国商人的共同居住地，黄埔为西方各国商船停泊的港口，每个环节都有一套管理制度。粤海关作为清朝政府派驻广东的官方机构，是十三行的顶头上司，对广州的对外贸易负全面管理责任，对广州十三行与外商贸易所得进行课税，课税征收的规礼包括放关入口银、放关出口银、签押人员规银、验舱、轿金、缴送等，从而补进增加国家的财政收入。清代粤海关的权力变化如下："康熙二十四年，开禁南洋，始设粤海关监督。雍正二年，改归巡抚。七年，复设监督。八年九月,归广州城守,并设副监督。十三年,专归副监督。乾隆七年,归督粮道。八年,又放监督。是年四月,归将军。十年,归巡抚。十二年,归总督。十三年,又归巡抚。十四年归总督。十五年三月归巡抚。是年四月,归总督。嗣后专设监督,乃归督抚稽查。"由此可见,粤海关的隶属变化频繁,也在一定程度上表明了清政府对粤海关的重视。但同时,封建制度下的贪官污吏之气在粤海关也得到了重新体现。从上至下,从重臣、总督到地方官吏,对行商的剥夺愈发残酷,粤海关成为封建末世吏治腐败的一个缩影。

清政府也通过制定一系列的规条和制度来管理行商。如,乾隆九年(1744年),首任澳门同知请准管理进出口外船和居澳民番七项规定,第一条曰:"洋船到日,海防衙门拨给引水之人,引入虎门,湾泊黄埔。一经投行,及着行主,通事报明。至货齐回船时,亦令将某日开行预报,听候盘验出口。如有违禁夹带,查明祥究。"这里的行主即行商,投行指投十三行,说明行商对进出口外船负有管理监督责任。紧随"一口通商"政策的步伐,清政府颁布了关于广州十三行行商在粤海关与欧洲人进行贸易的第一个法令,对行商的信用等要求如下:"各项买卖,无论属现款交易抑或以货易货,皆须严守信用,不得有欺诈行为。"清政府选取资金雄厚、有良好诚信记录且担保资金切实可靠的商人申请商户、开行设号。同时,又规定与外商进行买卖活动必须经由行商之手,保证行商的垄断权,以及外商必须住在商馆之内,行商对外商有管束督查的责任。道光十一年(1831年),《防范夷人章程》中亦有关于行商的规定,如第四条规定:"嗣后夷馆应需看货,守门及挑水、挑货人等,均由买办代为雇请名人,乃将姓名告知洋商,责成该管买办及洋商稽查管束。"

清代的行商制度,亦称洋行制度,是由一套具体的制度组成的,接下来简单介绍一下承商、保商、总商和行佣制度。关于承商制度,梁嘉彬先生曰:"行商承商,类以殷实者任之。朝廷思所以控制之法,乃设总商,使外洋贸易不得他越。明清两代,盐商、牙行同为粤东两大资本集团,盐课提举亦尝兼摄市舶事,十三行承商制度固最早萌芽于盐商承商制度。"

可见，十三行的承商制度是由盐商的承商制度发展而来的，此外，兼具承商的行商还必须向粤海关缴纳巨额的规费，即加入"公行"行会，为获得这项特权。

关于保商和总商制度，宋代市舶有"元保物力"，元代海商有"保舶牙人"，清初继承前沿，持续发展。至乾隆十五年（1750年），清政府下令以惯例由通事缴纳的船钞及规礼两改为"保商"缴纳，于是保商制度完全确立。其主要内容包括：第一，经营外贸的洋行商人，必须是殷实富庶信誉可靠者。第二，行商要对粤海关承担义务，即代征洋船进出口货税和管理外商。第三，行商之间相担保，如有破产，须负连带责任。第四，选充新商须由其他行商保举，经官府批准方能业。设立保商以后，无论货物是否由保商买卖，一律由保商负责纳税之事。起初，保商只由少数殷实行商担任，后来发展为全体行商轮流为外船作保，各行商必须对停歇在自己负责的商馆中的外商的违法行为负责。由1～2个殷实保商担任行首，谓之总商或商总。征收行佣和划一货价均是总商的责任，并对整个行商团体负责。保商和总商制度是行商制度中最重要的一部分，是将保甲制度移用到对外贸易中，由行商承担缴纳税饷和管理约束外商的责任。可以说，保商制度是清政府制夷防夷的政策。

行佣制度主要是在经济上为行商制度提供保证。即从行商经营的贸易中抽取佣金，以充公行运作的经费，大致是按货物的从价百分比征收，如嘉庆十六年（1811年），棉花每担2两，为从价14%。鸦片战争之后，洋行改为"茶行"，旧行商曾谋划征收"茶佣"，是行佣的后续之式。

三、广州十三行的影响及历史意义

十三行曾是清政府在闭关锁国政策下的唯一对外贸易窗口，在历时百余年的中外贸易中，发挥着不可替代的作用。同时，它也是海上丝绸之路上一个极其重要的中外商品交易集结地，在中国对外贸易史上占据着极为重要的地位。

繁盛时期,与十三行有贸易往来的有英国、法国、荷兰、俄罗斯、葡萄牙、西班牙等十几个国家,每年都有络绎不绝的外国船只满载异国精美的工艺品来广州十三行进行交易,之后便满载中国的丝绸、瓷器、茶叶等物品回国。直至第一次鸦片战争之后,广州十三行逐渐没落,行商团体逐渐崩溃,可归结为几个方面。一是《南京条约》的签订,开放了广州、厦门、福州、宁波、上海五处为通商口岸,这就打破了广州十三行的垄断地位。二是中外商人之间的商欠问题,而外商总是处于债权人的地位,商欠的背后就是清政府限制自由贸易的十三行官商贸易政策,以官制商,以商制夷。外商在市场、信用、借贷等条件和资本构成、所得利润和资本累积等方面均远远大于行商,这是发生商欠的主要原因。三是清朝官府的欺压和勒索,由于十三行具有半官半商性质,因此它既受到朝廷与官府的管制,又不得不参与到市场化的商业竞争中。四是行商自身的经营不善,"粤省外洋行从前共有十三家,在西关外开张,料理各国夷商贸易,称十三行街,至今犹存其名。唯近见止存怡和等七行,其余六家,或因经营不善,或因资本消乏,陆续闭歇"。由此可见,广州十三行作为历史上重要的中外商品交易集结地,在中国对外贸易发展历史上发挥着不可磨灭的作用。

在政治方面,清朝作为一个封建主权国家,首先考虑到的是国家主权安全问题。鉴于西方资本主义先驱者对中国的侵扰和窥伺,而采取强制措施将中西贸易隔绝于政治中心京师和商贾和漕运之地江南外,而将中西商船贸易限制在地理位置优越的广州通商口岸,广州因此得以快速发展。中外关系格局的发展也是随着十三行的崛起而逐渐形成。早期就存在与葡萄牙商人在澳门交易的行为。万历二十九年(1601年),范·纳克率领的舰队到达广州及澳门之行,是中荷直接交往的开始。崇祯八年(1635年),英船"伦敦"号的澳门之行和之后威得尔率领舰队的广州之行,是中英交往的开始。随后,有十几个国家的商船先后来到广州进行贸易,奠定了中外外交关系的基础。通过广州这一通商口岸,中国对外关系发生了巨大变化,与西方国家的交往愈加密切,对近代及现代的中外外交关系的建立和发展产生了巨大的影响。

在经济方面，就世界范围而言，早期的中外贸易也被称为是"广州贸易"。早期西方国家对华贸易产生的巨额利润，是成为西方资本主义资本的重要来源，极大地促进了世界资本主义的发展。就中国而言，江南地区的生丝、丝绸、茶叶等，景德镇的瓷器等都是广州贸易的重要出口商品，源源不断地从各地运往广州，而从广州进口的洋货，又沿着原路运回各地。广州十三行的绝代繁华，不仅积累了巨额的财富，还充实了清政府的国库，增加了清政府的财政收入，一度成为"天子南库"。

在文化方面，最先是表现在西方的传教士来华传教上，之后在文学、语言、艺术和科学技术上均有所体现。最初在16世纪澳门开埠时，利玛窦等耶稣会士来华传教。在18世纪及之后英美荷等国出现了由新教传教士和从事中西贸易而具有学术素养的西方商人开创的汉学。语言方面如早期出现的"广式葡语"，即广东方言和葡语等词语融合构成的混合语。继而又出现的"广式英语"等。早在明代，西方科学技术对中国就产生了巨大的影响，而在十三行通商时期，西方科学技术的传入最主要就是体现在医学方面。如早期牛痘法的传入、专治眼疾的博爱医院等。同时，中方还把欧洲绘画的素描手法和透视技巧结合到中国传统绘画章法和技巧中，成功地制造了融汇中西风格、闻名世界的广彩瓷和外销画。十三行商人秉承着中国儒商的传统，重视子弟教育，热心赞助教育和文化事业，行商本人及其后续子弟中不乏具有相当高文化素质的人才，在文化、学术、文学艺术中有所成就。与此同时，广州十三行也是西方透视中国的窗口。十三行行商是他们接触最早、最主要的群体，行商的为人、为商是洋人认识国人的镜子；十三行生活是他们感受中国传统观念与民风、民俗的媒介。

可见，作为当时中外贸易的唯一窗口，广州十三行以开放、兼容的姿态面对世界，促进了中西政治、经济、文化等各方面的交流。从某种意义来说，广州十三行推开了中国走向世界的一扇门，打开了世界透视中国的一扇窗。

第三节 海上丝绸之路：广东国际贸易先行一步

一、设立经济特区：特殊政策和灵活措施

广东地处中国南大门，原本就是中西文化的交汇地和中国近代民族工业的发源地，再加上毗邻港澳，对外联系广泛，这使其占据着重要的地位。然而，自1956年粤港实行边境封锁之后，人民生活贫困，逃港现象严重。为打破这种局面，在中央支持下，广东率先破除计划经济的坚冰。

在1979年4月的中央工作会议上，时任广东省委第一书记习仲勋郑重向中央领导人汇报了"让广东能够充分利用自己的有利条件在四个现代化建设中先走一步"的意愿，得到了中央的赞许和支持。在谈到解决配套建设资金问题时，邓小平表示："中央没有钱，可以给些政策，你们自己去搞，杀出一条血路来。"最后会议决定在广东的深圳、珠海、汕头和福建的厦门、上海的崇明岛等地试办出口特区，并对广东、福建两省采取特殊政策和灵活措施。

为落实"特殊政策、灵活措施"和试办出口特区事宜，中央有关部门和广东省委、省政府经过多次调研和协商，于1979年6月正式向中央上报了《关于发挥广东优势条件，扩大对外贸易，加快经济发展的报告》，并在同年7月得到中央批复，即中央1979年50号文件出台。

二、广东外贸先行一步

有了中央"特殊政策、灵活措施"和1979年50号文件的支持，广东开始作为国家对外开放的"试验场"，承担起了"杀出一条血路"的历史重任，从此拉开了轰轰烈烈自上而下的大变革。1978年，广东地区生

产总值 185 亿元，仅排在全国第 23 位。经过 40 年的发展，2017 年广东地区生产总值 8.99 万亿元，连续 29 年保持全国第一。

总结改革开放 40 年来广东经济取得的成功经验，我们认为主要是在对外开放方面做到了"天时"加"地利"加"人和"，在全国取得了先发优势。"天时"优势：中央政府赋予广东"特殊政策，灵活措施"一些政策优势带来了企业组织制度的创新，无论是第一家"三来一补"企业还是第一家新型的集团式企业均诞生于广东，广东的渐进式外贸体制改革为全国起到示范作用，极大地促进了开放程度，为吸收外资奠定了坚实的基础。"地利"优势：广东毗邻港澳和东南亚的区位优势，使自身获得了经济发展的地缘优势。港澳和海外资本一方面直接投资于广东进行生产以获取更高的利润率，交通的便利和基础设施的完善让这种可能变为现实；另一方面遵循产业转移规律，将劳动密集型产业放在广东生产，促进了广东经济的"原始积累"。1965—1973 年香港支柱产业由服装、玩具、纺织等劳动密集型产业向银行与金融的资本密集型产业转型。广东以优惠政策和廉价的土地和劳动力，积极承接港澳产业转移。并且遵循比较优势发展战略，随着资金积累的增加和技术水平的提高，广东逐渐将主导产业转向技术密集型产业和资金密集型产业。"人和"优势：作为华侨来源地的最大省份，广东省拥有遍布全世界的"人力资本"优势，近 2000 万华侨和港澳同胞不断地支持和关注广东发展。基于无法复制的"血缘优势"，地缘和文化的相似性吸收来自港澳和海外华侨大量的直接投资，带动了国际贸易的发展和相关产业的兴起。

本节从外贸体制改革、引外资活水入广东和新时期内外协调发展三个方面，分阶段探讨广东外贸先行一步的发展历程。

（一）广东外贸体制改革

改革开放前，为适应计划经济发展，中国采取高度集中的垄断外贸体制，取得过一定成绩。但随着国内外经济形势的变化，它的不足之处逐步显现：一是无法从中国的资源禀赋出发，采用比较优势来发展对外贸易；

二是外贸存在"断层",国内外贸企业不能及时学习国际先进同行,经济效益低下;三是长期为进口而出口,国内产业发展严重扭曲,人民生活水平长期得不到提高。

中华人民共和国成立以来,考虑到国防安全等因素,中央赋予广东的主要职能是农业生产。1979年之前,广东仅有的12家省直属专业外贸公司只能按照国家外贸总公司成交的合同从事经营活动,"管得太严,统得太死"的体制严重阻碍了广东外贸发展。在1958年前后,广东出口总额达到较高水平,与香港看齐。然而到了1978年,香港的出口总额已经达到广东的10余倍。1979年后,有了中央"特殊政策、灵活措施"和中央50号文件的支持,广东不失时机地放权搞活,扩大地方对外贸易权限,促进工贸结合,逐步推动外贸体制渐进式改革,大致分为以下三个阶段。

第一阶段(1979—1988年):扩大外贸经营权。根据1979年中央50号文件,广东在中央的统一领导下实行"大包干"的办法。在中央统一的对外贸易方针政策规划下,广东有权安排和经营自己的对外贸易。具体而言,广东主要在以下三个方面先行一步:一是下放外贸经营权,经营权将其下放到省级外贸公司并且进一步下放到各市甚至各县的外贸支公司。过去广东省属的12家专业外贸公司在经营上完全没有自主权,盈余上缴国家,亏损则由国家包揽,因此丧失了生产积极性。为了调动外贸企业的积极性,广东在这12家之外再设立了若干家外贸公司,同时赋予所有条件成熟的外贸企业以出口经营权。1981年,省政府给予各市县外贸经营权,并建立了新的出口口岸。市县外贸企业可以将本省生产出口的商品直接对外成交,不受经营分工的限制。通过权力下放,地方外贸公司经营的灵活性极大提升,成为国家出口创汇的主力军。二是改革出口商品价格体制,摆脱外贸经营的行政干预。国务院于1965年11月制定出口商品定价总原则,明确规定外贸公司用于出口商品的收购价须与内销价格相同。然而这种定价无法反映国际市场行情,使得外贸公司无法以具有竞争力的价格收购到合适的出口商品。广东实行"大包干"后,外贸公司打破以往僵硬的定价机制,提高塘鱼收购价,以缩小与出口香港价格的差距,使得其收购和销售量很快恢复到"文化大革命"前的水平。三是设立驻外窗口公司，最有名的莫过于1980年6月在香港设立的"广南行"，该公司代理了香港市场90%的塘鱼和活鸡销售，打破了由中国粮油食品进出口总公司在香港全资子公司"五丰行"的垄断经营，在广东开拓海外市场上发挥了重要作用。

广东外贸"大包干"政策从1980年实施，到1983年取得明显成效，冲破了国家外贸垄断体制，激发民间办外贸活力，3年内广东外贸出口稳步增长，出口总值71.3亿美元，完成包干基数9.97亿美元，本省外汇留成22.7亿美元；同时为进一步改革开放奠定了基础。然而，外贸"大包干"仅是国家改革开放方针下的局部改革，与当时的旧体制还存在许多矛盾，其中最大的矛盾就是汇率跟不上改革。当时，广东按照规定美元兑人民币1∶2.8的固定汇率上缴国家，导致外贸亏损。1983年年底，中央停止广东、福建的外贸"大包干"政策，又回到统付盈亏的体制。

1984年是外贸"大包干"结束后的第一年，中央的出口计划无法满足当年广东出口规模，大批工业品不能出口，大量工厂面临生产不足的困境。此时广东省外经贸部门提出了"自营出口和代理出口协调发展，千方百计把代理出口搞上去"的工作思路，让国营外贸公司代理有出口需求私企和外商签订合同，由私营企业承担风险，实现了工业企业和外贸企业的互补。1984年，广东不仅实现20多亿美元的出口实绩，还实现了外贸企业和生产企业的双盈利。1988年5月，国家将进出口经营权的审批权限进一步下放，至此广东拥有进出口经营权企业由1979年的13家增长到1988年的1576家，占全国总量的26%。

第二阶段（1989—1999年）：规范外贸审批权。由于外贸经营权的下放造成了"政企不分、抬价抢购"等问题，国务院开始清理整顿外贸公司。1989—1991年，广东审定了经营性外贸公司的撤留标准，同意省外贸开发公司等6家企业作为综合性公司经营若干二类商品，其他地外贸公司经营三类商品；生产企业只能经营资产产品。经过2年多的清理整顿，广东省外贸经营企业调整为1206家，占全国的31.7%。这些举措规范了广东进出口贸易秩序，保证了外贸经营承包制的顺利进行。1991年外贸体制确立了"统一政策、平等竞争、自主经营、自负盈亏、工贸结合、推行代理制、联合统一对外"的原则，旨在结束外贸长期"吃补贴"的历史，将外贸企业推向国际市场。取消出口商品的三类管理，改为除少数重要商品由国家组织经营，其他商品放开经营。

第三阶段（1999—2004年）：审批制向备案制过渡阶段。1999年1月1日，国家对全国大型工业企业实行自营进出口权备案登记制。随着我国加入世界贸易组织（WTO），进出口审批制从2001年7月正式进入进出口经营资格的登记制和核准制分类管理。广东省登记机关有省外经贸厅，广州市、深圳市、珠海市、汕头市外经贸局，外贸流通经营核准机关是外经贸部。国家对外经贸渐进式的"松绑"极大地刺激了企业开展外贸经营的积极性。截至2004年6月底，广东拥有外贸经营权资格的企业达到24000家，占全国的18%，其中私营企业接近2000家。

第四阶段（2004年7月至今）：实行备案登记制阶段。2004年7月1日《中华人民共和国对外贸易法》开始实行，最大特点就是外贸经营权的获得由许可制改为备案登记制，将外贸经营主体范围扩大到个人（非自然人），取消生产企业和外贸流通企业的分别。外贸经营权变为备案制，剔除了关于外贸经营资格的条件要求，成为外贸经营管理重要的制度安排。截至2006年12月31日，广东省共有66701家对外贸易经营者，占全国比例达到22.23%。

30年的改革使广东外贸体制发生了以下根本性的变化：一是行政性直接干预大大弱化，二是形成外经贸经营主体多元化的格局，三是外贸行业的总体效益和竞争能力显著提高。总之，外贸体制改革为广东经济发展奠定了坚实基础。

（二）引外资活水入广东

由于各国处于不同的发展阶段，资源禀赋结构差别较大。发达国家拥有丰裕的资本资源，资本的投资报酬呈现递减趋势。资本会流向相对资本缺乏的发展中国家,一方面发达国家可以获得更高的回报率,另一方面发展中国家可以获得较多的资本,弥补储蓄和外汇缺口带来的资金缺口,可以迅速提高人均收入。原理是外资引进形成国内投资,并且通过扩大生产能力和提高效率来提高国内产出,扩大出口和增加国内总储蓄,从而扩大外汇缺口,缩小国内储蓄缺口,最终达到两缺口平衡,这就是阐述外资重要性的"两缺口模型"。广东地处沿海,毗邻港澳,华侨众多,在中华人民共和国成立前,珠三角是民族工业和商品经济相对发达地区,是中西文化交汇的黄金地带。中华人民共和国成立后,由于受到高度集中的计划经济束缚,珠三角除广州、佛山等大中城市存在一定数量的国有企业外,其他地区基本以传统农业为主,经济结构单一,农村和农业发展缓慢。1979年党中央和国务院赋予广东"特殊政策、灵活措施",拉开了广东在利用外资上先行一步的序幕,大致可分为三个阶段。

第一阶段(1978—1983年):发展"三来一补"和加工转口贸易。引进外资是对外贸易中的重要一环,然而以阶级斗争为中心的年代,地方自主引进外资屡屡受挫。1979年,国务院颁布《开展对外加工装配和中小型补偿贸易的方法》,确立加工贸易的合法地位。同时,广东乘借香港产业转移的东风,在利用外资上先走一步。1978年,东莞二轻局和香港信浮手袋制品公司签订协议,港方负责进口设备、原材料和产品外销;东莞方面提供厂房和劳动力。这种与外商的合作模式就是后来风行一时的"两头在外"。但是在当时,它却是一种"离经叛道"。到1978年年底,广东全省有关单位与外商签订的公私合营的加工装配协议与合同达151项,98种产品,总金额达1.549亿美元。当年,广东为国家创汇16.7亿美元。比1965年增长4倍多,其中外贸出口收入10亿美元,非贸易外汇收入6.7亿美元。"三来一补"企业的兴起对粤港澳来说形成"前店后厂"的经济关系。港澳地区利用海外贸易窗口优势,承接海外订单,扮演"店"的角色。珠江三角洲地区则利用土地、自然资源和劳动力优势,加工制造产品,扮演"厂"的角色。此外,企业通过"三来一补",培养了一大批人才。成千上万的农民变成了企业管理者和产业工人,对全省加速发展外向型经济具有重大意义。

第二阶段（1984—1991年）：发展三资企业和引进技术阶段。"三来一补"企业大都属于劳动密集型企业，同时"前店后厂"的模式使得产品的经营管理完全控制在外商手中，不可能成为广东省外向型经济可持续发展的主体。从20世纪80年代开始，广东吸收外资逐步向"三资"企业转型，严格控制新办的"三来一补"企业。广东利用外资的方式开始以合资、合作和外商独资经营为主；从饮食业、旅游业等非生产性项目为主逐渐转变为生产性项目为主。改革开放头10年，广东省共签订各种形式的利用外资合同8.81万宗，实际利用外资79.29亿元，已注册的外商投资企业8124家，占全国同类企业总数的60%以上。到1992年，广东已形成多层次、多形式、多功能的全方位对外开放格局。

第三阶段（1992年至今）：发展外向型高科技产业和全方位开放。1992年邓小平南方谈话后，广东掀起新一轮改革开放的热潮，对外开放得到迅速发展，形成外向带动的经济发展模式。"利用外资是邓小平理论的重要组成部分，是对外开放基本国策的重要内容，是建设中国特色社会主义经济的伟大实践之一。"这为外商投资向更深层次和更广领域发展提供了强有力的理论支持。加入WTO后，广东积极参与国际分工合作，主动承接新一轮世界产业和国际资本转移。截至2004年年底，跨国公司在广东建立的研发中心有100家，说明广东外资企业逐步由加工制造向研发设计转变，促进广东的技术进步，体现广东省良好的投资氛围和巨大的市场潜力。

（三）新时期的协调发展模式

进入21世纪后，全球经济形势发生变化，广东面临更广阔的市场和更激烈的竞争挑战，对外开放倒逼了对内改革。面对新时期的发展机遇，广东对外开放的改革发展重心主要集中在以下三个方面：

首先是"入世"掀起的第二次"改革开放"。2001年12月中国加入WTO，广东在简政放权和防范贸易摩擦方面先行一步。加入WTO后，很多规则必须与国际接轨,更市场化的、更透明的规则倒逼政府部门提升服务意识。据广东法制办统计,仅 2001—2002 年,广东清理多项不适宜的地方性法规,并开展多轮行政审批制度改革,进一步简政放权,如表 2.6 所示。

表2.6　广东清理法规及简政放权

法规文件	废止	修订
省地方性法规	5	2
省政府规章	55	15
省属部门规范性文件	3000 多	
取消省直机关审批	下放管理权限	移交行业组织事项
1558	364	246

数据来源:广东省法制办。

"入世"后广东外经贸部门着手建设防范国际贸易风险的预警工作系统,制定《广东省进出口公平贸易工作规范》《广东省应对国外反补贴调查工作规范》,完善省、市、区(县)各级政府部门应对国外反补贴调查工作体系和机制。2006 年在欧盟鞋类产品反倾销案中,广东企业组成应对联盟,联合欧洲零售商和消费者共同反击,利用 WTO 规则在 8 起反倾销诉讼中获得 5 起肯定性裁决。

"入世"当初担心的冲击出口就业等并未成为现实,反而进一步巩固了广东第一外贸大省的地位;广东外贸进出口额从 2000 年的 1700 多亿美元到 2013 年突破 1 万亿美元,连续 27 年居全国首位,在世界货物贸易排行中超过俄罗斯、西班牙,位居第 13 位。同时广东成为国际制造业基地,电子信息、汽车、石化成为支柱产业,出现了华为、中兴、TCL、格力、美的等全球影响力的跨国企业。但是随着中国的进一步开放,广东政策优势和区位优势逐渐弱化,原有的出口加工导向型的发展模式越来越不可持续,需要培育参与国际竞争的新优势。(见图 2.1)

其次是粤港澳全方位合作。香港作为国际金融、贸易、航运中心和自

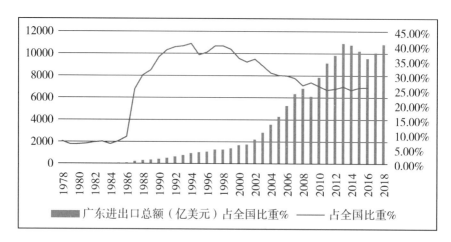

图2.1 广东外贸进出口总额及占全国比重

由港,成为中国经济走向世界和引领世界进入中国的重要纽带。广东凭借特殊政策优势、毗邻港澳的地缘优势和土地劳动力的低成本优势承接了港澳产业转移,粤港澳在制造业领域形成"前店后厂"式的产业分工体系。然而1997年,香港经济外部受亚洲金融风暴冲击,面临周边地区如新加坡、中国台湾等地的挑战;内部本地需求疲弱、科技相对落后。中国"入世"让香港失去中介优势。"前店后厂"的合作模式成为瓶颈,粤港澳三地急需整合资源,拆除制度障碍。

2003年粤港澳共同签署《关于建立更紧密经贸关系的安排》(CEPA),主要包括货物贸易和服务贸易自由化和贸易投资便利化三方面:①两地实现货物贸易零关税。对273个内地税目涵盖的香港产品,只要符合CEPA的原产地原则,香港厂商可以申请零关税优惠。②扩大服务贸易。涉及管理咨询服务、会展服务、建筑及房地产、医疗及牙医、会计服务、物流、分销服务、广告服务等八个部门。③实现贸易投资便利化。规定内地在通关及电子商务等八个领域简化手续以便香港资金更加自由进入内地。

CEPA的签署实施,把广东的制造业、资源、市场等优势和香港、澳门的服务业、管理、资金等优势结合起来,实现了"三赢"。2003—2013年,广东对香港和澳门服务业开放政策措施分别累计达到79项和53项,包括金融、教育、医疗、会展等27个领域。在世贸组织分类的160个服务部门中,内地对香港开放149个部门。截至2018年,香港对广东实际投资金额累计达2728.5亿美元,约占广东实际利用外资总额的2/3;广东累计在香港实际投资额775.1亿美元,占广东对外实际投资总额的近六成。

最后是广东参与"一带一路"迈入高质量发展阶段。"一带一路"自2013年年底提出以来,广东省积极融入"一带一路",拥抱开放的新机遇,在政策、交通和贸易领域取得了重要成绩。在政策方面,广东率先拿出具体方案,同时在省内各部门和各地市初步形成了沟通体系,根据国家层面的《愿景与行动》文件,出台《广东省参与建设"一带一路"的实施方案》,是全国各省市区中第一个制定参与"一带一路"实施方案的省份。在交通领域,设施联通稳步推进。交通基建,是广东参与"一带一路"建设的前提和基础。5年来,广东不断强化与沿线国家基础设施互联互通,提升中欧、中亚、南亚班列市场化运营质量,支持广州港、深圳港等拓展全球海运网络,打造水铁联运中心,与"一带一路"沿线国家或地区的基础设施互联互通取得了显著成效。在贸易领域,经贸合作稳健发展,对外投资贸易力主创新。近年来广东加快贸易便利化改革,与沿线国家基于比较优势建立了广泛的贸易合作关系。2018年,广东与"一带一路"沿线国家和地区进出口总额16153亿元,增长7.4%,高出同期全省平均水平2.3个百分点。

此外,广东大力推进企业研发创新,促进走出去企业增强品牌实力和营销能力,使企业参与"一带一路"建设的空间和广度得到不断拓展。特别是制造业,对外投资加快。其中,美的收购全球第三大机器人制造商库卡和以色列高创、纳斯达并购全球第四大激光打印机公司利盟、美的集团在白俄罗斯有关并购项目等一批海外并购项目均收到明显成效。

专栏2.2　"网红"瓜达尔港

阿拉伯海沿岸的瓜达尔港,曾经是巴基斯坦俾路支省的一个名不见经传的小码头。然而,这个毫不起眼的小地方却是巴基斯坦通往波斯湾和阿拉伯海的大门,占据着南亚、中亚和中东之间的战略位置。

2015年10月29日,在"中国广东21世纪海上丝绸之路国际博览会"上,珠海市与巴基斯坦瓜达尔市举行签约仪式,珠海港控集团将投资65亿元建设"贵广—南亚(瓜达尔港)"国际物流大通道,与贵州黔南州共同构建贵州国际陆港"一港、两中心"互联互通平台,进一步推动"贵广—南亚"国际物流大通道建设及珠港澳地区与瓜达尔地区的深层次合作。

对巴基斯坦来说,瓜达尔港距离印度是非常远的,距离霍尔木兹海峡很近。因此,能够增大该国海军和商船队在战时的生存能力。此外,瓜达尔港所在的俾路支是巴基斯坦最穷,也是人口最少、面积最大的省。如果俾路支发展不起来,相当于巴基斯坦49%的国土发展不起来,瓜达尔港刚好给俾路支的发展提供了一个极其重要的出口,并且能够把俾路支和巴基斯坦的其他3个省连接在一起,形成一个经济整体。因此,瓜达尔港绝不仅仅是一个海运港口,它是未来巴基斯坦经济振兴的一个核心。

对中国来说,当前从上海港去瓜达尔,大概是8700千米,航运一般需要三个星期21天左右。但是从喀什到瓜达尔只有2900千米,将来整个中巴经济走廊贯通后,只要3天的时间就可以从喀什到瓜达尔。尽管"网红"瓜达尔港无法取代马六甲海峡,但至少通过中巴经济走廊到瓜达尔,使我国的西部地区多了一个通道,多了一个选择,意义深远。

第三章

21世纪海上丝绸之路的理论分析

本章首先介绍新经济地理学、国际贸易与国际投资这三种与海上丝绸之路高度相关的理论知识和主要框架，通过对比各种学说流派的核心观点的演进发展，直观高效地为读者奠定理解"一带一路"的理论基础，随后以通俗的经济学语言阐述了"21 世纪海上丝绸之路"对理论的现实需求与贡献，强调了加强"21 世纪海上丝绸之路"对于区域经济一体化和经济全球化进程加速实现的重要性与必要性。

第一节 主要理论基础

一、新贸易理论

(一) 国际贸易学理论

国际贸易理论的研究对象为商品,服务和生产要素的国际交换,是开放经济条件下的经济学研究分支,目的是解释国际贸易动因、国际贸易范式和国际贸易利得,以及评价国际贸易政策。国际贸易理论的发展大致经历了四大阶段,分别是古典贸易理论、新古典贸易理论、新贸易理论和新新古典国际贸易理论。(见表 3.1) 从这一过程中,国际贸易理论的假定前提分别从完全竞争、规模报酬不变、单一要素投入、固定边际成本等发展到不完全竞争、规模报酬递增和多要素投入、边际成本递增形态。理论和实证分析表明,国际贸易会影响国内生产要素的利用效率、国际间的供求关系、经济结构、财政收入等。

表 3.1 国际贸易理论发展主要框架

理论演变	代表人物及理论	代表作	主要结论贡献
古典贸易理论	亚当·斯密 (Adam Smith):绝对优势理论	*An Inquiry into the Nature and Causes of the Wealth of Nations* (1887)	从劳动生产率的角度说明了国际贸易产生的原因、结构和利益分配
	大卫·李嘉图 (David Ricardo):比较优势理论	*Principles of Political Economy and Taxation* (1891)	

续表3.1

理论演变	代表人物及理论	代表作	主要结论贡献
新古典贸易理论	伊·菲·赫克歇尔（Eil F Heckscher）和贝蒂·俄林（Beltil G Ohlin）：要素禀赋理论，也称为H-O理论）	*The effect of foreign trade on the distribution of income*（1919），*Interregional and International Trade*（1952）	在两国技术水平相等的前提下，国家要素充裕度和产品生产的要素密集度是国家间比较优势产生的原因
	保罗·萨缪尔森（Paul A Samuelson）：H-O-S定理，赫克谢尔–俄林–萨缪尔森模型	*International trade and the equalisation of factor prices*（1948）	
新兴贸易理论	保罗·克鲁格曼（Paul Krugman）	*Increasing returns, Monopolistic Competition and International Trade*（1979）	放松了假设条件，从不完全竞争和规模经济角度说明国际贸易的原因和模式
新新古典理论	马克·J. 梅利茨（Marc J Melitz）	*The impact of trade on intra-industry reallocations and aggregate industry productivity*（2003）	从产业内贸易和异质性的角度进行研究，对贸易的原因给出了新的解释思路

国际贸易理论的演进伴随着现实的变化，从传统的产业间贸易转变为产业内贸易，国际贸易的原因和模式都产生了变化，最新的产业内贸易衍生出了全球产业链条，每个企业和产业链上下游企业都有着密切联系，形成水平一体化和垂直一体化，国际化程度进一步加深，同时比较优势的来源变得更加复杂，国家和企业之间的合作形式更加多样。同时，中国正在

从贸易大国转向贸易强国的轨道上,面临着重重的机遇和挑战,怎样在日益复杂的国际形势中脱颖而出,"一带一路"的实验或许可以给我们答案。

(二) 新经济地理学理论

根据传统经济地理学理论,在区域之间不存在基本差异的情况下,经济活动最终将在空间均匀分布,该理论一度为厂商竞争和区位选择提供了合理解释。但随着经济高速发展,世界范围内出现越来越多不同层次的经济活动的现象,企业的空间聚集程度也大大提高,传统经济地理学理论不再适用。因此,以克鲁格曼为代表的经济学家,将经济全球化的特点及其发展规律纳入模型,提出了新经济地理学说,推进经济地理学理论发展。(见表3.2) 其代表作为 *Increasing returns*,*Monopolistic Competition and International Trade*(1979),该文献将迪克西特和斯蒂格里茨(1977)的需求函数的设定引入了国际贸易理论中,建立了一个封闭经济中垄断竞争市场下的一般均衡模型。其结论是规模经济是国际贸易产生的原因,同时贸易使得企业得以利用内部规模经济的优势,促进企业的进一步聚集和发展。发表于1980年的 *Scale Economics*,*Product Differentiation*,*and the Pattern of Trade*,在1979年的文献上进一步探讨了运输成本效应和国内市场效应的影响,即在其他条件相同时,国内市场越高,相对工资越高,且国家更愿意出口那些占国内市场份额较大的产品。标志新经济地理学成立的1991年的论文 *Increasing Returns and Economics Geography*,克鲁格曼建立了一个"中心－外围"模型来研究企业生产选址,中心是制造业,而外围是农业。在最大化规模经济以及最小化运输成本的目标下,厂商的最佳生产选址是在市场规模较大处。

新经济地理学以报酬递增和不完全竞争理论假设为基础。按照该假设,生产规模的扩大带来了产出的增加的同时,生产成本下降,因此专业化生产并进行贸易对各国或区域间而言是有益的。克鲁格曼(1991)说明"中心－外围"模型的出现依赖于运输成本、规模经济和制造业占GDP的份额。规模经济反映在地理上的集中,在地区层面上的大型聚集产生的规模优势完胜某一个部门或产业的集中优势,从而为整个地区带来了新的比较优势。

表3.2 新经济地理学理论发展

		代表人物	代表作	主要理论假设基础	主要结论贡献
新经济地理学说整体共识		保罗·克鲁格曼（Paul Krugman）、藤田昌久	*Increasing Returns and Economics Geography* (1991)	收益递增,不完全竞争,"冰山"运输成本（只有产成品才有运输成本,且产品价值在运输中会"损耗"）	报酬递增和不完全竞争的假设更加贴近现实社会、解释力更强,通过基于传统经济学的三大理论假设展开分析,将区域经济学带入主流经济学研究框架和范畴
主流学派分支	核心-边缘理论	约翰·弗里德曼（John Friedmann）	*Regional development policy: a case study of Venezuela* (1966)	离心力源于固化效应导致的交易成本增加,向心力源于激励	在运输成本足够低、产品差异性显著、生产规模足够大的前提条件下,前后向关联可以克服离心力,使产业聚集在一个地区
	城市与区域演化理论	迈克尔·波特（Michael E. Porter）	*The Competitive Advantage of Nations* (1990)	将城市定义为成空间结构均衡均匀分布的聚集点,引入动态多区域模型	城市规模和城市间距离区域固定水平,随着综合成本降低,形成都市群
	产业聚集与贸易理论	保罗·克鲁格曼（Paul Krugman）	*Increasing Returns and Economics Geography* (1991)	产业关联,运输成本和要素流动性是影响产业聚集的主要因素	前后向关联效应可产生一种专业化过程,使制造业或特定产业聚集到有限的几个地区

新经济地理学是近年来学术研究的热点，可以想见从地理角度出发研究国际贸易的模式，解释企业聚集和扩散的原因，并探讨这些地理聚集和扩散给经济发展带来的影响会持续给我们的经济发展带来新的启示，而"一带一路"的发展经验也会给这一领域研究带来很重要的依据。

（三）产业转移理论

1. 国际产品生命周期理论

弗农（Vernon，1966）提出了产品生命周期理论，该理论从产品研发阶段角度入手，认为生产各部门以及各种产品，都将经历创新、发展、成熟、衰退等四个阶段，其中衰退阶段也称为标准化阶段。根据生产各个阶段所需要的生产要素和技术水平不同，投资策略也各有不同。首先，产品的研发始于发达国家，因为研发能力强是发达国家的比较优势所在。其次，经历了开发的第一阶段，发达国家生产进入发展和成熟阶段的第二和第三阶段，产业转移主要发生在发达国家之间，以此来扩大市场。在第四阶段，生产形成了标准化流程，对技术要求逐渐降低，发达国家的劳动力成本过高阻碍了产品的进一步发展，此时产业由发达国家开始向发展中国家转移，利用发展中国家低廉的劳动力进一步发展。而发达国家则开始进行下一个产品的研发，周而复始，很好地从产品生产和产业转移角度概括了国际投资的转变。

2. 雁阵模式理论，或称雁行理论（the flying-geese model）

1935年，日本经济学家赤松要首次提出"雁型模式"，总结了"二战"后日本贸易的真实情况，即大量出口传统劳动密集型产品，如棉纺织品，同时大量进口。联系上文中的"产品生命周期理论"，雁阵理论是从发展中国家的视角来看"标准化阶段"。东南亚国家为了缩小和发达国家的差距，首先从发达国家承接"标准化产品"，如技术含量高的纺织机械，带动日本纺织业产业链发展，提高行业生产率，并利用自身劳动力低廉的优势大量生产，再向发达国家出口劳动密集型产品，如棉纺织品。雁行模式反映欠发达国家先承接发达国家的产业转移，当引进技术与国内生产要素结合并具备一定竞争力后,再将发展到一定程度的产业转移到落后国家,实际上是进口替代战略和出口导向战略的结合。

3. 边际产业转移理论

日本经济学家小岛清结合日本海外投资背景和发展模式,提出"边际产业转移理论"。这里的边际产业指的是改过处于或即将处于比较劣势的产业,对应到弗农的产业转移理论就是已经"标准化"的产业,已经进入衰退的轨道。他认为,一个国家在对外投资时应首选将处于"夕阳产业"的边际产业转出,将资源集中起来用于发展前景好的"朝阳"产业。这一理论也符合弗农的"产业转移理论"的发展规律,即边际产业总是从较发达地区转移到欠发达地区。

4. 区域梯度转移理论

20世纪70年代,美国经济学家克鲁默、海特等提出了区域梯度理论,该理论将区域按照经济发展水平进行划分。那些经济发展水平较高、发展前景良好的区域为高梯度地区;反之,那些经济水平落后、发展预期暗淡的区域为低梯度地区。高梯度地区和低梯度区域在技术上有显著区别。高梯度地区利用其技术上的先进性,优先开发产品,并将处于成熟期的产业转移到欠发达区域,从而为生产新产品腾出空间。那些转移出去的落后产能将带动欠发达区域的经济和技术发展。由于中国各区域经济发展水平不一致,技术、管理、营商环境等多方面存在一定的差异,因此,根据梯度转移理论思想,我们可以通过先发地区带动落后地区,通过转移产业,提升低梯度区域经济发展水平。特别是,在新常态下,东部地区面临转型升级压力,转移过剩的产能可以集中资源发展新兴产业、创新活动及国际的产业链高端环节。

以上四个产业转移理论在总结发达国家和发展中国家的经验的基础上,提出了相关的理论,异曲同工又各有不同。相似点在于这四个理论都依据技术和经济发展水平将国家和地区进行划分,发达国家将其处于衰退期的产业转移至欠发达地区实现双赢。不同的是,这四个理论视角各不相同。产品生命周期理论是从整个产品生产和产品所在产业转移角度切入;

雁阵模式理论讲的是发展中国家的产业转移路径；边际产业转移理论从处于衰退的产业入手，描述其转移路径；最后区域梯度理论从比国家更微观的视角，阐述了不同区域之间的产业转移。

二、国际投资理论

国际投资学是国际金融学的应用分支学科，国际直接投资（foreign direct investment，FDI）是现代的资本国际化的主要表现形式之一。FDI是指一国的投资者将资本用于他国的生产或经营，并掌握一定经营控制权的投资行为，主要分为三种形式：一是绿地投资（greenfield），即在国外直接新建一个跨国公司；二是联合经营（joint venture），及建立跨国公司（multi-national enterprise，MNE）；三是跨国并购（cross-border merge and acquisition，M&A）。对外直接投资理论的发展稍晚于国际商品贸易理论，一般认为，当一国国际贸易发展趋于成熟时才会进行对外直接投资，因此，对外直接投资始于发达国家，相关研究最初也是针对发达国家的对外直接投资。有相关研究探讨国际贸易的国际投资之间的关系，主要存在替代效应和互补效应。前者描述的是国际投资和国际贸易的竞争关系，一国的国际投资可能会挤出该国的国际贸易。后者是说一国的国际贸易可能为国际投资探路或是铺设良好的基础，比如商业联系、政府联系和文化融入等，从而国际贸易的发展可能会促进国际投资的发展。到20世纪60年代时，国际直接投资发展日臻成熟，形成了很多流派。本章将介绍其中有代表性的、有实践价值的一些理论。20世纪80年代是国际直接投资发展历史上一个重要节点，欠发达国家或地区对外直接投资量日益上升，引起了学界的关注。发展中国家的研究与发达国家存在显著差异，因为两者在本身禀赋上有很大差异，因此，对外直接投资的动因和模式都有很大差距，接下来将详细阐述各国际直接投资理论。

(一) 发达国家视角下的对外直接投资理论

1. 垄断优势理论

20世纪60年代初,美国学者斯蒂芬·海默(Stephen Hymer,1960)在其博士论文里首次提出了垄断优势理论。该研究建立在市场不完全性假设的基础上,以美国跨国公司为研究对象。此后,海默与其导师的导师金德贝格对此进行了补充和发展,提出并发展了"结构性市场非完美理论"(structural market imperfection)。该理论解释了美国企业进行国际直接投资的原因,国际直接投资有利于美国企业发挥自己的垄断优势。垄断优势的来源有四:第一是产品方面的差异,来源于产品市场的不完全性,以及随之而来的其在销售能力和价格策略等方面的差异也称为垄断优势的来源之一;第二是来自要素市场的不完全性,由于要素市场的不完美,出现了在专利和专有技术、管理技能、融资渠道、商标等方面的差异,在这些方面领先的行业就占有垄断优势;第三个垄断优势来源于外部经济不完全和规模经济;第四个来源是政策方面的差异导致的,比如政策支持或限制、税收、关税待遇等。后来,技术也被纳入了垄断优势,这一贡献来自约翰逊(Johnson H. G., 1970) 对海默理论的补充。由于技术的公共品属性使得它可以在母公司和子公司之间分享,从而为企业降低成本、扩大生产、提高生产率、生产新产品、新生产工艺、销售技能、组织管理及创新上带来突破。凯夫斯(Caves R. E., 1971)将技术垄断优势从企业层面的研究细化到行业层面上,认为开发、生产和销售异质性的产品也是垄断优势的来源之一。

2. 国际产品生命周期理论

上文提到的产品生命周期理论(Vernon,1966),该理论的一大特点为适用性和解释力强。该理论不仅可以解释产品生产和产业转移的轨迹,国际投资同样遵循这一模式。在创新阶段,资本集中在发达国家进行研发。进入第二、三阶段,国际投资发生在发达国家之间,扩大产品的生产。当产品发展进入稳定期、模式化之后,发达国家开始向欠发达地区进行投资，以获得低成本劳动力，降低成本。

3. 内部化理论

20世纪70年代中期，英国学者巴克利和卡森（Buckley P. J. & Casson M., 1976）提出了对外直接投资的"内部化理论"，同样是从发达国家的立场建立的国际直接投资理论，其理论基础是科斯（Coase, 1960）的市场不完全假设和交易费用理论。此后，在20世纪80年代，拉格曼（Rugman A. M., 1980）补充并发展了该理论，他认为，在不完全市场下，建立跨国公司有利于将外部交易成本内部化，从而降低系统成本；有利于科技、知识、销售方法等再企业内部分享，从而获得最大化整体利润。将企业内部化为跨国企业的是企业进行对外投资活动的动因之一。

4. 边际产业扩张理论

在上文的产业转移理论中，提到了20世纪60年代日本一桥大学教授小岛清（Kiyoshi Kojima, 1978）提出的较发达国家或地区向欠发达国家和地区转移"边际产业"的边际产业扩张理论。产业转移的过程实际就是投资的过程，因此，边际产业扩展理论也揭示了国际直接投资的发展路径和模式，以及发达国家向发展中国家投资的原因；另外，发达国家的中小企业在进行国际直接投资时有其独特优势，体现在和东道国本土企业的技术水平相比，中小企业与之差距更小，有利于东道国吸收其技术。因此，发达国家中小企业的对外直接投资更容易被发展中国家所接受。

5. 国际生产折中理论

国际生产折中理论由邓宁（Dunning J. H., 1977）提出，他是英国瑞丁大学的教授，该理论是前面所述的国际投资理论的集大成者，集众家之长提出了所有权优势。所有权优势可以全面解释国际直接投资、贸易出口和技术转让等国际行为的起因。邓宁认为，不同的优势对应不同的国际活动形式。情况一是只具备所有权优势，企业应该以技术许可的方式参与国际经济；情况二是同时具有所有权和内部化优势，企业应该出口；情况三是企业三种优势都具备时，可以进行对外直接投资方式。

（二）发展中国家视角下的对外直接投资理论

由于发展中国家和发达国家的禀赋不同，所具备比较优势自然不同，因此，二者参加到国际经济的动因和方式都有所差异。在这一部分阐述的理论都是从发展中国家的视角出发，探讨最适合发展中国家参与的国际投资形式。

1. 投资发展周期理论

投资发展周期理论（investment development path，IDP）由邓宁（Dunning J. H.，1986）和鲁拉（Dunning J. H. & Narula R.，1996）在20世纪八九十年代提出。对比邓宁先前的国际生产折中理论，该理论刻画了国际直接投资随经济发展程度的不同而有所变化，体现了动态性和宏观视角。在该理论正经济发展程度由人均国民生产总值表示，当人均 GDP 处于低位时，不会有国际投资发生。随着人均 GDP 上升时，国际直接投资会逐渐上升，并经历净流出量从负到正的阶段。

2. 小规模技术理论

20世纪80年代，刘易斯·威尔斯（Lewis Wells，1983）提出了小规模技术理论。该理论从发展中国家视角出发，认为欠发达国家或地区的生产规模小是其特点，而且是其比较优势的来源。虽然发展中国家无法像发达国家一样从大规模生产中获得规模收益，但发展中国家的小规模生产技术是劳动密集型的生产技术，适合进小批量、多产品生产，其特点是灵活性强，而且当地的采购成本、管理费用低廉，形成多产品低成本的竞争优势。发展中国家的这种生产模式还可以适应各种不同的技术和特殊产品，可以承接从发达国家转移而来的产业，促进产业和经济发展。

3. 技术地方化理论

20世纪80年代，经济学家拉尔 Lall（1983）在研究发展中国家的国际投资模式时分析了印度跨国公司的竞争优势，并在此基础上提出了技术地方化理论。根据该理论，发展中国家企业通过内在的创新活动能形成和发展自己的特定优势：首先，在进口的先进技术方面，发展中国家不仅消化、吸收先进技术，还在此基础上根据国内经济发展程度和市场需求进行改造及创新，使产品更贴合国内市场。发展中国家对发达国家技术有创新的吸收形成了其独特的优势。其次，类似于小规模生产理论，小规模生产和低廉的劳动力、管理运营成本为发展中国家带来了成本优势。再次，发展中国家的小规模生产使其能生产多样化产品，满足更多层面的需求，在国家市场上占有一席之地。最后，技术知识的当地化使其产品更适合发展中国家之间的互相贸易和投资，从而会产生在发展中国家间的国际直接投资。基于以上四点，发展中国家以其独特的竞争优势在发达国家和发展中国家市场的投资中占据一个重要的地位。

4. 技术创新产业升级理论

坎特维尔教授和托伦蒂诺在20世纪八九十年代提出了技术创新产业升级理论（Cantwell, 1989；Tolentino, 1993）。该理论主要考察了发展中国家的技术创新、技术累积和产业结构这些因素对外直接投资的影响。第一，技术积累和创新方面，坎特维尔认为技术累积和创新的路径在发达国家和发展中国家是不同的。发达国家一直处于技术的尖端前沿地位、引领全球技术的发展，依靠的是大量的研发投入。发展中国家则不同，其本身研发能力较弱，想要发展技术需要向发达国家已有经验学习，吸收和开发现有的生产技术，并适当本土化以形成自身的竞争优势。第二，产业升级方面，坎特维尔认为，发展中国家对外投资的规模、增长速度、管理水平和营销水平都会提高，产业结构也会优化，因为其在技术累积和创新阶段积累了国际生产经验，技术累积和技术创新速度相应加快。第三，随着经济的发展和工业化水平的提高，技术累积，发展中国家的技术创新能力会逐渐增强，其外直接投资特征会逐渐向发达国家靠拢。第四，在投资地区分布和产业分布方面，欠发达国家因创新能力有限、产业结构也不完善，主要采用进口替代型和出口导向型策略进行投资；遵根据由近及远的原则，发展中国家投资地区的选择现实发展中国家开始，然后发展到发达国家。

我国对国际投资理论的研究始于20世纪90年代，主要分析我国经济结构、产业结构与对外投资决策的影响,包括境外投资的产业选择、企业选择、区域选择等。理论研究对我们认识世界经济格局的变化趋势、积极参与国际竞争有很大的启发作用。而"一带一路"倡议的实施正是一种对国际投资理论进行探索的创新实践。

三、21世纪海上丝绸之路的自由贸易区相关理论

在生产全球化、贸易全球化、资本全球化的今天,产品生产已由一国的任务转变为全世界的分工。商品贸易也由行业间贸易发展到产品间贸易再发展到了产品内贸易,也就是说产品的生产可以被拆分部位不同阶段,由比较优势不同的过价格地区参与分工并进行生产。这些阶段都是相对独立的环节,带动国际贸易由产品贸易进一步细化到任务贸易的范畴。在任务贸易中,中间品承担着最主要的角色,中间品贸易分别占全球商品和服务贸易的56%和73%。而一国在全球价值链分工的位置反映了其产业结构,并对其获得价值的能力有重要影响。

近年来,有很多文献参与了全球价值链的研究,主要有以下这些议题。一是研究价值链中的增加值。二是某一国家或地区在全球价值链所处的位置。首先,这一方面的核算方法有很多且各有利弊,目前还没有很权威的算法。由于测度方法并不是本章研究重点,所以在此不做赘述,有兴趣的读者可以阅读相关的文献综述。本章重点关心的是中国和21世纪海上丝绸之路沿线国家在全球价值链中的位置。由于中国已超越日本成为世界第二大经济体,中国式全球经济增长的中心之一,而且是亚洲大多数国家最大的贸易伙伴,加之提出了"一带一路"和"21世纪海上丝绸之路",中国日益上升的影响力有目共睹。再说亚洲,目前已成为全球生产中心,日渐形成以中国为核心环节的生产网络。中国对东亚经济体保持着巨额贸易顺差,进口的大量中间品都投入到向欧盟和美国出口的消费品的生产中去。

全球价值链的发展要求区域合作、贸易自由化和贸易便利化,21世

纪海上丝绸之路应运而生。而 21 世纪海上丝绸之路的发展进一步促进了亚洲地区全球价值链地位的提高和延长。当然，这一过程不是一蹴而就的，需要多方配合以及从经济政治到文化各个环节的协调并进。

第二节　21 世纪海上丝绸之路的现实需求

自 2013 年习近平主席提出共建"丝绸之路经济带"和"21 世纪海上丝绸路"倡议以来，已经历了 6 年实践。其间已取得重要进展，"海丝"的政策条件逐步优化，互联互通日益便利，多领域合作卓有成效。截至 2018 年，60 多个国家加入"一带一路"，中国已累计同 122 个国家、29 个国际组织签署了 170 份政府间合作文件，"一带一路""朋友圈"遍布亚洲、非洲、欧洲、大洋洲和拉丁美洲。6 年间，中国牵手多国发展战略，实现精准对接。"一带一路"与欧盟"容克计划"、俄罗斯"欧亚经济联盟"、蒙古国"发展之路"、哈萨克斯坦"光明之路"、波兰"琥珀之路"等众多发展战略实现对接。这 6 年的发展成效具体体现为以下特点：一是基础设施建设发展迅猛。截至 2019 年 4 月，我国港口已与世界 200 多个国家与地区、600 多个主要港口建立航线联系，海运互联互通指数保持全球第一。铁路联通水平表现突出，中欧班列贡献了不小的力量。二是与"一带一路"国家贸易助力外贸加速回暖。2013—2018 年，中国与"一带一路"沿线国家进出口总额达 64691.9 亿美元，为当地创造 24.4 万个就业岗位，新签对外承包工程合同超过 5000 亿美元，建设境外经贸合作区 82 个，对外直接投资超过 800 亿元，上缴东道国税费累计 20.1 亿美元。三是多元化融资体系不断完善。截至 2018 年年底，亚投行成员已达 93 个，来自"一带一路"成员超过六成。中国出资 400 亿美元成立丝路基金，已签约 19 个项目。人民币跨境支付系统覆盖 40 个"一带一路"国家 165 家银行。四是丝路旅游与留学成果显著。我国已与 61 个

"一带一路"国家共建立了1023对友好城市,占我国对外友好城市总数的40.18%。2017年,中国与"一带一路"国家双向旅游交流达6000万人次左右,与2012年相比,"一带一路"旅游成为世界旅游的新增长点。

基于上合组织的境外经贸合作区早已作为"一带一路"建设重要承接点和国际产能合作重要载体,现已发挥空间区域与经济联通及辐射带动的作用,初有成效地推动了我国制造业和配套服务业企业"走出去"。与"一带一路"各成员国企业一起在全球范围内优化资源配置,加速促进所在国工业化进程、产业升级和双边经贸关系发展,并通过经济发展和增加就业造福当地人民,这正是践行构建人类命运共同体理念的切实有效做法。截至2018年年底,中资企业在建初具规模的境外经贸合作区99家,累计投资307亿美元,入区企业4364家,上缴东道国税费24.2亿美元,为当地创造就业岗位25.8万个。其中,去年新增投资57.9亿美元,创造产值186.9亿美元,投资聚集效应和产业辐射作用进一步发挥。新经济地理学注重区域聚集,却忽视了整个区域,从而局限了它的功能。任何理论都需要有假设前提,并需要经过实践的检验,新经济地理学关注的区域聚集一般伴随着产业化—专业化—同盟化——体化的发展过程,这恰恰是我国改革开放和"一带一路"倡议所体现的思路。经济一体化是当前世界的潮流,无论这种一体化是否符合广大发展中国家利益,特别是一般意义上的区域经济一体化。这些问题的解决比之解释聚集产生的原因更有现实科学意义。"一带一路"已经肩负起了这个任务。

"丝绸之路经济带"和"21世纪海上丝绸之路"获得成功不是偶然的,而是理论合理地应用于实践的必然。首先,"21世纪海上丝绸之路"符合大卫·李嘉图的比较优势理论。通过沿岸国家的分工协作,将各自具有比较优势的产业和产品的优势扩大,转移比较劣势的产业和产品,呈现优势互补的良好局面。家居建材、纺织服装和冶金矿产都是中国具有竞争优势的产业,而比较劣势产业集中于农业、纺织服装和其他制成品行业。这些劣势被南亚国家和东盟国家在相关行业的优势所弥补。并且,在贸易和投资过程中伴随着技术溢出,有利于提高产品附加值,加快我国和沿线国家的产业升级。在不断合作互补的过程中，沿线国家的融合程度提高，供应链、产业链和价值链的分布与连接更为广泛和深入。中国应抓住这一契机，提高产品附加值，提高在价值链上的位置，促进产业升级，避免陷入"比较优势陷阱"。

基于国际贸易的理论的指导，"一带一路"更为相关国家扩大贸易提供了全新机遇，在近年来全球贸易萎缩大背景下，中国与"一带一路"相关国家的运输便利化形成的畅通局面使双边贸易迅猛增长。据商务部统计，2014—2016 年，我国与"一带一路"相关国家发生贸易总额约 20 万亿元人民币，增速高于全球平均水平，2017 年达 7.4 万亿元人民币，同比增长 17.8%；2014—2016 年中国企业对相关国家直接投资超过 500 亿美元，相关国家新签对外承包工程合同额达 3049 亿美元。2019 年 1—4 月中企对相关国家非金融类直接投资 46.7 亿美元，同比增长 17.3%。贸易畅通的理念已经加速了"一带一路"沿线国家的国际贸易规模提升，改善了各国的资源和消费结构，产品和服务越来越多样化，专业化分工更加细密，产品综合成本下降，"一带一路"贸易畅通的红利已开始造福沿线各国百姓。

资金融通的丝路建设理念原则是对国际投资最好的诠释，"一带一路"巨大的资金需求使融资需求更为迫切，中国从理论到实践都担负起了大国责任。我国对外投资流向制造业、信息技术业等鼓励类行业的投资增多，表明投资结构优化升级，非理性投资得到有效遏制。企业对外投资的风险防控意识和能力不断增强，对外投资越来越理性，对东道国及"一带一路"沿线区域的经济发展起着巨大带动作用。

然而，除了阶段性成果，有一些现实问题也不可忽视。首先，在贸易结构方面，"21 世纪海上丝绸之路"沿线国家众多，其中核心建设区域位于东盟和南亚各国，是中国的传统贸易伙伴。研究中国与沿线国家的贸易可以从竞争性、互补性和贸易潜力三个角度进行分析，通过计算显示性比较优势指数、贸易强度指数、贸易互补性指数进行定量分析。

首先，由于中国和这些传统贸易伙伴之间还存在各方面的差异，而且东南亚环境形势复杂,存在很多不同的文化观念、民族宗教理念和政治立场上的差别。目前,有很多文章就从文化宗教角度入手,利用引力模型,研究文化习俗,以及穆斯林、基督徒等不同宗教,以及同意各宗教种不同派系的矛盾给"21世纪海上丝绸之路"合作发展带来的障碍。同时,政治稳定性也是一大影响因素,沿线国家有不少存在国家政局动荡的问题。根据以往经验和研究,政治稳定性对对外直接投资有很大影响。另外,中国本身也缺乏直接规范中国企业对外投资的法律出台,导致一些企业在进行对外投资时发生不必要的摩擦和纠纷,影响中国企业的形象,并且缺少国际协调机制以及相关问题的政策支撑,使中国企业在对外投资时陷入尴尬境地。对此,在理论上我们要整合投资数据库,实施跟进动态信息,做到知己知彼,才能在合作中相亲相敬。在实践中,我们要加强互联互通机制,在加深与沿线国家的了解的情况下实践,在实践中了解获取一手信息,进一步加深了解。

其次,在国际投资方面,根据上文提到的产业转移理论和国际投资理论,产业和资本在由较发达国家或地区投向欠发达国家和地区时会伴随着技术溢出和管理销售等经验的分享。然而,中国虽然在基础设施等方面拥有国际一流的技术,却缺少相应的管理经验,运营模式等不完善,在与国外对接时出现难以适应国外现实情况从而导致管理混乱的局面发生。对此,也有很多研究从管理模式角度入手进行分析,从理论上为企业管理做出贡献。同时,在实践过程中,各企业也要积极提供培训渠道,一方面要加强学习科学前沿的管理理论知识,另一方面要增强以往经验的案例分析,总结成功经验和失败教训,积累理论经验和实战知识。

最后,在贸易协定方面,"21世纪海上丝绸之路"的发展需要双边和多边合作机制的支持与保障。另外,区域合作平台和经贸规则也起着重要的作用。目前,中国和沿线国家签订的FTA涉及的内容多为消除关税与非关税壁垒方面,而投资、服务方面更高的标准的协定却鲜有涉及。因此,为保障"21世纪海上丝绸之路"沿线各国的合作应积极推进更高层次的自由贸易协定的签署。

第四章

21世纪海上丝绸之路广东发展现状：阶段与优势

以改革开放为原点,广东省"先行一步",经济贸易发展迅猛。现在充分利用粤港澳大湾区、海上丝绸之路等政策红利,广东省经济增长达到历史新高度。本章从动态发展的角度探究了广东省经济贸易发展现状、历程、优势以及潜在风险。

第一节 广东省经济贸易发展

一、广东省各地区经济发展

广东省占地面积179725.07平方千米，占全国土地面积比重不到2%，2017年常住人口11169万人，占全国人口数比重超过8%，而地区生产总值高达89879.23亿元，占国内生产总值超过10%。广东省和下辖各市的数据如表4.1所示。广东省"三面环山，三江汇聚"，具有漫长的海岸线、良好的港口群、广阔的海域面，地区航运业发达，拥有全球最繁忙的港口群和机场群，客运量都位于全球前列，是国家改革开放格局中的重要门户。

表4.1 2017年广东省各地区基本情况

地区	土地面积（平方千米）	常住人口数（万人）	人口密度（人/平方千米）	生产总值（亿元）
全省合计	179725.07	11169.00	621	89879.23
广州	7249.27	1449.84	2000	21503.15
深圳	1997.47	1252.83	6272	22490.06
珠海	1736.46	176.54	1017	2675.18
汕头	2199.15	560.82	2550	2350.97
佛山	3797.72	765.67	2016	9398.52
韶关	18412.53	297.92	162	1245.26
河源	15653.63	309.11	197	946.16
梅州	15864.51	437.43	276	1075.43
惠州	11347.39	477.70	421	3830.58
汕尾	4865.05	297.76	612	850.91

续表4.1

地区	土地面积（平方千米）	常住人口数（万人）	人口密度（人/平方千米）	生产总值（亿元）
东莞	2460.08	834.25	3391	7582.09
中山	1783.67	326.00	1828	3430.31
江门	9506.92	456.17	480	2690.25
阳江	7955.88	254.29	320	1311.45
湛江	13262.83	730.50	551	2806.88
茂名	11427.63	620.41	543	2904.07
肇庆	14891.23	411.54	276	2110.01
清远	19035.54	386.00	203	1469.34
潮州	3146.11	265.08	843	1012.76
揭阳	5265.84	608.60	1156	1987.89
云浮	7785.11	250.54	322	803.56

数据来源：《广东统计年鉴——2018》，中国统计出版社2018年版。

广东省可将21个地级市划分为珠三角、粤东、粤西和粤北四个区域。改革开放40年来，广东省各区域的经济都有着明显的发展，但粤东西北地区与珠三角之间的经济差距仍然巨大。珠三角区域的土地以平原为主，是东江、西江、北江三江汇聚之地，水量丰富，土地肥沃；珠江口水下的大陆架是油田区，优越的地理条件为该区域的经济发展奠定了良好的基础。广东省东翼有潮汕平原和各种山脉，山地丘陵中散布着谷地和盆地，地势平坦，土地肥沃，但经济并不发达。广东省西翼有大片山地，而沿海则是平原和台地相间分布，水资源不丰富，经济也不发达。粤北山区的土地类型以山地丘陵为主，林木、矿产资源丰富，但地理条件较差，交通不便利，其经济发展都处于较为滞后的水平。因此，珠三角区域地理位置优越，交通便利，对外发展贸易方便；东西两翼与粤北山区土地以山地丘陵为主，交通不便，经济发展速度缓慢。

珠江三角洲地区与东西两翼、粤北山区的经济差距，已经成为制约广东经济社会协调发展的"瓶颈"。广州和深圳两大一线城市的生产总值，就占了整个广东地区生产总值的50%;剩下的19个地级城市,占了另外的50%,出现较为严重的发展不均衡局面。2017年,珠三角九市的生产总值达75710.15亿元;而粤东西北地区生产总值合计18764.68亿元,仅占广东省地区生产总值的1/5。2000—2017年,广东地区生产总值由10810.21亿元增长到89879.23亿元,名义增长730%。其中,珠三角九市的生产总值由8471.28亿元增长到75710.15亿元,名义增长794%,高于全省平均水平。因此,以总量衡量的区域间发展来看,广东省的经济活动逐渐向珠三角区域转移。

2017年,广东省珠三角九市人均生产总值为123095元,而东翼、西翼和山区的人均生产总值同期分别为35805元、43747元和32955元,明显低于全省平均水平。2000—2017年,广东人均生产总值由12817元增加到81716元,名义增长531%。其中,珠三角九市的平均生产总值由20398亿元增长到123095亿元,名义增长511%。东翼、西翼和山区的人均生产总值同期名义增长率分别为391%、519%和518%。广东省和下辖各市的经济发展情况如表4.2所示。

表4.2 2017年广东省各地区经济发展情况

地区	生产总值(亿元)	生产总值占比(%)	人均生产总值(元)
全省合计	89879.23	100	81716
珠三角九市	75710.15	80.14	123095
广州	21503.15	22.76	153118
深圳	22490.06	23.81	183645
珠海	2675.18	2.83	153091
佛山	9398.52	9.95	127964
江门	2690.25	2.85	59204
东莞	7582.09	8.03	91778
中山	3430.31	3.63	106821
惠州	3830.58	4.05	80222
肇庆	2110.01	2.23	53876

续表 4.2

地区	生产总值（亿元）	生产总值占比（%）	人均生产总值（元）
东翼四市	6202.53	6.57	35805
汕头	2350.97	2.49	42134
汕尾	850.91	0.90	28169
潮州	1012.76	1.07	40592
揭阳	1987.89	2.10	35304
西翼三市	7022.40	7.43	43747
湛江	2806.88	2.97	38829
茂名	2904.07	3.07	47756
阳江	1311.45	1.39	55712
山区五市	5539.75	5.86	32955
韶关	1245.26	1.32	45262
河源	946.16	1.00	30903
梅州	1075.43	1.14	25817
清远	1469.34	1.56	39025
云浮	803.56	0.85	33861

数据来源：《广东统计年鉴——2018》，中国统计出版社 2018 年版。

从区域经济发展的角度看，中心城市是一定区域内居于社会经济中心地位的城市，即增长极理论中的增长极。中心城市一般具有好的发展机遇和发展条件，对生产要素的吸引力比较大，并且可以通过自身的发展带动周围地区同步发展。珠三角地区有广州和深圳两个中心城市，具有良好的地理条件，经济水平发展迅速，可以带动辐射周围城市的发展。东西两翼和粤北山区共 12 个地市，内部差异小，各自区域内的中心城市不突出，对区域增长的贡献有限。粤东地区汕头逐渐衰退，被揭阳追赶，汕头作为粤东中心城市经济龙头作用不明显。粤西地区湛江与茂名经济总量接近，此外两市在工业增加值、固定资产投资、消费、财政收支、居民人均可支配收入等主要指标上相差均不明显。粤北山区五市，问题同样存在，韶关、清远两市经济总量接近，差距小，韶关无法形成经济龙头担当粤北中心城市的地位。

随着经济的不断发展,产业结构也会不断优化升级。经过40年的发展,广东省各区域的产业结构呈现不断优化的趋势。珠三角九市产业结构由2005年的3.15∶50.59∶46.26调整到2017年的1.5∶41.7∶56.8,东翼四市产业结构由2005年的12.66∶49.16∶38.18调整到2017年的7.4∶50.2∶42.4,西翼三市产业结构从2005年的23.96∶40.49∶35.55调整到2017年的16.7∶38.1∶45.2,粤北山区五市产业结构从2005年的23.10∶39.84∶37.06调整到2017年的14.5∶35.6∶49.9。

珠三角区域的产业结构中第三产业占比重最大,占地区生产总值的56.8%,而第一产业和第二产业的比重分别为1.5%和41.7%。由此可知,珠三角区域的产业结构已经开始从工业化阶段向服务化阶段转变,达到发达国家的产业结构水准。由于珠三角良好的经济发展前景、较高的经济待遇和良好的个人发展空间,吸引了大批来自国内外的专业技术人才和优秀管理人才,形成了区域特有的技术优势和人才优势。因此,珠三角的技术创新能力高于省内其他地区,良好的创新能力又有利于高新技术的消化、吸收和地区产业结构的调整和优化,使得珠三角经济在良性循环中得到进一步提升。

广东东翼的产业结构中第二产业占比重最大,占地区生产总值的50.2%,已经处于工业化阶段;广东西翼的产业结构中第一产业占地区生产总值的比重为16.7%,是各区域中最高的,说明西翼正从农业生产阶段向工业化阶段和服务化阶段转变;粤北山区的产业结构中第二产业占地区生产总值的比重为35.6%,是各区域中最低的,其发展阶段仍为农业生产结构转换阶段。广东省各地区产业结构情况如表4.3所示。

表4.3 2017年广东省各地区产业结构情况

地区	第一产业(%)	第二产业(%)	第三产业(%)
全省合计	4.0	42.4	53.6
珠三角九市	1.5	41.7	56.8

续表4.3

地区	第一产业（%）	第二产业（%）	第三产业（%）
广州	1.0	28.0	71.0
深圳	0.1	41.4	58.5
珠海	1.8	48.1	50.1
佛山	1.4	57.7	40.9
江门	7.0	49.2	43.8
东莞	0.3	48.3	51.4
中山	1.6	50.3	48.1
惠州	4.3	52.7	43.0
肇庆	15.5	36.6	47.9
东翼四市	7.4	50.2	42.4
汕头	4.4	50.3	45.3
汕尾	14.6	45.1	40.3
潮州	7.0	49.9	43.1
揭阳	7.9	52.5	39.6
西翼三市	16.7	38.1	45.2
湛江	17.5	37.7	44.8
茂名	16.2	38.9	44.9
阳江	16.1	37.0	46.9
山区五市	14.5	35.6	49.9
韶关	11.9	33.8	54.3
河源	10.8	39.8	49.4
梅州	17.5	33.3	49.2
清远	14.9	34.1	51.0
云浮	17.7	39.4	42.9

数据来源：《广东统计年鉴——2018》，中国统计出版社2018年版。

2005年，广东省政府发布了《珠江三角洲城镇群协调发展规划（2004—2020）》，明确划分"粤港澳跨界合作发展地区"；在第十二届全国人大第五次会议上李克强总理提出，要推动内地与港澳深化合作，研究制定粤港澳大湾区城市群发展规划，发挥港澳独特优势，提升在国家经济发展和对外开放中的地位与功能；2019年2月，中共中央、国务院印发《粤港澳大湾区发展规划纲要》，无不彰显粤港澳大湾区的特殊作用。在顶层设计指引下，粤港澳大湾区确定了创新合作、基建体系、产业融合等发展方向，并进一步在"广佛肇""深莞惠"和"珠中江"三大经济圈以及香港、澳门两大对外窗口城市继续深度融合。

粤港澳大湾区生产总值已经超过旧金山湾区，与纽约湾区基本持平，未来有望追上东京湾区。2017年，粤港澳大湾区城市群的生产总值已经达到1.51万亿美元，超过了美国旧金山湾区和纽约湾区，未来发展有望成为超过东京湾区的亚洲经济总量最大的湾区城市群。世界各大著名湾区的主要指标如表4.4所示。粤港澳大湾区占全国土地面积不足1%，人口数量不足全国总人口的5%，却创造了全国国内生产总值的13%，是全国经济举足轻重的重要增长极。

表4.4　2017年世界著名湾区主要指标对比

指标	东京湾区	旧金山湾区	纽约湾区	粤港澳大湾区			
				大湾区	珠江九市	香港	澳门
人口（万人）	4347	715	2340	6705	5874	739	65
GDP（万亿美元）	1.8	0.7	1.4	1.51	1.13	0.34	0.05
面积（万平方千米）	1.34	1.79	2.15	5.60	5.47	0.11	0.03

2018年"两会"期间，习近平总书记在参加广东代表团审议时指出，要抓住建设粤港澳大湾区重大机遇，携手港澳加快推进相关工作，打造国际一流湾区和世界级城市群。现阶段广东正在配合国家发改委组织编制粤港澳大湾区国际科技创新中心实施方案，推进南沙、前海、横琴以及江门大广海湾经济区、中山与澳门开发粤澳全面合作示范区等重要的粤港澳合作平台建设。

二、广东国际货物贸易发展

广东省进出口总额在 1997—2017 年 21 年之间快速增长,从 1997 年的 1301.20 亿美元增加大到 2017 年的 10066.80 亿美元,后者是前者的 7 倍之多。近 20 年来,广东省进出口总额占全国进出口总额比重逐年下降,从 1997 年的 40.02% 下降到 2017 年的 24.53%。(见表 4.5)但广东省进出口总额占全国进出口总额比重仍然保持在 20% 以上,明显高于广东地区生产总值占国内生产总值的比重,说明广东省是一个外向型的经济体。

表 4.5 1997—2017 年广东进出口总额占全国比重

年份	进出口总额(亿美元)	出口额(亿美元)	进口额(亿美元)	进出口总额占比(%)
1997	1301.20	745.64	555.56	40.02
1998	1297.98	756.18	541.80	40.07
1999	1403.68	777.05	626.63	38.92
2000	1701.06	919.19	781.87	35.87
2001	1764.87	954.21	810.66	34.63
2002	2210.92	1184.58	1026.34	35.62
2003	2835.22	1528.48	1306.74	33.32
2004	3571.29	1915.69	1655.60	30.93
2005	4280.02	2381.71	1898.31	30.10
2006	5272.07	3019.48	2252.59	29.94
2007	6340.35	3692.39	2647.96	29.17
2008	6834.92	4041.88	2793.04	26.68
2009	6111.18	3589.56	2521.62	27.69
2010	7848.96	4531.91	3317.05	26.40
2011	9133.34	5317.93	3815.41	25.08
2012	9839.47	5740.59	4098.88	25.45
2013	10918.22	6363.64	4554.58	26.25

续表4.5

年份	进出口总额（亿美元）	出口额（亿美元）	进口额（亿美元）	进出口总额占比（%）
2014	10765.84	6460.87	4304.97	25.03
2015	10227.96	6434.68	3793.28	25.87
2016	9552.86	5985.64	3567.21	25.92
2017	10066.80	6228.73	3838.06	24.53

数据来源：《广东统计年鉴——2018》，中国统计出版社2018年版。

改革开放40年以来，广东省对外贸易蓬勃发展，促使广东地区成为我国改革开放经济发展的先锋力量。其中有三个重要的节点，对广东国际货物贸易的发展有着极其重大的影响。

首先是2001年中国加入世界贸易组织以来，广东的外贸出口一直在较高平台保持平稳快速发展。加入世界贸易组织从根本上改变了我国只能适应由西方经济大国制定"游戏规则"的被动地位，为我国及广大发展中国家争取到制定合理公正的世界经济新秩序的发言权；加入WTO使我国享受WTO成员方的待遇，从而有利于改善我国的进出口环境。进入WTO以后，由于我国进口商品的关税下调，使进料的价格下降，在加工费用不变的前提下，加工后复出口的商品因价格的下调而更具竞争能力。广东出口增速从2001年的3.82%迅速增加至2002年的24.14%，并且在2002—2007年6年时间中一直保持着25.32%的平均增速。

其次是2007年美国的次贷危机发展成国际金融危机。在经济全球化的背景下，中国经济是全球经济的一个有机组成部分，国内经济与国际经济联系紧密，相互影响与融合，2008年，中国对外贸易依存度已达到58.5%，产品和资本流动不可避免地把经济波动传导到中国国内。广东经济是典型的外向型经济，地区生产总值对外贸进出口的依赖程度很高。2007年广东省的进出口总量在国内位列第一，占全国进出口总量的30%，广东省外贸依存度也从1978年的14.4%上升到2007年的160%。广东省作为中国对外贸易的大省，国际金融危机对其进出口总额及增速都带来了不小的打击，广东外贸进出口增长步伐明显放缓。2008年广东外贸进出口总额6832.6亿美元，比2007年增长7.8%。其中，出口4041.0亿美元，增长9.4%；进口2791.6亿美元，增长5.4%。全年外贸进出口总额增幅比2007年回落12.4%，其中出口回落12.8%，进口回落12.1%。2009年广东省进出口总额增速甚至降到-10%以下。

最后是党的十八大以来，各地积极推动"一带一路"建设。深厚的历史之渊源和独特的经贸优势，使广东省在新时期依然会担任起中国对外贸易领头羊的角色。广东加强与沿线国家的沟通切磋，推动与沿线国家的合作，其进出口贸易稳步增长。随着"一带一路"和"粤港澳大湾区"的建设，广东省的进出口总额和增速开始回暖，截至2017年其进出口总额增速达到了5.38%。（见图4.1）

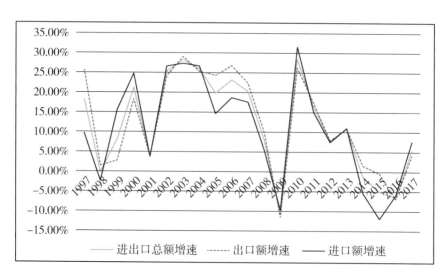

图4.1　1997—2017年广东省进出口总额增速

从贸易主体来看，广东省民营企业出口发展迅猛。民营企业的出口额从2015年的16163.25亿元上升到2017年的19828.14亿元；进口额从2015年的8644.79亿元上升到2017年的11576.28亿元。2017年，民营企业出口额占全省出口额的47.0%，同比增长10.3%；外资企业出口额约占全省出口额的46.1%，同比增长2.2%；国有企业出口额约占全省出口额为6.8%,同比下降0.9%。民营企业首次超过了外资企业的出口,成为广东省第一大出口主体。(见表4.6)由此可见,广东省贸易主体转型升级有成效,民营企业的进出口额逐年上升,在未来的贸易主体转型升级过程中仍需要不断提升民营企业的竞争力。

表4.6 2015—2017年广东民营企业和外资企业进出口额

年份	民营企业		外资企业	
	出口（亿元）	进口（亿元）	出口（亿元）	进口（亿元）
2015	16163.25	8644.79	20686.69	13030.17
2016	17516.92	9899.68	19050.56	11994.32
2017	19828.14	11576.28	19466.95	12456.14

数据来源：《广东统计年鉴——2018》,中国统计出版社2018年版。

从贸易商品来看,广东省出口商品以机电产品为主。广东省机电产品的出口额比例在2015—2017年一直保持在60%以上,高新技术产品的出口额比例在2015—2017年都不足30%。2017年,广东省机电产品出口额占全省出口总额的67.9%,同比增长3.9%,高新技术产品出口额比例为27.9%,同比增长1.0%。从数据可知,广东省机电产品出口占全省出口65%以上,而高新技术产品只占全省出口25%左右,相对机电产品来说,高科技产品出口占比还是比较低。(见表4.7)这说明还需加大自主研发投入,培养一批高科技人才,提高高科技核心技术水平。

表4.7 2015—2017年广东按产品类型分的进出口额

年份	农产品		机电产品		高新技术产品	
	出口（亿元）	进口（亿元）	出口（亿元）	进口（亿元）	出口（亿元）	进口（亿元）
2015	537.51	1108.14	27223.40	15474.75	14467.10	12018.33
2016	607.27	11662.29	26830.86	159333.53	14103.12	125361.72
2017	641.62	1227.27	28449.74	17397.14	14602.17	13705.37

数据来源：《广东统计年鉴——2018》,中国统计出版社2018年版。

从贸易方式来看，广东省一般贸易占据主导地位。广东省一般贸易的出口额从 2015 年的 17146.42 亿元逐年上升到了 2017 年的 19301.25 亿元；进口额从 2015 年的 9633.41 亿元逐年上升到了 2017 年的 12120.83 亿元。2017 年一般贸易比例为 45.7%，同比增长 12.1%，加工贸易比例为 38.2%，同比增长 2.4%，一般贸易首次超过加工贸易。（见表 4.8）这说明了"十二五"规划以来，广东省企业自主创新能力不断加强，注重自己的商品质量，摒弃改革开放之初"外贸大包干"的出口贸易方式，生产出一批属于自己的高附加值产品。

表 4.8　2015—2017 年广东一般贸易和加工贸易进出口额

年份	一般贸易		加工贸易	
	出口（亿元）	进口（亿元）	出口（亿元）	进口（亿元）
2015	17146.42	9633.41	17472.85	9886.92
2016	17212.53	10268.70	15759.14	8716.59
2017	19301.25	12120.83	16139.41	9124.41

数据来源：《广东统计年鉴——2018》，中国统计出版社 2018 年版。

随着经济全球化和电子商务的快速发展，跨境电子商务为我国外贸导向型企业转型升级提供了最佳途径，成为国内外贸导向型企业通向全球市场的一条"高速公路"。受 2008 年国际金融危机的影响，2010 年以来我国进出口贸易增速明显下滑；与传统进出口贸易增速下滑不同，我国跨境电子商务呈现勃勃生机。我国 2009 年跨境电子商务交易规模总额仅为 0.9 万亿元，2010 年增长至 1.2 万亿元，增长率达 33.3%。2011 年和 2012 年交易规模分别为 1.6 万亿元和 2.1 万亿元，增长率分别为 33.3% 和 25.0%。跨境电子商务占我国进出口交易总规模的比重也在不断提高，2008 年仅占 4.4%，2012 年就达到了 8.2%。据电子商务研究中心监测数据显示，在电子商务全球化的趋势下，我国跨境电商交易规模将持续高速发展，跨境电子商务在我国进出口贸易中的比重将会越来越大，至 2017 年中国跨境电商交易规模为 8.06 万亿元，同比增长 20.3%。

从国内区域分布上来看,从事跨境电子商务的企业主要集中在东部沿海省份或地区。据电子商务研究中心监测数据显示,2017 年中国出口跨境电商卖家 80.2% 集中在广东、浙江、江苏、北京、上海、福建、山东、河南等 8 个省市。其中,广东所占的比例达到 24.8%,接近 2017 年我国出口跨境电商卖家的 1/4。深圳已成为出口电商最为集中的地区,产业基础设施完善的深圳正在引领跨境出口电商发展的新一轮热潮。

2016 年,广东省与"一带一路"沿线国家进出口贸易额排名全国第一,占全省进出口总额的 20.6%,比 2012 年提升 4.2%。其中,广东省与"一带一路"沿线国家的出口贸易额排名全国第一,占全省出口总额的 21.1%,比 2012 年提升 5.7%;广东省与"一带一路"沿线国家的进口贸易额排名全国第二,占全省进口总额的 19.7%,比 2012 年提升 1.9%。(见表 4.9)

表 4.9 2016 年中国前 20 名省市与"一带一路"沿线国家贸易情况(亿美元)

省区市	进出口		出口		进口	
	贸易额	排名	贸易额	排名	贸易额	排名
广东省	1995.6	1	1294.9	1	700.7	2
江苏省	1098.6	2	774.1	3	324.5	4
浙江省	1052.0	3	876.5	2	175.5	6
北京市	958.5	4	197.4	7	761.0	1
上海市	842.0	5	402.5	4	439.5	3
山东省	623.6	6	377.8	5	245.8	5
福建省	490.1	7	336.3	6	153.8	7
广西壮族自治区	304.2	8	159.0	9	145.2	8
辽宁省	240.1	9	132.2	11	107.9	9
天津市	232.9	10	164.1	8	68.8	12
重庆市	181.0	11	109.2	13	71.7	11
新疆维吾尔自治区	146.9	12	134.9	10	12.1	23
河北省	144.5	13	128.7	12	15.8	21
云南省	134.3	14	73.2	19	61.1	13

续表4.9

省区市	进出口		出口		进口	
	贸易额	排名	贸易额	排名	贸易额	排名
安徽省	123.0	15	97.4	15	25.6	19
河南省	121.7	16	91.7	17	29.9	18
江西省	119.8	17	104.6	14	15.1	22
黑龙江省	116.9	18	31.9	21	85.0	10
湖北省	115.8	19	97.3	16	18.5	20
四川省	113.9	20	77.7	18	36.2	16

注：数据来源为各省2017年统计年鉴，中国统计出版社。

改革开放以来，广东省主要的出口市场是中国香港、美国和欧盟，2017年出口额为6228.73亿美元，中国香港约占26.93%，美国约占17.35%，欧盟约占14.04%。随着"一带一路"政策的提出，广东省为了推动贸易的出口，加强与沿线国家的交流，推动与沿线国家的合作，与"一带一路"沿线国家以及一些非"一带一路"沿线国家出口贸易稳步增长，如东盟从2005年的115.79亿美元提升到2017年的633.72亿美元，拉丁美洲从2005年的58.33亿美元提升到2017年的290.31亿美元，非洲从2005年出口额36.91亿美元提升到2017年的254.78亿美元。（见表4.10）可见，广东省出口市场开拓凸显，与一些不发达国家出口贸易额逐步递增。

表4.10 2017年广东对贸易市场进出口额

地区	进出口（亿美元）	出口（亿美元）	进口（亿美元）
中国香港	1719.48	1677.58	41.90
美国	1273.38	1080.69	192.68
欧盟	1136.27	874.37	261.90
东盟	1282.13	633.72	648.42
拉丁美洲	378.62	290.31	88.31
非洲	367.81	254.78	113.03

注：数据来源为各省2017年统计年鉴，中国统计出版社。

第四章 21世纪海上丝绸之路广东发展现状：阶段与优势

随着"一带一路"和"粤港澳大湾区"的深入建设，广东省各区域的进出口贸易也不断上升，其中，珠三角区域进出口贸易更为明显，其进出口贸易占全省的比例超过90%。2017年珠三角九市的进口额为25107.96亿元，占全省进口额高达96.66%；出口额为39982.37亿元，占全省出口额的94.76%；进出口总额为65090.33亿元，占全省进出口总额的95.48%。珠三角九市中，尤以深圳市的进出口贸易最为繁荣，2017年深圳市的进口额为11481.87亿元，占全省进口额的43.31%；出口额为16542.62亿元，占全省出口额的50.43%；进出口总额为28024.49亿元，占全省进出口总额的32.31%。相比于珠三角区域，东西两翼和粤北山区的进出口贸易占全省比重较少。2017年，其12市合计的进口额为868.03亿元，占全省进口额的比重仅有3.34%；出口额为2210.5亿元，占全省出口额的5.24%；进出口总额为3078.53亿元，占全省进出口总额的4.52%。（见表4.11）

表4.11 2017年广东省各地区进出口贸易情况

地区	进口额（亿元）	出口额（亿元）	进出口总额（亿元）
全省合计	25976.00	42192.86	68168.86
珠三角九市	25107.96	39982.37	65090.33
广州	3923.09	5792.43	9715.52
深圳	11481.87	16542.62	28024.49
珠海	1109.45	1883.07	2992.52
佛山	1203.90	3153.68	4357.58
江门	309.45	1075.56	1385.01
东莞	5235.62	7024.1	12259.72
中山	526.39	2055.54	2581.93
惠州	1182.54	2233.11	3415.65
肇庆	135.65	222.26	357.91
东翼四市	310.97	1120.10	1431.07

续表4.11

地区	进口额（亿元）	出口额（亿元）	进出口总额（亿元）
汕头	142.04	453.93	595.97
汕尾	110.78	88.14	198.92
潮州	34.69	176.18	210.87
揭阳	23.46	401.85	425.31
西翼三市	196.13	427.78	623.91
湛江	128.63	217.07	345.70
茂名	38.69	97.22	135.91
阳江	28.82	113.49	142.31
山区五市	360.93	662.62	1023.55
韶关	90.53	76.30	166.83
河源	65.01	195.36	260.37
梅州	17.80	114.94	132.74
清远	145.18	184.94	330.12
云浮	42.42	91.08	133.50

数据来源：《广东统计年鉴——2018》，中国统计出版社2018年版。

珠江三角地区与东西两翼、粤北山区的对外贸易差距明显，深圳和广州两大一线城市的进出口总额，就占了整个广东地区生产总值的50%；而剩下的19个地级城市仅占了另外一半，对外贸易出现了较为严重的发展不均衡局面。珠三角地区位于中国东南沿海，广东省腹地，地理位置优越，拥有漫长海岸线、良好港口群、广阔海域面，地区航运业发达，又利用该区域进行进出口贸易，形成了它特有的对外贸易优势。而粤北山区与东西两翼，相对于珠三角，地形上以山地丘陵所占比例较大，基础设施的造价要比平原地区高，导致交通不便。因此，珠三角地区的对外贸易程度高于省内其他地区，繁荣的对外贸易有利于珠三角地区进一步提升其经济水平。

三、广东外商直接投资发展

> **专栏4.1　柯拜船坞**
>
> 柯拜船坞位于广州黄埔长洲岛黄埔船厂内，建成于1851年，是外国人在中国投资建设的第一座船坞，也是中国近代第一座石船坞；同时，它是中国近代船舶修造业的发端地，又是中国第一支产业工人队伍的诞生地。（见图4.2）
>
>
>
> **图4.2　19世纪中期的柯拜船坞**
>
> 16世纪上半叶，随着欧洲列强海外殖民地的扩张，葡萄牙人登陆澳门，并于1553年取得居住权，之后，澳门成为西方商人在远东的聚居和贸易地。随着商贸日趋频繁，清政府在澳门设立了税

局进行管控,并特设了一些小型船坞,由当地民众为过往商船提供维修服务。

到了清乾隆二十二年(1757年),清政府再次实行"一口通商",通商地点同样设在广州,前来中国进行贸易的西方商船,只能在广州黄埔港办理卸货、通关和回程等手续。于是,船舶维修的中心开始由澳门转移到了黄埔。

1844年,在远东经营航运的英国大英轮船公司,将伦敦至锡兰航线延长至香港。这条新航线的首航是一艘叫作"玛丽·伍德夫人"号的铁壳汽船,它不仅是世界上最早的铁壳汽船之一,还是第一艘到达中国的大型铁壳汽船。1845年,"玛丽·伍德夫人"号第一次抵达黄埔港停泊。

1845年,大英轮船公司职员约翰·柯拜受公司派遣,来到黄埔港当轮船监修。他雇用了一批当地人和当过外轮海员的中国人为工人,将黄埔水道与新洲水道的汇合处的一个泥船坞改造为以花岗岩砌造的石船坞,用以经营高级别的修船和造船业务,人称"柯拜船坞"。该船坞长约90米、宽约24米、深约5米、坞门宽约22米,船坞的水泵用蒸汽机带动。

柯拜船坞的出现具有重要的里程碑意义,它是外国人在中国投资建设的第一个船坞,也是中国近代第一座石船坞,标志着中国近代船舶修造业的发端。

从1985年起,大型跨国公司开始进入广东。法国的标致汽车公司、国际金融公司,法国国家巴黎银行与广州汽车集团、中心汽车合资公司成立了广州标致汽车有限公司,这是第一家大型跨国公司在广东投资的合作项目。随着20世纪90年代初期日本的佳能、三井,美国的百事可乐、宝洁,荷兰的壳牌、飞利浦等开始对广东进行投资,大型公司纷纷开始进入广东,开始了大规模以及系统的投资。广东省的外商直接投资与对外投资

有以下四个特点:

首先,广东省利用外资直接投资的总体规模在近20年来呈现先下降再平稳增长的趋势。由于在2008年后受国际金融危机的影响,2009年的外商直接投资出现明显下降,合同外资额低至175亿美元。2009年以后广东省外商直接投资合同外资额出现较大幅度的增长。近5年来受我国宏观经济放缓的影响,广东利用外资直接投资的规模呈现出平稳上涨的趋势,外商直接投资签订项目维持在6000个左右。截至2017年的外商直接投资签订项目数量近15600个,合同外资额达730亿美元,较2009年增长了4倍。(见表4.12)

表4.12 1997—2017年广东省签订项目及外资额

年份	签订项目(个)	合同外资额(万美元)	实际利用金额(万美元)
1997	17737	964527	1420519
1998	15459	1237802	1509945
1999	14824	871592	1447383
2000	16879	1108598	1457466
2001	13198	1580386	1575526
2002	11706	1890108	1658946
2003	11472	2446711	1894081
2004	10530	2217800	1289900
2005	11786	2675695	1517358
2006	11276	2838923	1780780
2007	11705	3646583	1961771
2008	8980	3071447	2126657
2009	5693	1824109	2028688
2010	6022	2516987	2102646
2011	7289	3485492	2232847
2012	6263	3544579	2410578
2013	5740	3666273	2532719
2014	6175	4339446	2727751

续表 4.12

年份	签订项目（个）	合同外资额（万美元）	实际利用金额（万美元）
2015	7033	5614566	2702512
2016	8078	8673350	2340689
2017	15599	7309658	2294813

数据来源：《广东统计年鉴——2018》，中国统计出版社 2018 年版。

其次，外资的投资类型丰富，以外资企业为主体。利用外商直接投资企业有三种类型，分别是合作经营、合资经营、外资独资，广东省外资方式多样、投资类型丰富，如表 4.13 所示。2017 年 12 月，广东省政府出台《广东省进一步扩大对外开放积极利用外资若干政策措施》，对广东积极有效利用外资、加快形成全面开放新格局起到了有力的推动作用。广东省在利用外商直接投资企业的三种类型中，外资独资企业的占比最大。截至 2017 年，广东省外资投资企业中外资独资企业签订项目高达 13441 个，其中，合同外资额 5275119 万美元，实际利用金额 1501600 万美元。《广东省进一步扩大对外开放积极利用外资若干政策措施》允许外商在九大领域设立外商独资企业，推动扩大了广东对外开放领域。

表 4.13　2017 年广东省不同投资方式利用外资情况

	签订项目（个）	合同外资额（万美元）	实际利用金额（万美元）
合作经营企业	15	129879	25277
合资经营企业	2122	1519662	454062
外资（独资）企业	13441	5275119	1501600

数据来源：《广东统计年鉴——2018》，中国统计出版社 2018 年版。

再次，外商直接投资签订项目占比以第三产业为主，第二产业为辅。广东省是我国最早进行产业升级转型的地区，引进外资同时在助力产业升级（卢荻，2003）。随着人民生活水平的不断提高，并且政府降低服务业准入门槛，服务业在 2017 年的外商直接投资签订项目比例已达到 86.09%，合同外资额比例达到 81.20%，如表 4.14 所示。这个成果一方面反映出广东省对外贸易的政府的优惠政策以及得天独厚的地理位置,使得广东省能够吸引到高科技、批发零售业、金融业、文化艺术等服务性公司的进入;另一方面也展示出广东省产业升级优化的成功。

表4.14 2017年广东省各行业签订项目及合同外资额

行业	签订项目(个)	合同外资额(万美元)
批发和零售业	6609	948803
租赁和商务服务业	2140	1589422
信息传输、计算机服务和软件业	1615	489089
制造业	1382	973399
科学研究、技术服务和地质勘查业	1205	383172
金融业	850	1860111
建筑业	368	103123
农、林、牧、渔业	301	151973
房地产业	260	371511
住宿和餐饮业	250	68274
交通运输、仓储和邮政业	209	84115
居民服务和其他服务业	167	20571
文化、体育和娱乐业	95	72940
水利、环境和公共设施管理业	53	6565
教育	53	14920
电力、燃气及水的生产和供应业	23	144347
卫生、社会保障和社会福利业	16	25254
采矿业	3	1083

数据来源:《广东统计年鉴——2018》,中国统计出版社2018年版。

最后,广东省外资来源不断增加,港澳台等亚洲地区的投资居首位。改革开放以来,广东省外资的来源地不断增加,目前已经遍布世界各大洲的主要国家和地区。2017年广东省利用外资中,港澳台签订项目12732个,占全省签订项目数量的81.62%;港澳台合同外资597亿美元,占全

省合同外资额的 81.69%;实际利用外资 175 亿美元,占全省实际利用外资额的 76.50%。(见表 4.15)

表 4.15 2017 年广东分国别和地区签订项目及外资额

	签订项目(个)	合同外资额(万美元)	实际利用金额(万美元)
中国香港	11356	5362192	1692741
中国澳门	756	563142	55994
中国台湾	620	46028	6854
美国	209	33390	30419
新加坡	141	190529	43159
日本	64	184878	42817

数据来源:《广东统计年鉴——2018》,中国统计出版社 2018 年版。

"一带一路"倡议提出之后,广东省作为全国首个发布参与建设"一带一路"实施方案的省份,积极发展与沿线国家的经济合作伙伴关系,各区域的利用外资金额也迅速增长。2017 年,广东省签订项目 15599 个,合同利用外资 731 亿美元,实际利用外资 229 亿美元。其中珠三角九市签订项目 13297 个,占全省签订项目数量的 85.24%;合同利用外资 688 亿美元,占全省合同利用金额的 94.15%;实际利用外资 218 亿美元,占全省实际利用金额的 95.22%。珠三角九市中,尤以深圳市的签订项目和利用外资最多。2017 年,深圳市签订项目 6756 个,占全省签订项目数量的 43.31%;合同利用外资 369 亿美元,占全省合同利用金额的 50.43%;实际利用外资 74 亿美元,占全省实际利用金额的 32.31%。相比于珠三角区域,东西两翼和粤北山区的签订项目和利用外资占全省的比例较少。2017 年,其 12 市合计签订项目 2302 个,占全省签订项目数量的 14.76%;合同利用外资 43 亿美元,占全省合同利用金额的 5.85%;实际利用外资 11 亿美元,占全省实际利用金额的 4.78%。(见表 4.16)

表 4.16 2017 年广东各地区签订项目及外资额

地区	签订项目（个）	合同外资额（万美元）	实际利用金额（万美元）
全省合计	15599	7308672	2290668
珠三角九市	13297	6880839	2181135
广州	2458	1339009	628868
深圳	6756	3685736	740129
珠海	1565	1072244	243305
佛山	315	158427	162347
江门	215	94031	51097
东莞	925	260785	171972
中山	270	76873	50933
惠州	661	166982	114351
肇庆	132	26752	18133
东翼四市	229	73508	50763
汕头	37	34515	35535
汕尾	91	23714	10004
潮州	38	6967	3544
揭阳	63	8312	1680
西翼三市	462	213345	20162
湛江	48	16065	8095
茂名	394	32811	7406
阳江	20	164469	4661
山区五市	1611	140980	38608
韶关	60	6739	5284
河源	453	68483	10405
梅州	889	28277	5716
清远	177	32755	14395
云浮	32	4726	2808

数据来源：《广东统计年鉴——2018》，中国统计出版社 2018 年版。

珠三角地区与东西两翼、粤北山区的利用外资情况差距明显，珠三角区域利用外资占全省利用外资金额高达 95%,而深圳市合同外资额占全省合同外资金额高达 50%。珠三角毗邻香港和澳门,历来与香港、澳门的经济来往比较密切,随着港澳地区的产业升级,珠三角充分利用地缘优势承接港澳产业转移,吸引大量资金、技术、人才和其他经济社会资源。因此,珠三角地区的利用外资情况明显高于省内其他地区,大量的外资投入又有利于地区进行产业结构的调整和优化,使得珠三角经济在良性循环中得到进一步提升。

2018 年,广东省首次发布外商投资企业 100 强及外资研发中心 10 强,包括广汽丰田、伯恩光学、乐金显示等一批重点外商投资企业入选了本次"百强"企业名单,本田技研科技等 10 家实力雄厚的外资研发中心被推举为"十佳外资研发中心"。本次入围"百强"的企业主要集中在广州、深圳等珠三角城市,以制造业领域企业居多。其中,新一代信息技术、先进装备制造、生物工程、新材料和现代服务业等行业企业比例达 80% 以上,60% 以上为高新技术和知识密集型企业,基本反映广东高质量利用外资的总体水平。100 家企业 2017 年合计在广东投资近 2500 亿元,占全省重点外商投资企业投资总额近 50%;纳税总额 709 亿元,占 43%;外贸进出口总值 8785 亿元,占 60% 以上;吸收就业人数近 45 万人,占 48%。"十佳"外资研发中心方面,上榜的 10 家机构主要从事战略性新兴产业研发,分别在信息通信、汽车制造、生物医药和食品化工等领域具有雄厚研发实力并取得重要的研究成果。

第二节 先试先行的改革发展之路

一、第一阶段:改革开放原点,广东"先行一步"

1979 年 4 月,邓小平首次提出要开办"出口特区"。后于 1980 年

3月,"出口特区"改名为"经济特区",并在深圳加以实施,广东省成为经济改革的先行者。1984年10月,党的十二届三中全会通过了《中共中央关于经济体制改革的决定》,改革的春风吹向祖国的四面八方,广东省在全国范围内"先行一步",依托毗邻香港、澳门的优势,率先实行经济体制的全面改革。

企业管理体制的改革。第一,1987年广东省在全省实施了各种形式的承包经营责任制。为完善承包经营责任制,各地都出台了良性竞争机制,更好地发挥各个企业在互相竞争过程中的激励和约束作用。第二,推进企业的横向联合机制,使得全省范围内的中小企业能够有机地结合在一起。截至1998年年底,全省有1.5万家企业参与各种经济联合组织,各地组建经济联合体7000多个,涌现了一大批大型企业集团。企业管理体制改革符合社会主义市场经济改革方向的要求,正确处理好政府与市场的关系,发挥市场在资源配置中的基础性作用,努力激发各市场主体发展的新活力。企业管理体制改革推进政府职能转变,创造良好的发展环境,提供优质的公共服务,维护社会的公平正义。

大力发展多种经济成分。广东全省各市使用多种优惠政策和措施,鼓励发展各种经济体制的合作,个体经济与私营经济的合作,国有经济与外资经济的合作,使得全省范围内出现一大批中外合资企业、合作企业和外商独资企业。最后广东省在全国范围内率先形成了以公有制经济为主体,多种所有制经济共同发展的多层次所有制结构。由于经济特区的设立,广东市场体系的建立和完善起步较早。在经济特区成立之初,就明确规定"以市场调节为主",并应超越现行制度。市场体系的建立和完善使得价格长期背离价值的情况发生了变化,市场机制和价值作用得以发挥。

外向型经济体制改革。其实在1950—1972年,由于受西方列强的经济封锁,国内计划经济体制和长久以来闭关锁国政策影响,广东对外贸易体量小,增长缓慢。在改革开放全面开始的阶段,广东省充分利用毗邻港澳的地域优势,积极开展港澳地区制造业转移业务,同时利用对外开放的政策优势,大力发展"三对一补"贸易,并开始重视引进外资。当时政府提出要"以外经促进外贸发展,以外贸增强外经实力",广东对外贸易得以迅速发展,现在广东仍然是我国当之无愧的贸易大省。

区域发展体制改革。由于广东省不同城市的地理条件和经济发展的不平衡,政府决定采取区域先进的发展模式,不断扩大开放的广度和深度。首先,经济特区建立后,国务院于1984年批准在广州和湛江两个沿海港口城市开放,并建立经济技术开发区。珠江三角洲经济开放区于1985年开放,粤北和广东东部广大山区得以开放,开放区域从沿海延伸到山地腹地。随着对外开放的不断扩大,广东省20个城市实施了沿海开放区域政策,其中包括3个经济特区、4个经济技术开发和6个高新技术区,全省形成了多层次、多形式、多功能对外开放的新格局。

由于当时广东省的外配改革尚不健全,特别是治理整顿期间,一些规划好的综合改革试验方案不能得到良好的运行,在20世纪90年代初改革陷入了一定的瓶颈期。

二、第二阶段:改革渐进之路,广东经济遥遥领先

1992年1月18日至2月21日,邓小平第二次南方谈话之后,提出"经济特区要用20年的时间赶超亚洲四小龙"。同年10月的党的十四大报告首次提出"我国经济提质改革的目标,是建立社会主义市场经济体制",以这两次事件为标志我国的改革开放和现代化建设进入了一个崭新的时代。而深圳作为一个广东乃至全国范围内第一个经济快速崛起的城市,无疑是抓住了这一段历史的机遇。

深圳作为一个我国最先发展起来的经济特区,在这一时间段抓住了历史的机遇,从"追赶时代"变成"引领时代"。在这一阶段,深圳由过去主要依靠中央赋予的经济特区的优惠政策,转变为主要依靠提高素质,增创新优势。首先,在体制改革方面,深圳的国有企业牵头开始建立完善现代企业制度,促进所有制结构的完善,从而推动了民营经济的发展。其次,深圳进一步提高对外层次、水平,努力与国际惯例接轨。从粗放型、

劳动密集型外资引进转变为高技术、知识密集型企业的引进，建立了大亚湾核电站和盐田港保税区。积极推进深港投资与贸易合作，推进基础设施和口岸合作（盐田港扩建、深圳河治理等）、金融服务业合作、深圳高速在香港上市，2002 年开通港币支票。最后，深圳市政府把发展高新技术产业作为深圳的第一经济增长点，陆续颁布一系列支持高新技术产业发展的政策法规。1999 年，创办国家级展会深圳国际高交会。这一时期，一批本土企业相继诞生，如金蝶（1993）、研祥（1993）、联创科技（1993）、比亚迪（1995）、大族激光（1996）、腾讯（1998）、华大基因（1999）等。

在 2001 年中国加入 WTO 组织后，国家在政府的积极引导下充分培育自主知识产权和建立高新技术产业，支持自主品牌、高新产业走出国门实现跨国经营。广东省逐渐崛起的自主品牌也都纷纷进行大型跨国经营，如华为公司在 2017 年业绩稳健增长，实现全球销售收入 6036 亿元人民币，同比增长 15.7%，净利润 475 亿元人民币，同比增长 28.1%。2017 年华为持续投入未来，研发费用达 897 亿元人民币，同比增长 17.4%，近 10 年投入研发费用超过 3940 亿元。

同时，广东运用"三来一补"方式（来料加工、来样加工、来件装配），利用海外的资金技术和渠道，实施增加出口商品的生产和实现出口替代战略。外商投资的产业结构也不断地得到改善，投资领域从以制造业为主转为以服务业等第三产业为主，房地产业的比重逐渐下降，服务业、高新技术产业不断成为外商投资的热点。邓小平南方谈讲话之后，广东省引进外资一直保持在 30% 的水平。

广东在近几年已经形成了多方位的区域经贸合作的格局。广东积极推进珠三角地区的发展，同时兼顾粤西北的经济发展，不断地与港澳、中东国家进行贸易往来，促进产业转型升级。

三、第三阶段：对外开放新征程，建设粤港澳大湾区

2013年9月和10月，中国国家主席习近平分别提出建设"新丝绸之路经济带"和"21世纪海上丝绸之路"的合作倡议。2015年3月28日，国家发展改革委、外交部、商务部联合发布了《推动共建丝绸之路经济带和21世纪海上丝绸之路的愿景与行动》。"一带一路"倡议提出之后，几乎国内每个城市群都在争取成为"一带一路"的供应链，广东省作为全国首个发布参与建设"一带一路"实施方案的省份，积极发展与沿线国家的经济合作伙伴关系。

以粤港澳大湾区写入《2017年政府工作报告》为标志，粤港澳深入融合进入世界级湾区经济共建时代。习近平总书记强调："推进建设粤港澳大湾区，有利于深化内地和港澳交流合作，对港澳参与国家发展战略，提升竞争力，保持长期繁荣稳定具有重要意义。"打造大湾区"经济共同体"，就是要建立开放、共同的商品和要素市场，减少各种有形和无形的经贸壁垒，促进区域内资源的优化配置和产业分工，成为各种生产要素自由流动最舒畅、最活跃的地区。

粤港澳大湾区由广东省9个城市、香港和澳门组成，深度融合了"广佛肇""深莞惠"和"珠中江"三大经济圈以及香港、澳门两大对外窗口城市。大湾区地理和生态环境优势明显，与海上丝绸之路沿海国家、沿线国家往来密切，有利于未来的发展。2017年，粤港澳大湾区城市群的生产总值已经达到1.51万亿美元，超过了美国旧金山湾区和纽约湾区，未来发展有望成为超过东京湾区的亚洲经济总量最大的湾区城市群。粤港澳大湾区占地面积仅55904平方千米，不足全国土地面积的1%，人口仅有6958万人，不足全国总人口的5%，却创造了15134.2亿美元的生产总值，占全国国内生产总值的13%，如表4.17所示。由此可见，粤港澳大湾区是全国经济举足轻重的重要增长极。

第四章 21世纪海上丝绸之路广东发展现状：阶段与优势

表4.17 2017年粤港澳大湾区经济发展状况

地区	人口（万人）	面积（平方千米）	GDP（亿美元）	人均GDP（美元）
香港	741	1106	3414.1	46190
澳门	65	31	503.6	77600
广州	1450	7249	3181.5	22320
深圳	1253	1997	3319.9	27120
东莞	834	2460	1121.8	13530
惠州	478	11347	566.8	11880
佛山	766	3798	1412.9	18450
江门	456	9505	398.0	8740
中山	326	1784	510.5	15750
珠海	177	1736	379.5	22100
肇庆	412	14891	325.6	7940
大湾区	6958	55904	15134.2	21750

粤港澳大湾区为"湾区群"+"港口群"+"产业群"+"城市群"的叠加，有较好的经济开放程度以及广阔的经济腹地，在面积、人口、人口密度、经济规模等方面已经有成为世界级湾区的基础。现在粤港澳大湾区正在成为"一带一路"最重要的巨型门户枢纽。粤港澳大湾区基础设施最便利、供应链网络极其发达，是我国城市群最靠近沿线市场的地理节点。大湾区在电子、能源、金融等行业处于国内领先地位，有利于吸引外商直接投资。香港和澳门两个自由港以及广东前海、南沙、横琴自由贸易试验区的国际规则和制度接轨程度在国内是最高的，大湾区国际价值链中处于相对较高的地位。深圳和广州作为粤港澳大湾区的两个核心城市，其经济发展水平、土地开发潜力、人才及科技效用等方面都起到了领头作用。深圳南山区和香港横跨深圳湾，福田区与香港同样隔河相望。深圳宝安区毗邻珠江口，南山区和福田区同时毗邻深圳湾，其优越的地域位置使得这三个区在粤港澳大湾区的经济背景下具有更加明显的发展优势。虽然广州的核心区域不面向大海和海湾，但它们都位于珠江沿岸的长江沿

岸。广州作为中国第五大港口和中国南大门，海上运输条件较为便利，在粤港澳大湾区的建设过程中同样起着重要作用。充分发挥深圳和广州的地缘优势，发展对外贸易，加强国际交流，有利于推动粤港澳大湾区的经济建设，实现海上丝绸之路的战略诉求。

东盟是"一带一路"沿线人口规模第二大的地区，人口超过 6 亿，其经济增长速度相对较快，市场活力和潜力巨大。广东和东盟地理位置相近，交通往来便利；大量广东华侨遍布东盟地区，交往沟通容易。广东与东盟的资源、产业和市场互补性很强，广东发达的制造业和东盟丰富的资源产品使得两者之间存在巨大的合作空间，有利于广东和东盟贸易和投资之间的双赢多赢合作。2010 年 1 月 1 日，中国－东盟自由贸易区正式启动，广东和东盟开始迅速发展双边贸易，东盟是继中国香港和美国之后的广东第三大贸易伙伴，已成为广东企业"走出去"的重要区域。2018 年 8 月 24 日，深圳国际仲裁院（SCIA）院长刘晓春与新加坡国际仲裁中心（SIAC）首席执行官林淑慧分别代表 SCIA 和 SIAC 在新加坡签署合作备忘录。在"一带一路"和粤港澳大湾区建设背景下，本次签约有利于共同为亚洲国家和地区的当事人提供更为便利专业的国际仲裁服务，同时方便来自中国和亚洲其他国家的专业人士在中国和新加坡参与国际仲裁业务，有利于有效连接"一带一路"与粤港澳大湾区建设。

南亚是"一带一路"沿线中国以外人口最多的地区，正处于快速发展时期，市场巨大。印度作为南亚最大的国家，与中国直接接壤，在"一带一路"的背景下，两国经贸合作正在进一步深化，双边贸易规模呈现快速上升态势。印度和中国同为新兴经济体，两国的经济贸易有很强的互补性，印度等南亚地区基础设施薄弱，未来需要在能源、交通、通信等基础设施领域进行大规模投资，而广东省的对外工程承包建设逐渐成熟且发展迅猛，未来双方有广阔的合作空间。目前，广东省已经与印度最具经济实力的马哈拉施特拉邦和最开放的古吉拉特邦签署了合作协议，通过促进经贸合作项目的签署，加快双方在制造业、基础设施建设和信息产业方面的合作。2015 年 9 月 14 日至 18 日，广东省省长朱小丹率广东省政府代表团来到印度德里、古吉拉特邦、马哈拉施特拉邦进行友好访问，贯彻落实中印两国领导人达成的共识，务实推进友好省邦交流，深化中印地方合作。广东省政府秘书长李锋、古吉拉特邦首席秘书阿罗利亚签署《广东与古吉拉特邦关于加强交流与合作行动计划书》，推进双方在产业对接、经贸合作、文化旅游、人员往来等方面合作。

包括西亚和北非的中东地区连接亚非欧三大洲，位于"一带一路"的交汇点。中国和中东地区一直以来都通过"丝绸之路"维持在密切的经济往来，随着"一带一路"倡议的实施，中国与中东的双边贸易规模迅速扩大。中国是伊朗的最大贸易伙伴，同时也是整个阿拉伯地区的第二大贸易伙伴和原油出口市场。中东地区国家普遍石油资源丰富，广东省制造业和基础设施建设发达，自然禀赋和产业结构的互补性为双方的经济合作提供了巨大的合作机会和市场空间。目前，广东与中东的贸易额在全国所有省份中排名第一，广东的产品和企业已经在中东地区占有一定的市场份额并具有很强的影响力。2016年1月22日至24日，广东省省长朱小丹率团访问伊朗，并签署自贸试验区合作谅解备忘录。双方将在扩大贸易往来、推动互利投资、加强金融领域合作、加强旅游市场和旅游机构合作等方面增进友好往来，共同推动"一带一路"倡议落实，努力实现优势互补、合作共赢。

第三节　广东经济贸易的优势和风险

一、优势：区位优势＋产业优势＋制度优势＋外部环境

（一）区位优势

克鲁格曼在1991年提出的新经济地理理论，主要研究增加收益的规律如何影响产业的空间集聚，即市场与地理的相互联系。克鲁格曼运用

"核心－外围"模型,中心区域是制造业区域,周边区域是农业区域,位置因素取决于规模经济与运输成本之间的相互作用。

广东地理条件优越,位于珠江三角洲出海口,海岸线漫长,港口群众多,海域面积广阔。泛珠三角地区拥有广阔的经济腹地,占全国土地面积的1/5,占全国人口的1/3,生产全国1/3的经济总产值。广东省南临北部湾,有广阔的东南亚市场;中心扼守港澳,直接面向全球市场;北靠中国大后方,有华东地区源源不断的人力和物力支持,是中国对外开放的重要枢纽。广东是丝绸之路经济带和21世纪海上丝绸之路的交汇点,同时也是粤港澳大湾区的重要发展对象,优越的地理条件带动广东经济不断增长。

(二)产业优势

产业组织理论主要侧重于从供给角度分析单个产业内部的市场结构、厂商行为和经济绩效。其中,芝加哥学派学者斯蒂格勒重视竞争效率的长期平衡,坚持认为短期竞争的无效率和非均衡可以通过技术创新、自由进入和退出来解决。

广东省是中国的工业大省,制造业发达,且正在向先进制造业升级。广州作为广东省会城市,其交通运输设备制造业在行业中排名前列,其电子通信设备制造业同样发展势头迅猛。深圳作为广东对外开放的港口,已成为中国高新技术产业基地和区域性金融中心,经济综合实力排名全国城市前列。中山市在"东承西接"上起着重要作用,其家电、五金等传统产业不断改造升级,高端设备制造等战略性新兴产业不断发展。珠三角九市制造业体系基本完备,战略性新兴产业发展迅猛,已形成先进制造业和现代服务业双轮驱动的产业体系。

(三)制度优势

诺斯认为,在决定一个国家经济增长和社会发展方面,制度具有决定性的作用。制度变迁的原因之一就是相对节约交易费用,即降低制度成本,提高制度效益。中国经济学家林毅夫认为,制度变迁可分为强制性变迁和诱导性变迁两种类型,发展了制度变迁理论,对于中国近代社会转型问题提供了极好的理论工具。

改革开放以来,广东国有企业改革始终是广东先行探索经济体制改革的重要环节。截至2018年,广东国资监管企业资产总额达到104422.97亿元,同比增长13.86%,位居全国第二。围绕粤港澳大湾区建设,广东省国资监管企业着力参与和承担以基础设施建设为主的重点建设项目,其中包括虎门二桥、深中通道、白云机场三期扩建、广湛高铁等33个重点基础设施项目。在粤港澳大湾区建设的背景下,政府鼓励国有企业到港澳拓展业务,为粤港澳大湾区提供优质服务;同时,要推动粤海控股等国有企业增强在粤港澳大湾区两种制度对接中的桥梁作用。

(四)外部环境优势

从国际环境分析的角度看,世界经济正在温和发展,主要经济体的经济开始回暖,温和复苏的世界经济为外向度高的广东经济带来新的机遇。近几年各国经济增长趋于稳定发展,美国、西欧、日本等发达经济体经济表现基本平稳,巴西、俄罗斯、南非等新兴经济体经济下降幅度开始收缩,中国等国家出口价格竞争指数出现回调。全球经济的温和发展将为广东提供更好的外部经济环境,为广东的对外经济发展带来更多积极因素,为广东经济的健康稳定发展提供保障。

二、风险:全球经济+区域发展+空间均衡+潜在风险

(一)全球经济不确定性

全球货币政策不断收紧,宽松的货币政策正在逐步退出,新的美国政府可能会根据对外保守政策对中国征收惩罚性关税。尤其是特朗普政府上台以后,中美贸易战到了剑拔弩张的地步,在这场以"加征进口关税"和"发布出口禁令"为主要形式的贸易战中,外贸进出口总值位居全国

首位的广东经济形势必定会受到一定程度的影响。广东省企业对于美国这个巨大的市场越来越关注,随着贸易战的愈演愈烈,新兴企业进入美国越来越难,尤其是广东的高新技术产业较为发达,近几年来广东也大力发展先进装备制造业,这些都是美国建议增税的重要产业。华为、中兴等重点新兴产业将面临较为严酷的挑战。

(二) 区域发展不确定性

保持科学发展先锋地位受到来自追兵的挑战。从周边竞争态势来看,广东省保持全国排头兵地位的形势严峻。广东省的经济在改革开放以来取得了很好的成绩,而江苏的经济总量一直以来都和广东十分接近。广东省从 1988 年成为中国第一经济大省后,连续 31 年生产总值位居全国第一,但目前追兵势头越来越猛,差距也越来越小。在 2016 年广东经济再次发力,经济总量一下达到 7.95 万亿元,江苏则是 7.60 万亿元,江苏被广东甩开了 3500 亿元的差距。2017 年广东省经济总量为 8.99 万亿元,江苏省经济总量为 8.59 万亿元,基本上已经拉开了和第三名山东省的经济差距,属于遥遥领先的第一阵营。而在 2018 年的中国 500 强企业榜单中,江苏共有 52 家企业进入榜单,比起广东还多了一家,因此,看出两个省份的经济实力其实是相差不大的,在经济结构、产业结构、综合实力等方面也是不分上下。就像习近平总书记对广东提出的"四个坚持、三个支撑、两个走在前列"那样,如果我们不深化改革开放、创新发展,今天的追兵会变成明天的标兵,甚至差距拉大,保持排头兵的目标任务更加繁重。

(三) 空间发展不均衡性

陈雯于 2008 年在《空间均衡的经济学分析》中承认地区基础条件差异性的前提下科学定义了空间均衡概念,基于工业品和生态品分工研究空间失衡的状态及其制度根源,提出了引导、管制和平衡相结合的基本制度支撑框架。

第一节 高质量发展的理论内涵与发展特征

> **专栏5.1　"高质量发展"一词的由来**
>
> "高质量发展"是2017年中国共产党第十九次全国代表大会首次提出的新表述，习近平总书记在党的十九大报告中指出："我国经济已由高速增长阶段转向高质量发展阶段，正处在转变发展方式、优化经济结构、转换增长动力的攻关期，建设现代化经济体系是跨越关口的迫切要求和我国发展的战略目标。"这表明中国经济由高速增长阶段转向高质量发展阶段。2018年3月5日，提请第十三届全国人大第一次会议审议的政府工作报告提出的深度推进供给侧结构性改革等9方面的部署，都围绕着高质量发展。2018年国务院政府工作报告指出："按照高质量发展的要求，统筹推进'五位一体'总体布局和协调推进'四个全面'战略布局，坚持以供给侧结构性改革为主线，统筹推进稳增长、促改革、调结构、惠民生、防风险各项工作"；"上述主要预期目标，考虑了决胜全面建成小康社会需要，符合我国经济已由高速增长阶段转向高质量发展阶段实际""国有企业要通过改革创新，走在高质量发展前列""进一步拓展开放范围和层次，完善开放结构布局和体制机制，以高水平开放推动高质量发展"。

一、以新常态为背景

目前,中国经济发展已经进入了新常态,在此背景下,我国提出了两个转型:旧动能向新动能的转型和高速增长向高质量发展的转型。而高质量发展就是对新常态适应过程中的主动选择。这个时期,需要我们着眼全局,尊重经济发展的客观规律,把握住基本面和长远趋势,积极适应新常态;要求我们树立正确的绩效观,不以GDP为一切任务的目标和衡量标准,不受短期经济指标波动所影响,积极主动采取行动,实施创新驱动战略,将中国从制造大国变为制造强国,实现经济高质量发展。

新常态,是指新的一种稳定状态,有别于"旧"与"非正常状态","旧"的"非正常状态"是不可持续的。美国经济学家萨默斯等人认为,任何国家的高速经济增长都只是一种异常现象,终究要回归到平均值即世界经济的平均增长率。经济新常态便是指在经济方面所呈现的新的稳定状态。根据相关数据显示,近年来世界经济平均增长率略高于3%。我们依此可以判断出,中国自改革开放40年来10%的平均经济增长率并不具有稳定性,特别是2012年起劳动力无限供给陡然消失,劳动力成本不断攀升,投资回报率显著下降更是映衬了这一观点。而且,经济中的一切要素都是动态变化的,当经济发展到一定阶段,经济结构需要自身调整,以往依靠自然资源、劳动力低成本促进经济增长的模式已不适应当前形势,新常态要求中国经济进入一种更高层级的稳定状态,转变这种粗放型的经济增长方式迫在眉睫。"新"蕴含了丰富的含义,核心是要实现转型升级,转变增长方式,转换增长动能。下面我们结合国内与国际新常态理解新常态的内涵。

(一)国内新常态

第一,经济增速换档期。我们按世界经济体的收入水平进行排列,发现发达经济体的经济增长率明显非常低,大致在2%;中等收入经济体的经济增长率在5%左右；低收入经济体则有相对较高的经济增长率，大约为6%；特别是一些新兴经济体达到了10%以上的经济增长率。从图5.1可以看出，中国自改革开放以来，经济增长迅速，1978—2011年间平均经济增长率为9.56%，其中，2006达到了12.72%，2007年达到了14.23%；2012年开始，经济增长率开始下浮，从2013年7.86%，一直下降到2017年6.90%，2012—2017年期间的平均经济增长率为7.23%。分析这一趋势变化的主要原因在于，中国前一阶段较高的经济增长主要得益于中国劳动力无限供给和低廉的劳动力成本，即人口红利，然而，这种依靠低廉劳动力成本的经济增长并不持久，2012年经济增速的下降暴露了这种经济增长方式的弊端，中国经济势必要进入另一增速换挡，经济增速将减缓。

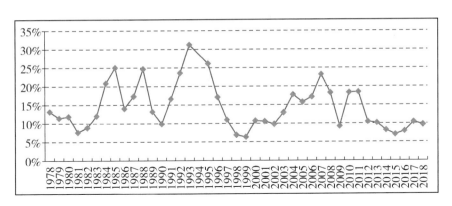

图5.1　1978—2017年中国经济增长率

数据来源：中国统计年鉴

第二，结构调整阵痛期。据中国统计年鉴公布，从图5.2可以看出，1993年东部地区GDP均值为1744.03亿元，中部地区是1073.52亿元，西部地区仅为541.86亿元，此时东西区域的差距为1202.17亿元。到2016年，东部地区GDP均值为39312.12亿元，中部GDP均值为23851.16亿元，西部地区GDP均值为13069.01亿元，此时东西部差距为26243.11亿元，剔除物价上涨因素，2016年东西区GDP均值差距是1993

年东西差距的 9.5 倍，而这种差距在 2012 时为 7.71 倍，可见当前东西部地区的经济发展差距越来越大。图 5.3 是改革开放以来中国三大产业历年的增加值，1993 年以前三大产业增加值相近且处于一个较低水平的发展，然而，从 1993 年开始，第三产业和第二产业开始缓慢发展，特别是到了 2003 年以后，第三产业和第二产业几乎同步快速增长，但此时第一产业仍然增长缓慢，到 2017 年第一产业增长仍然处于较低水平，为 65467.6 亿元，是 1993 年的 6.9 倍；而第二产业和第三产业都取得了显著的进步，第二产业增加值为 334622.6 亿元，第三产业增加值为 427031.5 亿元，分别是 1993 年的 20.31 倍和 34.68 倍。可以看出，虽然三大产业均有增长，但三大产业并不协调，第一产业发展缓慢，第三产业与第二产业发展非常迅速，第一、第二、第三产业间结构不协调。虽然中国经济取得了长足的发展，但自身的问题仍然不可避免，经济高速增长引起的部分地区产能过剩，区域间经济发展不平衡，第一、第二、第三产业间结构失调，户籍制度与劳动力流动不对称，就业岗位与学历技能的错位等问题暴露无遗，粗放型经济增长引发的环境问题日益暴露。因此，新常态下需要着力解决这些不平衡、不协调、不充分问题，势必要经历一个艰难的调整期来改变原有高速经济增长遗留下来的问题，我们要有充分的信心、勇于挑战的精神及雄厚的实力去推动经济结构合理化与优化，实现经济可持续发展。

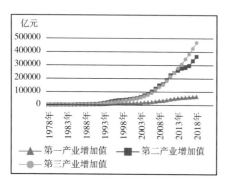

图 5.2　中国三大产业增加值

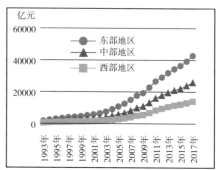

图 5.3　中国东中西部 GDP 对比

数据来源：中国统计局，http：//data.stats.gov.cn/easyquery.htm? cn＝C01。

第三，前期刺激政策消化期。2008年9月国际金融危机爆发后，中国经济增长速度快速回落，出口贸易也出现负增长，大批务工人员从沿海地带返乡，经济面临硬着陆的风险。为抵御不利影响，2008年11月，中国政府出台了十项措施以进一步扩大内需、促进经济平稳快速发展。根据测算，实施这十大措施，约需投资4万亿元。从图5.4可以看出，从2008年开始，资本形成总额、固定资本形成总额呈现急剧增长，然而，政府过量刺激措施可能会扰乱市场经济的内在稳定和修复机制，进而使经济复苏形态从原本的V形变异为W形，甚至L形，增加复苏的时间成本。同时，政府的大量投资若运用不当，会对私人投资产生挤出效应。因此，4万亿元"大跃进"造成的庞大的债务负担和产能过剩后遗症、滞涨、消费和民间投资增长乏力等问题都是接下来几年中国经济需要克服的困难。从图5.4可以看出，在1997年以前，资本形成总额经历了三次较高的增长率，2007年以后，投资增速的波动幅度相对前期较小，特别是，2009年后增速放缓，基本呈下降趋势。数据的变化明显地反映当前经济正在消化前期刺激政策引起的经济后果。并且，根据图5.5显示，中国的产能利

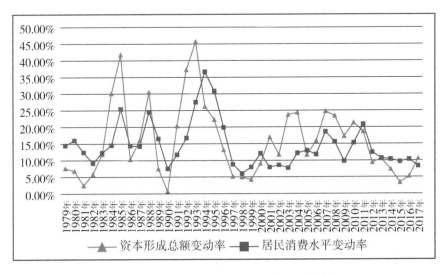

图5.4 资本形成总额和居民消费水平变动率

数据来源：中国统计年鉴

用率在 2011 年后逐年下降，直到 2016 年开始才有些微的上升。这意味着我国的产能已经经历了多年的消化调整期，并且未来还需要一段时间来消化前期的投资。

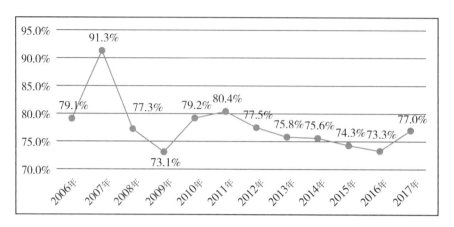

图 5.5　2006—2017 年全国工业产能利用率

新常态下，广东省经济增速由中高速转为中低速。作为改革开放的前沿阵地，在 1978 年后承接了大量的外国产业转移，成为劳动密集型产业聚集地，加工贸易是当时广东省经济增长的主要增长动力。然而，2008 年广东面临"用工荒"，大量劳动力返乡，劳动力成本上升，致使很多劳动密集型外商投资企业搬迁至中西部内陆地区，给广东省经济造成一定的打击，因而劳动密集型产业转型是广东省经济发展的唯一出路。供给侧结构改革、21 世纪海上丝绸之路共建、粤港澳大湾区建设、港珠澳大桥开通，均为广东省经济新常态发展迎来了机遇，结构调整势在必行。集约型的经济增长追求质量和效益，高端服务业、智能制造业、信息+传统产业、新兴产业等给广东经济带来了新的挑战，不同于粗放型的增长模式，新常态表现出来的是增速放缓。从图 5.6 看出，广东省经济增长速度从 2007 年到 2009 年大幅下降，2009 年降到谷底，在经历了 2010 年的短暂反弹后，又急速下降，到 2012 年到最低点，随后进行新的调整期，增速明显下降，由之前的 15% 左右下降到在 7% 左右徘徊，再经历 2016 和

2017年的上升期,2018年又开始下降。图5.6反映出广东省经济增长率从2012年开始一直处于小幅波动状态且增速大幅下降。

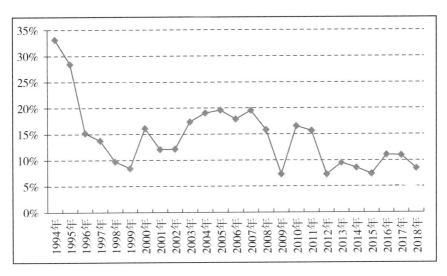

图5.6 广东省经济增速

数据来源:中国统计年鉴

(二) 国际新常态

2008年国际金融危机后,各国经济经历了调整的过渡阶段。随着经济进一步复苏调整,世界经济进入新常态发展。主要表现在以下几个方面:

第一,全球经济复苏缓慢。2008—2009年,全球经济遭遇了金融危机,危机后各国增长基础并不稳固,主要经济体宏观政策明显分化,部分国家股市遭遇重挫,经济普涨的乐观情绪趋于降温,经济下行压力较大。2018年美国经济增长率为2.9%,增幅比2017年上升同比增长0.6%;欧元区经济高位回落,全年增长1.8%,增幅比2017年下降0.6%;日本经济增长疲弱且不稳定,全年实际增长0.7%,增幅比2017年下降1.2%。新兴经济体中,2018年印度实现7.3%的经济增速;印度尼西亚实现5.1%的经济增速;俄罗斯经济增长率仅为2%;巴西经济增长率为1.5%,这还是创2013年以来的最高水平。可见,国际金融危机的深层次影响还未消除,一些结构性问题仍很突出,全球经济复苏缓慢。

第二，投资和贸易陷入困局。消费需求下降主要源于美欧发达国家，这些国家危机前的消费狂潮受到收入增长、信贷扩张和产品廉价等多种因素的推动。金融危机导致欧美发达国家长期性高失业以及致力于去杠杆化进程，由于缺少收入、信贷和信心的支撑，发达国家消费一度处于停滞。另外，受到发达国家消费终端需求下降、信贷紧缩的影响，发达国家与新兴市场国家的投资增长乏力。特别是，近来中美贸易摩擦，对全球经济造成扰动，增加全球贸易和投资的不稳定，世界形势复杂多变。

第三，科技变革成为经济增长新动能。国际金融危机引起发达国家金融监管收紧，信贷紧缩，从虚拟经济逐渐转为实体发展，各国纷纷寻求经济发展的新路径、新动能。随着新工业革命即将到来，各国纷纷运用科技变革，加快创新，从政策、教育、结构、机制等多方面为加快从传统动能向新动能转换创造条件，以期摆脱当前困局，开辟一个全新的历史格局。

二、高质量发展的理论

高质量发展理论是在新发展理念引领下以创新驱动为核心的发展。它要求我们不仅仅以经济增长水平衡量发展，而是着眼于质量、效率和持久性。高质量发展理论的核心是能够很好地满足人民日益增长的美好生活需要，倡导人才是第一资源、创新是第一动力，拥有以技术创新和制度创新引导的高效率增长、有效供给性增长、中高端结构增长、绿色增长、可持续增长、和谐增长这六个特质。其经济建设目标就是建成现代化经济体系，社会建设目标就是营造共建共治共享社会治理格局。

我国经济增长以第一产业为主导，第二产业和第三产业相对薄弱，科技水平和创新能力不足等问题，使得向"高质量发展"转型迫在眉睫。近年来，我国大力鼓励创新，不断加大研发投入，2018年我国研发经费支出为19657亿元，较上一年增长了11.6%。着力推进科研创新，进行高质量发展有利于中国从制造大国转变为制造强国。

对于供给与需求方面，我国许多产业供给过剩，如钢铁、农业等，而国民又对许多高质量产品有着极大的进口需求,如电子设备、智能产品等。因此供给侧改革必不可缺,以动力变革推动供给侧的质量和效率变革,破除产能过剩,实现高质量发展的供给体系,以满足人民日益增长的美好生活需要。

可见,创新驱动是实现高质量发展的必由之路。供给侧结构性改革是主线。构建推动高质量发展的体制机制,核心是要构建推动科技创新发展的体制机制。

三、高质量发展理论的经济内涵

高质量发展意味着经济发展依靠内涵增长,质量、效率、创新是高质量的象征词语。习近平总书记在视察广东时,针对广东省的高质量发展提出:"要发挥企业创新主体作用和市场导向作用,加快建立技术创新体系,激发创新活力。要大力发展实体经济,破除无效供给,培育创新动能,降低运营成本,推动制造业加速向数字化、网络化、智能化发展。要深入抓好生态文明建设,统筹山水林田湖草系统治理,深化同香港、澳门生态环保合作,加强同邻近省份开展污染联防联治协作,补上生态欠账。要切实保障和改善民生,把就业、教育、医疗、社保、住房、家政服务等问题一个一个解决好、一件一件办好。"

因此,我们从以下几个经济角度阐述我国高质量发展的背景下,广东省高质量发展的内涵。

(一)区域结构

2018年6月,广东省委第十二届第四次全会提出"一核一带一区"的区域发展新格局,将地理区域划分从以往的"靠珠三角产业溢出带动粤东粤西粤北梯次发展"的思路,转变成"全面实施以功能区为引领的区域发展"新战略,构建珠三角核心区、沿海经济带、北部生态发展区的"一核一带一区"新格局。

该会议上，对不同功能区做出了更精准的定位。珠三角地区经济发达、人口密度大，将以广州、深圳为核心推进协调发展、统筹兼顾和深度一体化，走优化发展的道路。粤东粤西沿海地区利用其拥有许多天然良港的发地理位置的优势，布局产业集聚带，大力发展海洋经济、海岸经济、临港经济，打造新的增长区域。而粤北地区环境优良，拥有全省做大的森林资源，可作为生态功能区，发展全域旅游、现代农业、生态林业、健康医养、绿色食品等生态产业，高度保护该区域同时实现绿色发展。

广深对标全球城市、创新中心城市、文化中心城市。汕头和湛江打造区域经济中心、科教中心、交通枢纽。2018年，汕头固定资产投资同比增长19.2%，高于全省水平8.5%；湛江固定资产投资增速保持两位数增长。

在城乡振兴方面，实施一村一品、一镇一业、"万企帮万村"活动、千村示范、万村整治工程、建设"四好农村公路"、"头雁"工程（一个扶持项目）等以进一步缩小城乡差距。

（二）需求结构

经济增长引擎由外需转为内需。当前外贸竞争激烈、方式手段花样翻新，面临严峻且复杂的形势下，中国外贸的挑战和压力不断增大，未来一段时期，中国外贸可能保持中低速增长，而且更易受市场需求变化、汇率涨跌等短期因素影响，波动更趋频繁、幅度更大。从图5.8看出，自2008年，外贸对经济增长的拉动比例连续在0左右小幅波动，在2009年转为负并达到低谷，由此可见，高质量发展下依靠外贸拉动经济已不大可行。2008年国际金融危机后，中国大量的投资形成当前产能过剩的大难题，投资拉动经济比例在2009年达到8%后对经济的贡献能力逐渐下降。因此，传统依靠投资和外需的路径并不可行，必须依靠内需成为高质量发展的首要动力。图5.9显示，消费对经济的拉动比例在2013年达到3.6%后，逐渐提升，成为当前经济增长的首要拉力。广东省需求结构与全国相似，从图5.10可以看出，外贸对经济增长的拉动比例连续在0左右小幅波动，资本拉动波幅较大，排名第一位的还是消费对经济的拉动。由此可见，内需也应该是广东高质量发展的首要动力。

另外，特别要注重多样化消费需求结构，提高消费质量，引导合理消费。然而，当前的消费结构待进一步调整与改善。图5.7显示我国当前居民的消费结构。整体来看，结构比较稳定，食品烟酒占首要位置，基本维持在30%，其次居住占22%，生活用品及服务占据最少比例。图5.9显示了广东省居民消费结构，与全国相比，广东省食品烟酒支出比例更大，基本在35%左右，第二位仍是居住，比例也约为22%。根据恩格尔系数，一个国家越穷，居民消费结构中用于购买食物的支出所占比例就越大，随着国家的收入水平提高，这个比例呈下降趋势。广东省恩格尔系数略微高于全国平均值，但广东省经济发达程度位于全国前列，这可能与"食在广州"有着一些联系，因此，我们应辩证看待恩格尔系数对发达程度的衡量，更应关注其变化。发达国家的恩格尔系数基本在20%，譬如美国基本在14%，欧盟、日本、加拿大等，在20%~30%。据国家发展改革委组织编写的《2017年中国居民消费发展报告》，2017年中国居民恩格尔系数为29.39%，中国第一次进入联合国划分的20%~30%富足区间。2019年

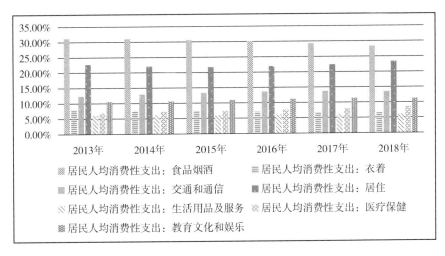

图5.7　我国居民消费结构

数据来源：中经网统计数据库

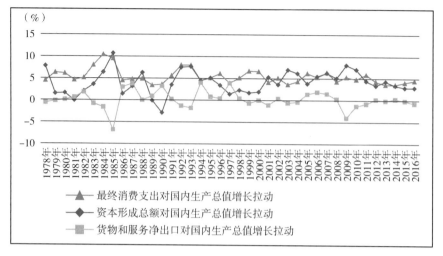

图 5.8　消费、投资和外贸拉动经济增长

数据来源：根据中国统计年鉴测算

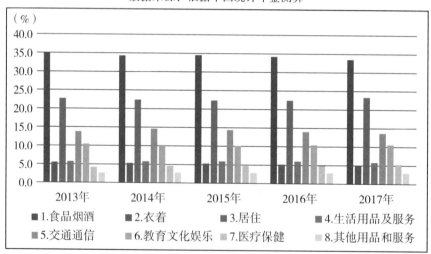

图 5.9　广东省居民消费结构

2月，国家统计局局长宁吉喆在新闻发布会上介绍，2018年中国居民恩格尔系数28.4%，同比下降0.9%。虽然广东的恩格尔系数高于30%，但也呈现一直下降的趋势，这表明广东省居民的消费结构在升级，消费观念在转变。应该积极发挥本地市场效应，关注内需，依靠内需来改善生产结构、投资结构以及消费的基础设施，释放消费红利，让消费更好地发挥对经济发展的基础性作用才是高质量发展的新引擎。

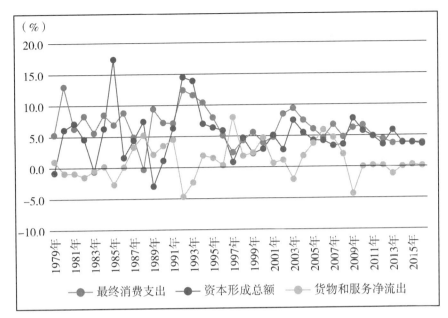

图 5.10　广东省消费、投资和外贸拉动经济增长

数据来源：根据广东省统计年鉴测算

（三）产出结构

创新驱动引发新动能，新兴产业激发新活力。高质量发展的本质是中高端结构增长。从结构方面看，经济增长可分为中低端结构增长、中高端结构增长两种，两者最大区别在于支柱型产业的不同。由于过去我国生产力水平还不够高，以前一直属于中低端结构增长。中低端结构的支柱型产业包括传统制造业、建筑业、房地产业等。中高端结构的支柱型产业则主要有三：一是战略性新兴产业，例如新能源、新材料、生命生物工程、信息技术及移动互联网、节能环保、新能源汽车、智能机器人、高端装备制造等；二是现代制造业，例如航天器制造与航空器制造、高铁装备制造、核电装备制造、特高压输变电装备制造、现代船舶制造与海洋装备制造等；三是服务业，例如消费服务业、商务服务业、生产服务业、精神服务业等。

制造业作为国家的支柱产业，直接体现了一个国家的生产力水平，而新技术引领的高端制造业的发展与壮大是新常态经济发展的重要特征。随着我国人口红利的消失，传统的劳动力密集型制造业发展的道路已经越走越窄，而以工业机器人、互联网、电子商务、信息数据交换等为代表的智能系统，正为传统的工业生产、医疗、物流等相关行业的生产方式带来了革命性的变革。因此，要素驱动转为创新驱动，大力发展智能制造、服务制造、协同制造和绿色制造，运用全集成智能环境连接生产各个环节，共享高效，以充分发挥最大效益。2010年9月，国务院常务会议审议并通过了《国务院关于加快培育和发展战略性新兴产业的决定》，将节能环保、新一代信息技术、生物、高端装备制造、新能源、新材料和新能源汽车七个产业确定为战略性新兴产业，对激发新活力，提升我国国际竞争力，促进迈向全球价值链中高端机及实现可持续发展具有重要意义。

服务业在经济发展中占据主导地位是发达经济体的重要特征，这可以根据服务业增加值占GDP比例与服务业就业占总就业比重来考察。从图5.2可以看出，2012年开始，我国第三产业的增加值首次超过第二产业增加值；之后，第三产业的发展速度快于第二产业。可见，我国的产业结构在逐渐服务化。但是，我国服务业在国民经济中的比重与发达国家相比还存在一定的差距，从图5.11和图5.12可以看出，2017年美国、日本和英国服务业就业人数占总就业人数比例均在70%以上，而我国仅占56%；服务业增加值的比重中美日基本在70%及以上，而我国仅为51.6%。基于国际比较，我国产业结构的服务业高度化仍有待进一步提升。因此，高质量发展，要注意在产业结构服务化方面加以改善。

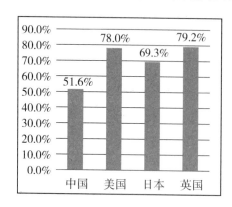

图5.11　中美日英服务业比重

数据来源：Wind

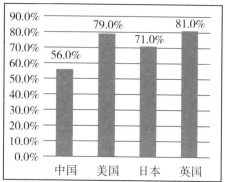

图5.12　中美日英服务业就业人数比重

数据来源：Wind

另外，要重视发展现代服务化体系。生产性服务业是从制造业内部生产服务部门而独立发展起来的，本身并不向消费者提供直接的、独立的服务效用，而是为保持工业生产过程的连续性、促进工业技术进步、产业升级和提高生产效率提供保障，其带动作用强、产业融合度高，是推动产业结构调整升级的重要力量，具体包括研发设计与其他技术服务，货物运输、仓储和邮政快递服务，信息服务，金融服务，节能与环保服务，生产性租赁服务，商务服务，人力资源管理与培训服务，批发经纪代理服务，生产性支持服务等。从图 5.13 可以看出，2018 年金融业增加值达到 69099.9 亿元，发展迅速，是 2004 年的 10.49 倍，而信息传输、软件和信息技术服务业增加值 2018 年为 32431.1 亿元，比 2004 年仅增加了 6.65 倍；交通运输、仓储和邮政业 2018 年增加值为 40550.2 亿元，仅在 2004 年的基础上增加了 3.35 倍。行业间增长速度悬殊，反映出当前生产型服务业并未实现全面发展。

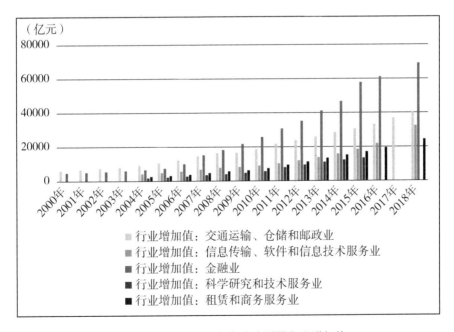

图 5.13　2000—2017 年生产型服务业增加值

数据来源：中经网

近几年广东省统计年鉴数据显示，劳动密集型和粗放型的增长仍是广东产业发展的主要模式，出口企业的代工、贴牌生产仍占较高比重。创新能力整体还较弱，主要产品的核心技术以及市场、服务均掌握在外方手中，在技改、研发、品牌创建等方面仍有较大的提升空间。在国内外市场深度调整及竞争的挤压下，广东省产业结构转型升级形势依然严峻。因此，构建合理的产业结构，完善现有产业布局，推动产业结构提质增效，是当前广东省的新特征。具体的举措包括大力提高重工业、大型企业和民营工业的比重，稳定传统工业产业和传统市场的需求，限制资源加工类工业、减少基础产业和"大项目带动"，发展先进制造业和利用现有传统产业转型盘活"库存"。对于出现的外商撤资现象，实际也是当前广东省新常态经济转型升级的一个真实反映。如图5.14所示，广东省实际利用外商直接投资额自2004年一直到2015年呈现稳步增加的趋势，直到2016年，由于劳动力成本、土地价格以及房价上涨，一些外商直接投资企业撤资，转移到中国中西部和东南亚其他生产要素低廉的国家，致使外商直接投资额经历了十年稳步增加后首次下降。然而，这并非一定是坏事，广东省劳动密集型外商投资企业转出后为发展集约型经济腾出空间，以增加引

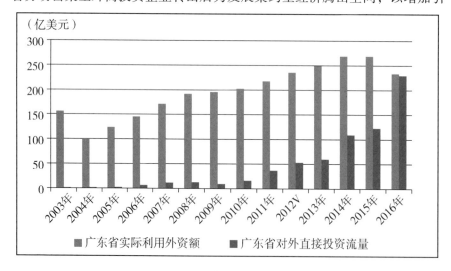

图 5.14　广东省双向 FDI 金额

数据来源：广东省统计年鉴、中国对外投资统计公报、Wind

进高端制造业、服务业，发展新兴产业积累力量，促进产业结构转型升级，向高质量发展迈进。

（四）投入结构

高质量发展要求优化投入结构，不断提高科技创新投入比重，在各个产业中体现科技创新。在习近平总书记视察广东重要讲话中可以看出，"高质量发展"不仅局限于经济增长，还包括加快建立科技创新体系、大力发展实体经济等。对此，为推动高质量发展，广东省委提出："下大气力抓自主创新，大力发展以制造业为根基的实体经济，坚定践行绿水青山就是金山银山理念，以高质量发展的成果切实保障和改善民生，推动经济发展质量变革、效率变革、动力变革。"可以看出，应当强调实体经济的发展与自主创新相联系；大力发展先进制造业，这是发展实体经济的关键；大力发展服务业，这是经济发展的重要保障。从图5.15中可以看出，广东省第二、第三产业固定资产的投资额不断增加，2003年后的增加速度最为迅速，第三产业投入最大且近几年增长速度十分迅速。党的十八大以来，服务业在国民经济中的地位不断上升，并成为广东经济第一大产业，经济增长由工业拉动向服务业拉动转变。2012—2017年，广东省三

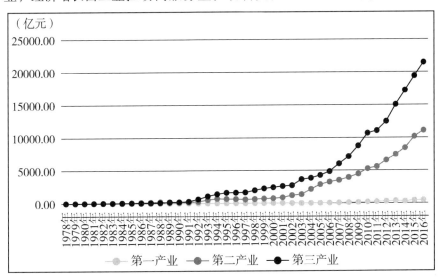

图5.15 广东省固定资产投资总额

个产业结构从 5.0∶47.7∶47.3 调整为 4.2∶43.0∶52.8，服务业比重提高 5.5 个百分点，形成了"三二一"产业格局。第三产业中，现代服务业增加值的占比从 57.6% 提升到 62.6%，提升 5 个百分点，成为推动经济稳定健康发展的重要力量。

近年来广东发展实体经济的各项政策举措频密出台，但新动能的培育还不够快，科技创新的成果转化环节还不畅通。为此，建议省政府设立全省性的推动创新引领和加强实体经济的联动协调机构，将建设粤港澳大湾区国际科创中心、广深港澳科创走廊、新型科研机构的各项目标，和建设九大战略性新兴产业、支持传统产业提升"高科技渗透率"，落实"实体经济新十条""工业投资计划"等各项任务结合起来，将各项工作目标一一对应分解，寻找以自主创新支撑实体经济发展的具体契合点。

科技创新投入是提高生产率的重要途径，2015 年我国创新投入占 GDP 的比重为 2.1%，比 2006 年高 0.71%，达到中等发达国家水平。但就我国全要素生产率的涨幅来看，巨大的创新投入似乎没有起到应有的推动作用，中国社会科学院研究指出，我国全要素生产率平均增长率从 1995—2009 年的 3.9% 下降至 2011—2015 年的 3.1%。广东省在驱动地区经济发展中便从最初依靠要素投入、投资驱动不断转变为创新驱动，从图 5.16 和图 5.17 可以看出，尤其是 2008 年国际金融危机后就开始更加主

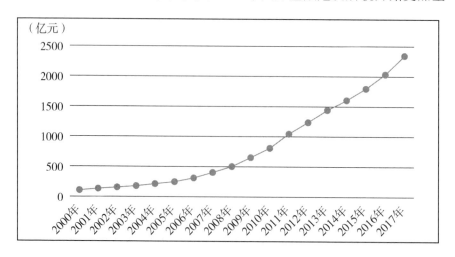

图 5.16　广东省研发投入经费

动地促进发展转型,有力地推动了区域经济的动能转化。从图5.18和图5.19可以看出,科研人员2005—2012年增长较快,但接下来几年增长较慢,到了2017年"高质量发展"要求提出后,又有了进一步增长,然而每万人中科研人员仍然较少,在高质量发展背景下更应该重视对科研人员的培育。

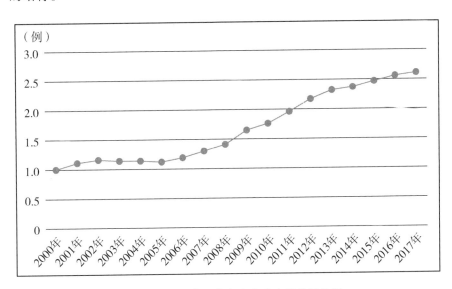

图5.17 广东省研发占本省生产总值的比例

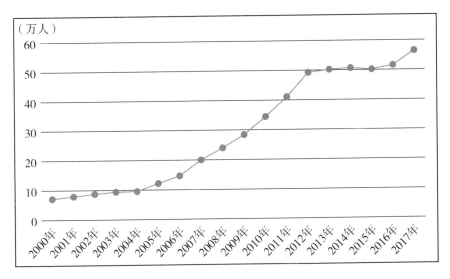

图5.18 广东省研发人员

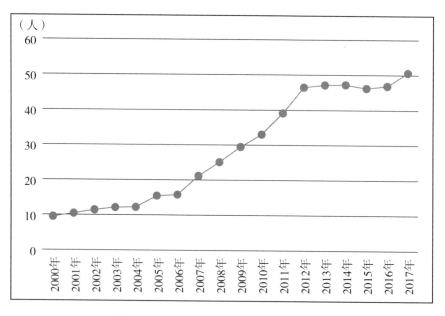

图 5.19 广东省每万人口从事研发活动人员

（五）营商环境

经济发展走在全国前列的广东，正进行营商环境治理改革，对标国际标准、接轨世界规则，向广东全省乃至全世界展示开放、平等、透明的决心。在 2017 年 7 月 17 日召开的中央财经领导小组第十六次会议上，习近平强调，要改善投资和市场环境，加快对外开放步伐，降低市场运行成本，营造稳定公平透明、可预期的营商环境，加快建设开放型经济新体制，推动我国经济持续健康发展。为了落实这一精神，广东省政府陆续出台了一些文件、方案推动形成优质的营商环境。例如，广东省政府在 2018 年 8 月出台《广东省深化营商环境综合改革行动方案》，以降低外资企业准入门槛、降低审批时间和减低企业进入成本；另外，广东省将企业开办时间压减至 5 个工作日以内。相关报道显示，2017 年广东全省开办企业的平均时间在 15.7 个工作日，在广东开办企业时间压缩了 2/3。2019 年 2 月颁发了《印发广东省优化口岸营商环境促进跨境贸易便利化措施的通知》,从规范口岸收费、缩短通关时间、"单一窗口"、粤港澳大湾区管理模式等方面创新管理模式。因此,当前及在未来一段时间,积极探索推动营商环境进一步市场化、法治化和国际化,实施更高水平跨境贸易投资便利化,对标国际规则,继续深化改革营商环境是外贸外资大省广东省新常态的重要方向。

(六) 对外贸易

高质量发展要求坚持引进来与走出去相结合。在强调"走出去"的同时,我们更应该把"走出去"与"引进来"结合好,以"21世纪海上丝绸之路"为重点在全球范围主动布局。"引进来"与"走出去"相结合,不仅体现在贸易上,也反映在投资上,实现贸易和投资的相互促进与融合发展。另外,"走出去"与"引进来"要紧密联系产业转型升级使命,以提升中国的全球产业链地位。例如,能源资源依赖性强、环境影响较大和产能超出新常态下中国国内需要的产业或产业链环节应加强走出去,以贴近能源资源产地和消费市场,降低物流成本,为东道国创造更多附加值和就业;绿色可持续发展、智慧制造、现代服务业等能够有效增强中国产业优势、满足消费需求升级的产业或产业链环节应加大"引进来";同时,要与创新驱动相结合,加强在高科技领域的双向合作。21世纪海上丝绸之路为我们培育更多具有全球影响力的中国跨国公司,逐步掌控更大市场和更多资源,扩大发展空间提供了良好的契机。从图5.20和图5.21看出,中国双向外商直接投资额都呈稳步上升趋势,特别是中国的对外直接投资,近年来增长迅速,2016年达到1961.49亿美元,较2003年28.55亿美元增长了67倍之多。吸引外商直接投资与非金融类直接投资额在2016年首次基本达到平衡,突破1961亿美元。图5.22显示了新常态下中国对"一带一路"国家直接投资流量,2015年达到顶峰189.3亿美元,2016年有所下降达到153.4亿美元,而2017年开始回升,再创新高。图5.23显示了2017年中国对"一带一路"国家投资前十的国家,其中,对新加坡的投资达到63.2亿美元,排列第一位。

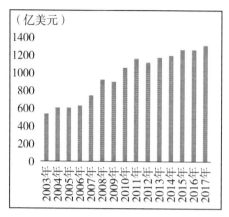

图5.20 中国实际利用外商直接投资额
数据来源：Wind

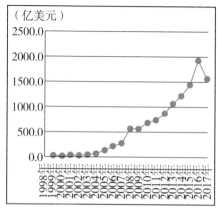

图5.21 中国非金融对外直接投资流量
数据来源：中国对外直接投资统计公报

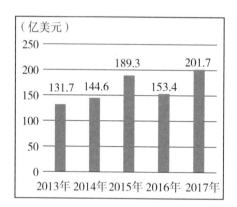

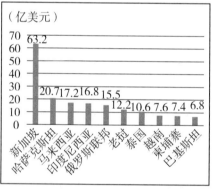

图5.22 中国对"一带一路"直接投资流量 图5.23 中国对"一带一路"投资前十分布
数据来源：商务部、国家统计局、国家外汇管理局

广东作为改革开放的前沿阵地，"走出去"是广东省新常态下常见的关键词与重要的特征。国际贸易、国际投资与国际合作在新常态下均有待进一步放开与深入。国际直接投资是广东省产业转移的一个重要途径，同时也是促进技术进步、提升效率、树立竞争优势、提升广东在全球价值链地位的捷径。21世纪海上丝绸之路，给广东省经济转型升级、转移过剩产能迎来了新机遇。利用海上丝绸之路国家的资源优势，一方面推动广东省商品、品牌、资本走出去，扩大货物服务贸易，加强国际合作，有利于

改善广东省全球价值链地位;另一方面对促进当地就业和提升经济具有重大贡献。如图 5.24 所示,2003 年几乎很少的对外直接投资,到 2016 年 229.62 亿美元的投资,发展十分迅速。特别是,2016 年在 2015 年基础上实现了 87% 的增速,成为历年发展速度最快的一年。可见,"走出去"加大加深与世界各国的投资与合作,是当前广东省经济发展的客观需要。特别是,"一带一路"为我们搭建了良好的对外投资合作平台,广东省要积极抓住此次机遇,谱写改革开放新篇章。

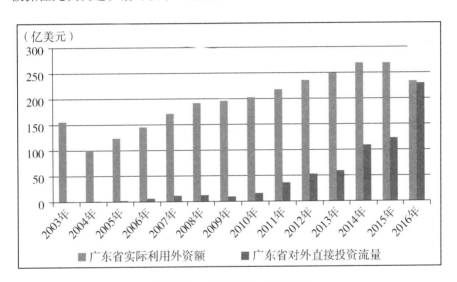

图 5.24　广东省双向 FDI 金额

数据来源:广东省统计年鉴、中国对外投资统计公报、Wind

第二节　世界经济格局与产业转移趋势

一、世界经济格局

进入 21 世纪以来,以中国、印度、俄罗斯、巴西、南非为代表的金砖国家迅速崛起,成为推动世界经济格局演变、全球治理变革的重要力量。其中,中国在经济全球化进程中,抓住全球化红利、发挥劳动力优势,迅速成长为经济总量仅次于美国的全球性大国。中国已不再仅仅是国际秩序的遵循者,更是国际规则制定的重要参与者。根据各国 GDP 规模占全球 GDP 规模的比例,我们可以判断各主要国家在世界经济中的地位变迁,如表 5.1 所示。从表中可以看出,在 2010 年前,主要的发达国家所占全球 GDP 比重超过新兴经济体,然而,随着新兴经济体崛起,到 2016 年,新兴经济体的比重占据 35.2%,超过主要发达国家所占比重 29.7%。可见,本次以产业国际分工为主要内容的经济全球化渐次推进,在经济全球化进程驱动下,从资本主义市场经济产生以来所形成的"核心-边缘"的单极化全球经济地理结构正在转变,新兴经济体异军突起,世界经济正在转向为多极化的全球经济格局。接下来,我们将从经济增速、贸易格局和投资格局来观察与分析新兴市场在世界经济格局中逐渐发挥的重要作用。

表 5.1　1980—2016 年主要经济体在全球经济格局中的地位变迁(%)

类别	国家	1980 年	1990 年	2000 年	2010 年	2016 年
发达国家	美国	21.8	22	20.6	16.7	15.5
	日本	7.8	8.9	6.8	5.0	4.4
	德国	6.6	6.0	4.9	3.7	3.3
	英国	3.8	3.7	3.1	2.5	2.3
	法国	4.4	4.1	3.4	2.6	2.3
	意大利	4.5	4.2	3.3	2.3	1.9
	小计	48.9	48.9	42.1	32.8	29.7
新兴市场	中国	2.3	4.1	7.4	13.9	17.8
	印度	2.9	3.6	4.2	6.0	7.2
	俄罗斯	—	—	3.2	3.6	3.2
	巴西	4.3	3.7	3.2	3.1	2.5
	印度尼西亚	1.4	1.9	1.9	2.2	2.5
	墨西哥	3.0	2.6	2.4	2.0	1.9
	小计	13.9	15.9	22.3	30.8	35.2
	合计	62.8	64.8	64.4	63.6	64.9

数据来源:IMF;World Economic Outlook,April 2017。

（一）经济增速

新兴经济体对全球经济增长越来越重要，从图5.25来看，新兴经济体发展迅猛，其中，中国和印度的经济增长非常引人注目，在多极化世界经济中扮演着重要的角色，即使在2008年国际金融危机期间，中国仍实现8.5%的经济增长，处于全球增长率的高位水平，为世界经济的复苏提供了重要动力。金砖五国的其他成员国的经济增长势头也十分迅猛，相比而言，作为发达经济体代表的G7经济增长率要大大低于同期的金砖国家的经济增长速度。新兴经济体对全球经济增长的贡献明显大于主要发达国家。

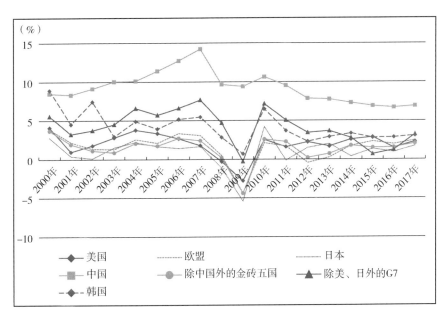

图5.25　主要发达国家和新兴国家经济增长率

数据来源：世界银行

（二）贸易格局

发展中经济体的出口和进口贸易均增长迅速，其中，进口贸易增长引人注目。根据观察，发展中国家的贸易趋势基本与发达国家保持一致。随着发展中经济体参与世界经济的深入与广泛，发展中经济体逐渐占据与发达国家同等重要的进出口地位。图 5.26 和图 5.27 显示，2008 年发达经济体贸易逆差达到 4725 亿美元的峰值，这一贸易逆差一直持续到 2012 年，到 2013 年开始发达经济体开始转为顺差，实现 29092.33 亿美元的贸易顺差额，2014 年这一贸易顺差额扩大到 40890.13 亿美元的规模，但随后均有下降，直到 2017 年降至 152346 亿美元。与发达国家不同，发展中国家基本一直处于贸易顺差状态，然而，2008 年国际金融危机使这一巨大的贸易顺差口径开始缩小，值得注意的是，发展中国家贸易顺差额从 2008 年 679531.59 亿美元急剧下降到了 2009 年 395234.34 亿美元，虽然在随后几年里，发展中国家的贸易顺差开始上升，但上升疲乏，2015 年再次降到新的谷底为 250006.11 亿美元。直到 2017 年，这一贸易顺差额仍然不到 2009 年国际金融危机时的贸易顺差规模。而且，未来几年上升预期也不明显。

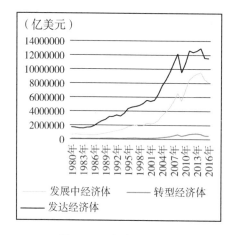

图 5.26　全球出口流量

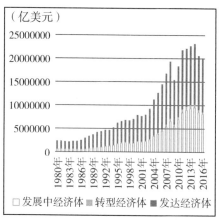

图 5.27　全球出口格局

从图 5.26 和图 5.27 世界出口和进口格局图来看，一方面，发展中国家的进出口迅速增多。发展中国家的出口占全球出口比例一直保持稳定增长，国际金融危机后，基本维持在 42% 左右。而发达国家出口占世界出口规模的 55% 左右。另一方面，发达国家进口量占世界进口比例在 2009 年国际金融危机后开始下降，随后基本保持在 56% 左右，而发展中国家进口比例从原来的30%左右到2017年占世界进口量的40.79%左右。发展中国家进出口活跃很大程度上要归因于全球制造业中心开始从发达国家向发展中国家和地区扩散的现实。

(三) 投资格局

伴随经济全球化进程的加快,国际资本流动规模不断扩大。发展中国家已基本成为与发达国家并重的资本流动主体。2000年全球资本流出流量为1.16万亿美元,其中,发达国家占92%,发展中国家仅占7.73%,转型经济体占0.27%。到2007年,全球资本流出流量为1.9万亿美元,其中,发达国家所占比例下降至67.24%,发展中国家所占比例上升至28.17%,转型经济体占4.55%。从2008年开始,发达国家与发展中国家的资本流出比例开始进行调整,2008年发达国家占全球资本流出量的比例继续下降至52.62%,而发展中国家所占比例继续上升至39.54%。直到2017年,发达国家占全球资本流出量的比例为49.82%,发展中国家这一比例为46.91%。可见,后危机时代发展中国家几乎实现了与发达国家同等规模的资本流出量。

同样地,2000年全球资本流入流量为1.36万亿美元,其中,发达国家占82.38%,发展中国家占17.19%,转型经济体占0.44%。2007年,全球资本流入量达到1.9万亿美元,其中,发达国家所占比例下降至67.24%,发展中国家所占比例上升至28.17%,转型经济体占4.55%。2008年国际金融危机后,这一趋势更加明显,1年时间发达国家吸收外资所占比例下降了15%,下降至52.62%,这曾经是发达国家此前8年间才调整下来的幅度,1年时间资本流向就发生了如此之大的变化。发展中国家吸收外资所占比例1年时间就上升了10%～39.54%。直到2017年,发达国家占全球流入量的比例为49.82%,发展中国家占全球流入量比例为46.91%。从分析可知,国际金融危机后,在国际资本流动规模变化的同时,跨境资本的投资格局也发生了较大的变化。从危机前发达国家作为全球资本投资的主体转变为后危机时代发达国家与发展中国家并重的局面,全球资本投资格局发生了重大的转变,全球资本较多地流入了发展中国家。

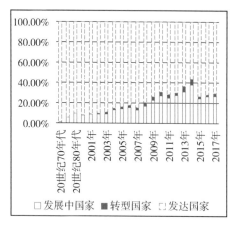

图 5.28　全球 FDI 流出格局

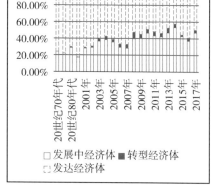

图 5.29　全球 FDI 流入格局

二、产业转移趋势

(一) 中国产业转移背景

中国自改革开放以来,主要依靠低廉的人工成本和环境成本,承接了大量发达国家的产业转移,成为"世界工厂"。然而,2012 年始,中国制造业用工成本开始迅速上升,但中国周边如越南、印度尼西亚、柬埔寨、印度、泰国、菲律宾等国家的用工成本仍然比较低,还保持着劳动力成本优势。除此之外,中国的融资、用电、能源、物流和土地等其他要素价格均处于较高水平。另外,中国自 2008 年国际金融危机后开启了大规模的投资模式刺激经济,遗留下了大量的产能过剩问题。因此,要突破这些关键问题,产业转移是消化产能、降低成本、突破转型升级瓶颈的重要途径,是当今世界及国际发展的趋势。一方面,国际贸易和投资是产业转移的两大途径,加强与海上丝绸之路伙伴的贸易与投资,有助于我们开辟产业空间分布上的合理布局,形成合理的国际产业分工体系。另一方面,中国区间经济水平呈梯度发展，中西部地区资源丰富、要素成本低、市场潜力大，将东部产业转移到中西部，不仅有利于加速中西部地区新型工业化和城镇化进程，促进区域协调发展，而且有利于推动东部沿海地区经济转型升级，在全国范围内优化产业分工格局。

（二）产业转移理论基础

1. 产品生命周期理论

Vernon（1966）提出产品生命周期理论。该理论认为，工业各部门及各种工业产品，都处于生命周期的不同发展阶段，即经历创新、发展、成熟、衰退等四个阶段。跨国公司通过向海外转移处于成熟阶段的产业，延展产品生命周期，并为本国开发新兴产业创造条件。

2. 雁阵模式理论

日本经济学家赤松要首次提出"雁型模式"，描述战后日本大量出口丝绸、面纱、棉布等传统劳动密集型产品，从发达国家进口技术含量高的纺织机械来带动日本纺织业的发展，进一步推动了上下游产业的发展，产业沿着进口—进口替代出口的模式，呈现从低级向高级波浪式发展。雁行模式反映欠发达国家先承接发达国家的产业转移，当引进技术与国内生产要素结合并具备一定竞争力后，再将发展到一定程度的产业转移到落后国家。

3. 边际产业转移理论

日本经济学家小岛清结合日本海外投资背景和发展模式，提出"边际产业转移理论"，他认为一个国家在对外投资时首先将本国处于劣势地位的边际产业转出，本国集中资源发展前景好的产业。20世纪70年代以后，日本依次向其他国家转移劳动密集型产业、资本密集型产业、技术密集型产业，最终逐渐成为发达国家之一。这为发展中国家进行产业变迁和转型升级提供了有力的理论支持。

4. 区域梯度转移理论

20世纪70年代，美国经济学家克鲁默、海特等提出了区域梯度理论,该理论认为,不同国家或区域之间经济发展水平存在梯度差异,经济发展水平较高,具有良好发展前景的区域为高梯度地区,而经济发展动力不足,经济水平落后,为低梯度地区。高梯度地区相对于低梯度区域来说,其技术具有一定的先进性,因而发达区域可以把处于成熟期的产业转移到欠发达区域,腾出空间来发展先进产能,那些转移出去的落后产能在欠发达区域仍具有实用性,将继续生存和发展,从而带动整个经济的发展。由于中国各区域经济发展水平不一致,技术、管理、营商环境等多方面存在一定的差异,因此,根据梯度转移理论思想,我们可以通过先发地区带动落后地区,通过转移产业,提升低梯度区域经济发展水平。特别是在新常态下,东部地区面临转型升级压力,通过转移过剩产能,可集中资源发展新兴产业、创新活动及国际的产业链高端环节。

(三) 产业转移趋势

1. 研发技术类产业转移将成为主要形式

不同国家在政治体系、经济能力、社会准则及文化价值观等各有特色,因而当地顾客的需要对企业全球战略的制定显得尤为重要。为了能更敏锐地洞察当地需求的变化并做出迅速反应,企业会加强开发生产一体化,将研发技术部门进行转移,缩短产品的国际生命周期,提高产品设计的灵活性,以达到高效率、反应灵敏、持续创新。随着中国市场越来越具吸引力,发达国家近年逐渐将研发技术部门落户中国上海、北京、深圳、广州等大城市,力图从当地环境和竞争信息中及时整理、分析并更新,对市场动态做出反应,以保持持续的竞争优势。

2. 成本寻求型产业转移仍是基本形式

尽可能低的成本是企业利润最大化要考虑的基本指标。对于纺织、机械等劳动密集型产业,需要吸纳大量的廉价劳动力为其创造价值,而一国并不会一直是廉价劳动力的提供者,一旦劳动力接受培训和教育后,其成本将迅速上升,这将迫使企业在全球范围内不断转移生产阵地,寻求低廉的生产要素。跨国公司在全球配置资源及在不同东道国安排生产、营销、售后、研发等各个环节，形成的全球价值链正是成本寻求型产业转移生动形象的反映，追求低的成本以提高企业生产率是跨国公司国际化的最基本的考虑。随着成本优势的动态变化及全球化深入，基于成本考虑的全球产业转移经历了从南欧到中美洲，再从远东转至现在的东欧，从东南亚到非洲。

3. 集群式转移将成为一种重要模式

产业集群是在某个特定区域中，一群在地理上邻近、有交互联结关联性的企业和相关机构，产业集群涵盖了一系列相互关联性的企业和其他实体，包括纵向环节的供应商、销售商、顾客，横向的互补产品的制造商或者有类似投入、技能和技术的公司，甚至还包括教育、信息咨询、协会、政府等公共机构。随着竞争的动态变化，外部邻近的商业环境发挥着关键作用，培育和发展产业集群成为企业保持持续竞争力的重要模式。研发、制造、服务的一体化联动迁移将是一种新的发展模式，会有越来越多的公司基于让投入发挥更充分的价值考虑，将其研发、物流、供应分销等非制造环节一并迁移。我们要结合中国的实际，强化产业集群优势，培育新的产业集群，充分发挥城市群的集聚力量，一方面，加大与21世纪海上丝绸之路的投资合作，利用当地优势，推动产业集群"走出去"；另一方面，结合中国中西部地区优势，将劳动密集型产业集群前往这些生产要素成本低廉的地方，利用当地禀赋，发展合适的产业集群。产业转出地积极发展有中国特色的高端产业集群。

4. 逆梯度产业转移受到发展中国家青睐

发达国家由于自身经济基础好，技术领先，为了拓展产品国际生命周期，通常会将成熟产业转移至相对欠发达国家，这是我们传统上的顺梯度产业转移。然而，顺梯度产业转移仍然存在弊端，由于后进国家自身技术相对落后，一味地承接发达国家的产业转移会使后进国家处于被动地位，依附于发达国家，陷入低技术陷阱，一直停留在全球价值链低端。然而，当今市场竞争激烈，新兴国家迫切需要提升自身实力，顺梯度的产业承接不利于其在全球经济中提升竞争力，因而，很多新兴国家在积累一定条件后会主动走出去,将资源、资金、生产转移到海外,通过国际并购方式,获取国际领先技术、管理经验、商标品牌、供销渠道,通过逆梯度产业转移实现产业结构转型升级,突破自身发展瓶颈。从 5.30 看出,中国对美国的对外直接投资在 2015 年开始急剧上升,这与美国掌握大多数世界领先技术有关,中国期望通过逆向梯度转移促进技术进步,推动转型升级。

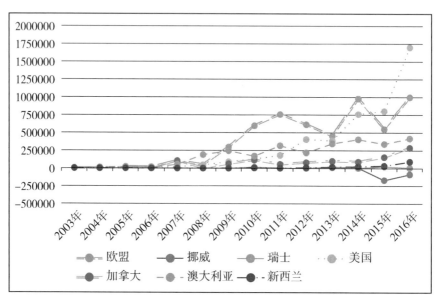

图 5.30　中国在发达国家(地区)直接投资流量

数据来源:商务部

三、广东省产业转移

广东是中国改革开放的前沿阵地,GDP 总量由 1979 年的 185.85 亿元增加到 2018 年的 9 万亿元,在短短 40 年间增长 484 倍。其中,珠三角地区生产总值常年占全省 80% 以上。珠三角低廉的劳动力与运营成本吸引了大量外资投资设厂,形成了规模庞大的产业集群,但这些企业大多过度依赖劳动密集型生产模式且工业附加值低,处于全球产业链的低端。譬如，根据相关计算，珠三角五金、玩具、家具制造、皮革、服装鞋帽等劳动密集型行业占全省用工的25%，却只贡献了8.5%的工业增加值。其次，生产规模的扩大也导致人口快速增长和资源紧张，进而引发各种社会问题，譬如土地短缺，地价攀升，能源紧张，企业招工困难，外来工社会保障及其子女入学、居住压力加大，交通拥堵等。另外，四万亿刺激政策致使了过量的投资，大量的钢铁、水泥、平板玻璃企业产能过剩，僵尸企业频现，增加了广东省经济转型升级的包袱。因此，劳动密集型企业和过剩产能在珠三角的集聚及粗放的生产方式，严重超出了地区可承受的环境容量，珠三角经济在创造奇迹的同时，也阻碍了绿色可持续的发展。因此，产业转移能为广东省经济减负，集中资源转型升级。我们要结合内外条件，落实产业转移行动计划，一方面在国内、省内推进产能梯度转移，另一方面加大和加速与21世纪海上丝绸之路的国家（地区）谋求国际产能合作。

1. 承接发达国家产业转移

按照梯度转移理论，发达国家处于高梯度区域，拥有高附加值的产业。广东省结合自身经济发展水平及吸收能力，引进高端制造业，研发技术部门，通过"引进—吸收—创新—提升"的路径，成功推进广东省产业转型升级，提升在全球价值链地位。

2. 主动实行逆梯度跨国产业转移

发达国家掌握着世界领先的技术，拥有先进的管理经验和卓越的品牌，广东省自改革开放以来经济取得了显著的进步，然而，与世界领先国家仍然存在一定的差距，为了赶超发达国家的先进技术，我们通过绿地投资将研发技术部门转移到发达国家，利用技术外溢效应，促进技术进步。同时，通过跨国并购的方式，获取国外优秀的资源和技术，学习先进的管理经验。

3. 向中低梯度的国内和省内其他区域转移传统产能

结合国内中西部经济发展水平、技术吸收能力、要素条件，将传统产能或处于成熟阶段的产业转移出去。一方面，为广东省转型升级，实行供给侧结构改革，集中资源开发新业态、新模式、新技术和新产业积累力量；另一方面，转移出去的产能有助于利用当地要素条件，提高技术水平，促进当地经济发展。

广东省一个突出的问题在于省内经济发展差异明显。从表5.2可以看出，广东省各个城市间发展差距大，2018年GDP居首位的深圳其经济规模为24221亿元，而末尾的云浮其GDP为849.13亿元，仅是深圳GDP的3.5%。我们将广东省各个城市按照经济规模分，可以划分为四个梯队。第一梯队是深圳和广州，第二梯队是佛山和东莞，第三梯队是惠州、中山、茂名、湛江、珠海、江门、汕头、肇庆、揭阳，第四梯队是清远、阳江、韶关、梅州、潮州、汕尾、河源、云浮。那么，要解决第四梯队城市的经济增长以及不均衡问题，做好产业在省内的转移与承接非常关键。例如，将第一、二梯队传统产能转移至第四梯队城市，帮助第四梯队建立起现代工业，提高就业与城镇化水平，就显得格外有意义。

表5.2 2018年广东各市省GDP数额　　　　　　　　单位：亿元

城市	GDP	城市	GDP	城市	GDP
深圳	24221.98	湛江	3008.39	阳江	1350.31
广州	22859.35	珠海	2914.74	韶关	1343.91
佛山	9935.88	江门	2900.41	梅州	1110.21
东莞	8278.59	汕头	2512.05	潮州	1067.28
惠州	4103.05	肇庆	2201.80	汕尾	1006.00
中山	3632.70	揭阳	2152.47	河源	920.32
茂名	3092.18	清远	1565.19	云浮	849.13

数据来源：国家统计局。

21世纪海上丝绸之路大多数为发展中国家，当然也有少数的发达国家。不同国家各有自身优势，广东省要利用自身优势与劣势，结合伙伴国的经济条件、要素禀赋、营商环境等多方位因素，积极与21世纪海上丝绸之路沿线国家合作，通过产业转移与承接，向先进国家学经验、学技术，培育竞争优势，与发展中国家优势互补、共创共赢。

第三节　高质量发展的广东贸易发展方向

一、新常态下广东贸易发展现状

（一）对外贸易总额回落

中国自2012年结束近20年10%的高速增长，转而进入增速换档期。如图5.26所示，我们选取了2012年前后5年广东省的贸易数据作为对比。在过去的10年中，总体来看，广东省对外贸易比2007年取得一定的进展，但在2013年开始或以后贸易出现转折点，对应金额开始回落。从图5.31可以看出，进出口贸易总额由2007年的6340亿美元增长到2013年的10918亿美元，再到2016年的9552亿美元；出口额由2007年的

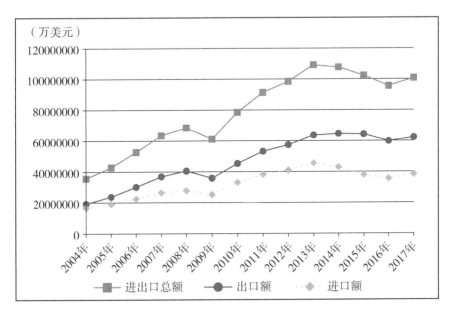

图5.31　广东省对外贸易总额

数据来源：广东省统计年鉴。

3692亿美元增长到2014年的6460亿美元,再到2016年的5985亿美元;进口额由2007年的2647亿美元增长到2013年的4554亿美元再到2016年的3567亿美元。新常态下,广东省贸易运行开始呈现一定幅度的下滑。

(二)对外贸易增速下滑

由于受到2008年国际金融危机的影响,世界经济低迷,广东省外贸增长缓慢甚至下滑。从图5.32看出,广东省对外贸易进出口增速在2009年陷入谷底,随后受刺激政策的推进,增速在2010年有所反弹进出口激增,达到了最高值。然而,世界经济彼时仍然复苏迹象并不明显,各国经济正艰难地治疗国际金融危机带来的创伤,世界经济的弱复苏过程,使得广东省对外贸易增速总体下滑,仅在2013年有一些回升,其他年份均逐渐下降,对外贸易下行压力非常大,从2014年开始对外贸易增速甚至转为负。可见,广东省对外贸易形势十分严峻。

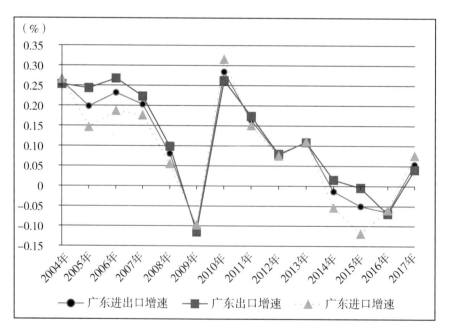

图5.32 广东省进出口贸易增速

数据来源:广东省统计年鉴。

(三) 对外贸易伙伴多样

图 5.33 展示了 2016 年广东省对外贸易伙伴。中国香港、美国、韩国、日本、中国台湾、马来西亚、泰国、德国、新加坡、英国、印度、澳大利亚、菲律宾、荷兰、南非、印度尼西亚、墨西哥、阿拉伯联合酋长国、法国、意大利是与广东省贸易总额最大的 20 个国家（地区）。欧美发达国家是广东省最为重要的贸易合作伙伴，日本、韩国占有重要份额，虽然新兴市场与发展中国家与广东的贸易规模也有一定的比例，但与前五位贸易往来规模差距仍较大。

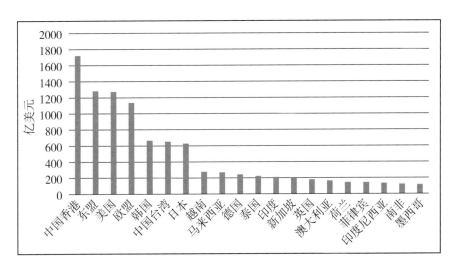

图 5.33　2017 年广东省主要对外贸易伙伴

数据来源：广东省统计年鉴。

(四) 广东省进出口产品种类较为单一

图 5.34 和 5.35 显示，2015—2017 年，广东省出口产品中，农产品所占比例较小，基本占出口总额的 1.4% 左右，保持平稳的小幅增长；机电产品处于主体地位，占据出口总额 68% 左右的比例，增长较为稳定；高新技术产品出口增长幅度小，基本保持固定的比例，占广东省出口规模的

34%左右。在广东省进口商品结构里,我们看到机电产品是主要的进口产品,其次是高新技术产品,除了在2016年有大幅度的进口,总体来看广东省进口这两类产品均较为稳定。根据图5.36和5.37可知,出口的机电产品中尤以电器及电子产品出口规模最大,其次是机械及设备,然后是仪器仪表和金属制品。出口的高新技术产品中,计算机与通信技术出口规模最大,其次是电子技术和光电技术,生命科学技术和计算机集成技术占据较少比例,而航空航天、生物、材料较为稀缺。图5.38和图5.39显示,广东省进口机电产品中,进口电器和电子设备最多,而进口的高新技术产品中,进口电子技术最多,其次是计算机和通信技术。综合以上分析,广东省外贸产品的结构主要以机电产品为主,高新技术产品保持一定的稳定比例,进口与出口产品的类别比较对称,相同类别的产品大进大出,小进小出。

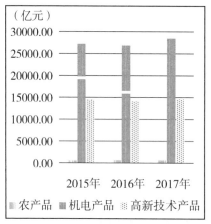

图5.34 广东省2015—2017年出口商品类别

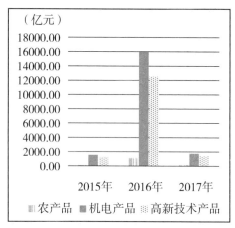

图5.35 广东省2015—2017年进口商品类别

广东省外贸产品结构具有以下三个特点:第一,农产品的进出口规模很小,仅占进出口总额的百分之一点几。第二,广东省外贸出口产品的技术含量亟须极大的提升。根据图5.36和图5.37进一步细致分析机电产品和高新技术产品的出口结构,受长期加工贸易影响,机电产品中主要是电子产品的进出口;而高科技产品中,真正高科技含量的例如生物技术、生命技术、材料技术等还很缺乏。第三,进口与出口并未形成互补。根据图5.36—图5.39的分析,进口与出口在各自产品类别里的比例几乎是对称的,进口的产品并没有对我们缺位的出口产品类别予以弥补。

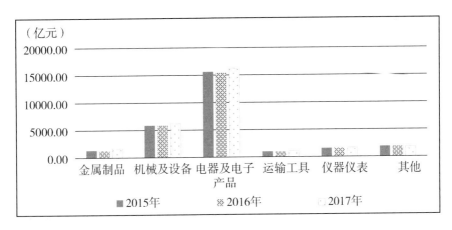

图 5.36　广东省机电产品类出口额

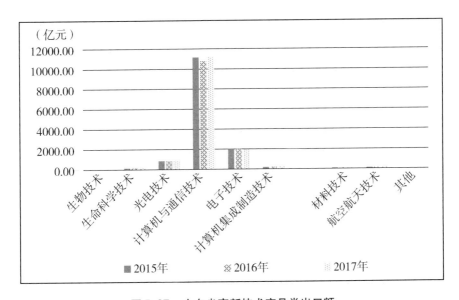

图 5.37　广东省高新技术产品类出口额

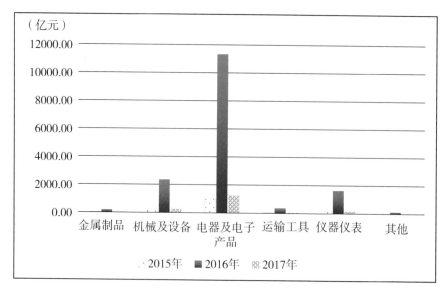

图 5.38　广东省机电产品类进口额

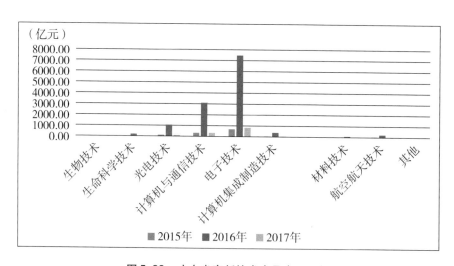

图 5.39　广东省高新技术产品类进口额

二、高质量发展下的广东贸易发展方向

(一) 积极发展贸易新业态

外贸新业态是中国开放型经济发展的新动能，孕育着新形势下我国外

贸的国际竞争新优势。在商务部制定的《对外贸易发展"十三五"规划》中，外贸新业态包括跨境电子商务、市场采购贸易和外贸综合服务平台。跨境电商可作为广东外贸发展的新增长点，例如，农产品＋跨境互联网的方式开展出口贸易；市场采购贸易能拓展传统商品市场的外贸功能，例如采取直营的方式，实现工厂到国外顾客对接的外贸出口方式；综合服务平台能为中小企业提供专业的、规范的、全面的服务网络，降低企业交易成本和时间成本，例如建立一些外贸信息交易平台，为外贸进出口及时提供有效信息，促进外贸便利化。广东省各企业要积极将传统贸易积极发展为外贸新业态，主动应对市场变化、开拓新兴市场的新路径。

(二) 培育贸易新模式

改革开放以来，加工贸易一直是广东省经济发展的主要动力，然而，这种贸易模式依靠低成本、消耗国内资源及牺牲环境为代价，对中国经济和自然环境带来了不利的影响。新常态下，积极开拓新兴贸易模式，鼓励采用一般贸易，积极发展逐笔售定、包销、代理、寄售、拍卖、招标与投标、期货交易、对销贸易等多种贸易方式，将互联网、信息系统、数字化与传统的贸易方式相结合，培育新贸易模式，改变过去消耗资源、污染环境的发展模式，提升产业竞争力。

(三) 坚持创新驱动

与发达国家相比，中国的技术水平还存在一定的差距，可贸易商品的质量与层次还比较低。当前广东省已进入新常态发展阶段，低成本优势逐渐消失，经济发展已转向依靠技术引领、创新驱动的路径上。由于技术创新的沉没成本大，一方面，我们可加大高新技术产品进口，多进口我们真正缺位的高技术产品，通过模仿、研究、消化吸收、提升，学习与掌握高新技术产品要领，进而推动广东省技术升级；另一方面，由于外商技术封锁和技术不易模仿的特点，我们仍然要积极自主研发，保持持续的创新与技术更新能力，凭此建立竞争优势。特别是，广东省政府和企业要扶持特色产业和高新技术产业贸易,有助于提高广东省贸易的质量、结构、效益,以及转变贸易方式,为广东省持续发展提供强大动力。

(四)积极参与海上丝绸之路国际产能合作

广东省由于地理位置、经济发展和对外贸易水平的独特优势,处于21世纪海上丝绸之路建设的关键地位。充分利用广东省打造粤港澳大湾区、港珠澳大桥通车、自由贸易试验区等地方背景优势,把握"一带一路"带来的机遇,主动应对挑战,积极参与海上丝绸之路的建设,是新常态下广东培育对外开放新优势的重要举措。通过扩大海上丝绸之路特色产品的进出口,加速广东省传统产业的产能转移,支持企业赴21世纪海上丝绸之路国家投资,在现代农业、先进制造业、现代服务业和跨国经营等方面开展深度合作。努力引导企业"走出去"实施当地化战略,遵守东道地法律法规,尊重当地风俗民情,强化企业环保、公益等社会责任意识,为当地创造更多的就业机会,促进当地经济发展,实现互利共赢。

第六章

21世纪海上丝绸之路产业发展：集聚视角

本章首先对产业集聚的概念进行界定，在此基础上计算对比经典的产业集聚指数——空间基尼系数和 EG 指数，分析产业聚集程度的影响因素，直观地向读者展现了我国制造业产业聚集程度的变动方向、发展趋势、行业间异质性和国际间比较。接着结合新经济地理学和产业组织学，阐述产业聚集度对经济发展的影响，包括对经济增长、全要素生产率、工业空间演化、企业创新的作用及其内在机制。随后就粤港澳大湾区内地九市的制造业产业聚集情况、劳动者分布进行具体分析。最后从产业聚集角度分析粤港澳服务贸易自由化的必要性和可行性、政策保障以及实施措施。

第六章 21世纪海上丝绸之路产业发展：集聚视角

第一节 产业集聚与经济发展

产业集聚程度与经济发展之间的关系及其内在机制一直受到经济学界和社会整体的广泛关注，不论是产业集聚的原因还是产业集聚带来的产业发展效应都对地区的发展产生重要作用。而要厘清上述问题，首先要对产业集聚进行概念界定并对其程度进行合理的测算，因此，本节从产业集聚的概念及测度指标谈起，再逐步阐述经济地理学和产业组织学对产业集聚原因的解释，最后从经济增长、全要素生产率、工业空间演化、企业创新4个角度阐释产业集聚程度与经济发展的关系。

产业集聚程度的测度指标有很多，包括区位熵、空间基尼系数、EG指数、MS指数、K函数、DO指数、M函数以及Moran's指数。前四种测度对象是总体经济活动；从K函数到M函数提供了测度可变空间产业集聚程度的方法，即距离空间测度法；Moran's指数利用空间中属性之间的相关性进行计算，以判定空间是否存在自相关。空间基尼系数和EG指数是目前使用最多、最经典的指标，而EG指数是在对空间基尼系数的不足进行修正的基础上提出的。基于以上原因，本节使用空间基尼系数和EG指数对我国产业集聚程度进行测度，并进行具体的分析。

一、产业集聚及其测算

（一）产业集聚

集聚被空间经济学视为一种特殊空间形态的经济活动，其产生的经济学解释是经济外部性理论。具体来看，产业集聚是指在某一个特定的地理区域内集中了同一个产业，也即在一个特定的空间范围内产业要素不断汇聚的过程。19世纪末学术界开始开展对产业集聚问题的研究，如在1890年著名经济学家马歇尔就关注了产业集聚这一经济现象，并提出"外部经济"和"内部经济"两个重要的经济学概念。在此之后，经济学家开始对产业集聚开展广泛研究，并提出了很多有影响力的产业集聚理论，如韦伯的区位集聚论、熊彼特的创新产业集聚论、胡佛的产业集聚最佳规模论、波特的企业竞争优势与钻石模型等。

（二）空间基尼系数

1991年，克鲁格曼（Krugman）提出了空间基尼系数的概念，用于测度产业空间聚集程度，更新了测度产业空间聚集程度测算的方式。其取值为0～1。空间基尼系数趋于0说明产业在某地区的聚集程度低，即该产业的区域分布与总体经济活动的区域分布趋于一致；而空间基尼系数趋于1则说明产业集聚程度高，该产业的区域分布比总体经济活动的区域分布更集中（见表6.1）。空间基尼系数的计算公式为：

$$G_i = \sum_r (X_r - S_r^i)^2 \tag{1}$$

其中，下标r和i分别表示地区和行业。

表6.1　空间基尼系数所用指标

符号	含义	来源数据库	中国工业企业数据库中对应指标
X_r	地区r的总就业人数占全国总就业人数的份额，刻画了地区层面上的就业分布	中国工业企业数据库（将采掘业和公用事业企业剔除考虑制造业企业）	企业所在地理位置（六位数行政区划代码）
			企业的从业人员数量（或工业总产值）

续表 6.1

符号	含义	来源数据库	中国工业企业数据库中对应指标
S_r^i	地区 r 中行业 i 总就业人数占全国行业 i 的总就业人数	中国工业企业数据库	企业所属的国民经济行业分类（四位数）
			企业的从业人员数量（或工业总产值）

用企业从业人员数算空间基尼系数比较主流，因其可比性强、连续型好。

接下来，本章利用现有可得数据对我国空间基尼系数进行了测算。表 6.2 和表 6.3 的计算结果来源于国家统计局的分省份数据，2007 年及以前的数据缺失值过多，因此本章选取了 2008—2017 年作为样本区间。表 6.4 结果的数据来源为中国工业企业数据库，由于中国工业企业数据库的统计口径在 2007 年发生了改变，2007 年以前的数据更为严谨，因此，学界普遍采用 2007 年以前的数据，表 6.4 的结果也更新至 2007 年。表 6.2 说明了用空间基尼系数表示的我国制造业产业平均集聚程度的发展趋势，可知从 2008—2017 年我国的集聚程度从 0.0158 上升到 0.0192，上升了 21.5%，说明这 9 年我国产业更加集中，地区差距逐渐扩大。

表 6.2 中国产业集聚的空间基尼系数

年份	2008	2009	2010	2011	2012	2013	2014	2015	2016	2017
集聚系数	0.0158	0.0170	0.0174	—	0.0171	0.0187	0.0184	0.0184	0.0190	0.0192

2011 年数据缺失，故留空。

更直观地，可以从图 6.1 看出中国空间基尼系数呈上升趋势，即产业集聚水平提高。纵观全球，发达国家的产业集聚水平总体呈上升趋势，此处空间基尼系数显示的结果与发展经验相符。2008—2017 年，中国空间基尼系数变化不大，原因可能是本书所用数据包括制造业和服务业等，其中一些行业由于行业性质，产业聚集程度较低。因此，该结果可能涵盖了一些行业异质性。所以，下面将样本分行业进行计算，观察各行业的产业聚集度变化。

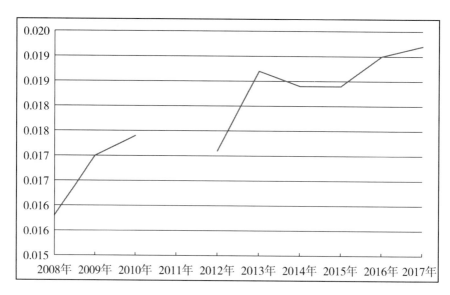

图6.1　中国产业集聚的空间基尼系数

表6.3和6.4都是分行业的空间基尼系数数据。其中，表6.3利用中国国家统计局的数据对所有行业进行了完整统计，有利于我们从第一产业、第二产业和第三产业全局进行观察。而表6.4则是利用《中国工业企业数据库》对制造业各行业进行细分观察，结果如下。

表6.3　2017年我国空间基尼系数

行业名称	空间基尼系数	行业名称	空间基尼系数
农林牧渔业	0.1274	文化、体育和娱乐业	0.0010
采矿业	0.0620	电力、燃气及水的生产和供应业	0.0076
信息传输、计算机服务和软件业	0.0275	房地产业	0.0074

续表6.3

行业名称	空间基尼系数	行业名称	空间基尼系数
租赁和商务服务业	0.0251	公共管理和社会组织	0.0073
科学研究、技术服务和地质勘查业	0.0202	批发和零售业	0.0070
交通运输、仓储及邮电通信业	0.0200	水利、环境和公共设施管理业	0.0059
居民服务和其他服务业	0.0185	金融业	0.0053
建筑业	0.0141	教育业	0.0046
住宿和餐饮业	0.0123	卫生、社会保障和社会福利业	0.0038
制造业	0.0116		

表6.3反映了2017年我国各行的产业聚集度。由表6.2可知，2017年全国的平均基尼系数为0.0192。从大到小排列，低于均值的企业大多来自服务业，这与日益发达的互联网科技相关。互联网使得一些服务业不受时空的限制，因此，产业聚集度较低，如表6.3中的金融业和教育业。而高于均值的一些企业集中在一些与地理或资源密不可分的行业，如采矿业、交通运输、仓储及邮电通信业。农林牧渔业是产业集中度最高的产业，是第二名的2倍多。空间基尼系数从0.1274到0.0038，最高的是最低的6倍左右，差距很大，说明由于行业性质差异明显，各行业的产业集中度有着明显差异。从表6.3中可得，制造业的空间基尼系数为0.0116，基本处于中位数水平。那么制造业中不同行业之间的地理聚集度是否存在显著性差异呢，表6.4给出了结果。

表6.4　2007年我国制造业空间基尼系数（2位行业代码）

行业代码	行业名称	空间基尼系数	行业代码	行业名称	空间基尼系数
7	石油和天然气开采业	0.1093	33	金属制品业	0.0223

续表6.4

行业代码	行业名称	空间基尼系数	行业代码	行业名称	空间基尼系数
25	石油加工、炼焦和核燃料加工业	0.1026	15	酒、饮料和精制茶制造业	0.0206
40	仪器仪表制造业	0.1014	35	专用设备制造业	0.0196
8	黑色金属矿采选业	0.0970	37	铁路、船舶、航空航天和其他运输设备制造业	0.0173
16	烟草制造业	0.0928	46	水的生产和供应	0.0166
24	文教、工美、体育和娱乐用品制造业	0.0838	27	医药制造业	0.0155
6	煤炭开采和洗选业	0.0811	26	化学原料和化学制品制造业	0.0152
19	皮革、毛皮、羽毛及其制品和制鞋业	0.0714	29	橡胶和塑料制品业	0.0148
28	化学纤维制造业	0.0600	20	木材加工和木、竹、藤、棕、草制品业	0.0142
9	有色金属矿采选业	0.0540	31	黑色金属冶炼和压延加工业	0.0115
13	农副食品加工业	0.0508	22	造纸和纸制品业	0.0062
32	有色金属冶炼和压延加工业	0.0458	36	汽车制造业	0.0047
39	计算机、通信和其他电子设备制造业	0.0447	10	非金属矿采选业	0.0249
42	废弃资源综合利用业	0.0447	18	纺织服装、服饰业	0.0242
21	家具制造业	0.0377	34	通用设备制造业	0.0236
30	非金属矿物制品业	0.0343	23	印刷和记录媒介复制业	0.0235
41	其他制造业	0.0331	17	纺织业	0.0230
45	燃气生产和供应业	0.0325	14	食品制造业	0.0226
44	电力、热力生产和供应业	0.0310			

表 6.4 体现的是 2007 年用空间基尼系数表示的我国制造业行业聚集程度，总体而言，2007 年的空间基尼系数反映出的产业聚集程度并不高。其中，石油和天然气开采业的聚集程度最高，其基尼系数为 0.1093。其余产业聚集度排在前十的行业为石油加工、炼焦和核燃料加工业，仪器仪表制造业，黑色金属矿采选业，烟草制造业，文教、工美、体育和娱乐用品制造业，煤炭开采和洗选业，皮革、毛皮、羽毛及其制品和制鞋业，化学纤维制造业，有色金属矿采选业。可以看出，在制造业之中，行业差异也是普遍存在的，最高的空间基尼系数是最低的 23 倍左右，与全产业结果类似，与地理和自然资源越相关的行业，其集聚程度越高，地区差异越大。

（二）EG 指数（Ellison-Glaeser）

EG 指数弥补了基尼系数忽略企业规模的缺陷，即在极端情况下，当一个行业只有一家企业时，空间基尼系数会相当高，而实际上没有发生产业集聚。EG 指数计算的思想为随机集聚，即行业由少数大型企业构成，这些大型企业集中在某个地区，从而导致产业聚集：

$$\gamma_i = \frac{G_i - [1 - \sum_r (x_r)^2] H_i}{[1 - \sum_r (x_r)^2](1 - H_i)} \qquad (2)$$

其中，H_i 为行业 i 的赫芬达尔（Herfindahl）指数，反映行业 i 的竞争程度或企业规模的分布情况（见表 6.5）：

$$H_i = \sum_f (z_i^f)^2 \qquad (3)$$

x_r 和 G_i 的含义与式（1）相同

表 6.5　赫芬达尔（Herfindahl）指数所用指标

符号	含义	来源数据库	来源数据库中指标
z_i^f	行业 i 中企业 f 的就业人数占行业 i 总就业人数的份额	中国工业企业数据库	企业所属的国民经济行业分类（四位数）
			企业的从业人员数量（或工业总产值）

当一个行业的企业数量趋近于无穷大时,即行业充分竞争,则行业 i 的赫芬达尔系数趋近于 0,此时 $\gamma_i = \dfrac{G_i}{[1 - \sum_r (x_r)^2]}$。因此,$H_i$ 越小,行业竞争越充分,企业的规模分布越均匀。反之,H_i 越大,则行业 i 垄断程度越高,企业的规模分布越不均匀。用以下两种方式改写式(2):

$$\gamma_i = \frac{G_i - [1 - \sum_r (x_r)^2] H_i}{[1 - \sum_r (x_r)^2](1 - H_i)} = \frac{G_i}{[1 - \sum_r (x_r)^2](1 - H_i)} - \frac{H_i}{(H_i)}$$

(2′)

当行业范围给定时,则地区划分越细(如从省到县),求出的行业 γ 指数就会越小。因为地区范围划分越细,则地区就业占全国的份额(x_r)越小,从而地区就业份额平方的加总值($\sum_r (x_r)^2$)就越小。

$$\gamma_i = \frac{G_i - [1 - \sum_r (x_r)^2] H_i}{[1 - \sum_r (x_r)^2](1 - H_i)} = 1 + \frac{G_i - [1 - \sum_r (x_r)^2] H_i}{[1 - \sum_r (x_r)^2](1 - H_i)} (2'')$$

当地区范围给定时,则行业划分越细,求出的 γ 指数就会越大。因为行业范围划分越细,则企业就业占相应行业的份额 z_i^f 就越大,从而企业就业份额平方的加总值 $[H_i = \sum_f (z_i^f)^2]$ 也越大。

$\gamma_i < 0.20$、$0.02 \leqslant \gamma_i \leqslant 0.05$、$\gamma_i > 0.05$ 分别表示低、中、高三种集聚水平。①

与表 6.2 相似,表 6.6 展现了用 EG 指数表现的我国制造业 1999—2007 年的平均产业聚集程度,数据来源为中国工业企业数据库。更直观的变化趋势图如图 6.2 所示。

---

① 参见邱灵、方创琳《北京市生产性服务业空间集聚综合测度》,载《地理研究》2013 年第 32 卷第 1 期,第 99 - 110 页。

表 6.6　用 EG 指数表现的中国制造业产业聚集程度：1999—2007 年

年份	1999	2000	2001	2002	2003	2004	2005	2006	2007
4 位行业	0.0410	0.0498	0.0459	0.0616	0.0637	0.0599	0.0739	0.0764	0.0764
2 位行业	0.0670	0.0783	0.0691	0.0593	0.0850	0.0807	0.0761	0.0938	0.0844

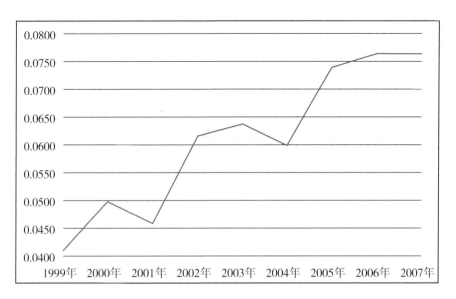

图 6.2　中国制造业产业聚集度的 EG 指数

图 6.2 中 EG 指数表示的产业集聚程度在 8 年间整体上有大幅增长，比空间基尼系数的上升幅度要明显很多，相同的是，两者都符合国际产业集聚发展规律。并且 4 位行业和 2 位行业的 EG 指数趋势一致，且都有大幅上升。2 位行业的密集程度要略高于 4 位行业，这一点很直观，因为 2 位行业比 4 位行业更加笼统，包含企业更多，集聚程度也就越大。

由于空间基尼系数只包含了地区和行业，并没有考虑到企业规模的影响。因此，当某地区存在大规模企业时，会导致该行业在该地区的空间基尼系数较大。因此，基尼系数高并不一定是由于产业空间聚集程度高，因此 EG 系数加入了企业因素，更加准确地度量地区的产业聚集程度。

从 EG 指数角度看，2007 年我国产业聚集程度有较大幅度的下降。

2007年石油加工、炼焦和核燃料加工业行业 EG 指数最高，为 0.2794，而 2006 年 EG 指数最高值出现在金属制品业，为 0.6356。虽然 2006 年 EG 指数第二高的石油加工、炼焦和核燃料加工业的 EG 指数为 0.3183，与金属制品业差距较大，但仍然高出 2007 年许多。因此，从基尼系数角度看，2007 年我国的产业聚集趋势减弱。2006 年和 2007 年 EG 指数排名前十的有五类行业重合，分别是文教、工美、体育和娱乐用品制造业、石油加工、炼焦和核燃料加工业、化学纤维制造业、金属制品业和其他制造业。（见表6.7～表6.8）

表6.7　2007年我国制造业 EG 指数（2位行业代码）

行业代码	行业名称	EG 指数	行业代码	行业名称	EG 指数
25	石油加工、炼焦和核燃料加工业	0.2973	34	通用设备制造业	0.0413
41	其他制造业	0.2799	32	有色金属冶炼和压延加工业	0.0401
17	纺织业	0.2603	7	石油和天然气开采业	0.0396
42	废弃资源综合利用业	0.2478	20	木材加工和木、竹、藤、棕、草制品业	0.0396
24	文教、工美、体育和娱乐用品制造业	0.2392	27	医药制造业	0.0357
33	金属制品业	0.1764	23	印刷和记录媒介复制业	0.0311
19	皮革、毛皮、羽毛及其制品和制鞋业	0.1205	18	纺织服装、服饰业	0.0266
28	化学纤维制造业	0.1205	15	酒、饮料和精制茶制造业	0.0248
21	家具制造业	0.1150	30	非金属矿物制品业	0.0236
9	有色金属矿采选业	0.1068	45	燃气生产和供应业	0.0233
8	黑色金属矿采选业	0.1060	35	专用设备制造业	0.0220

续表6.7

行业代码	行业名称	EG指数	行业代码	行业名称	EG指数
13	农副食品加工业	0.0754	16	烟草制造业	0.0216
29	橡胶和塑料制品业	0.0748	37	铁路、船舶、航空航天和其他运输设备制造业	0.0168
26	化学原料和化学制品制造业	0.0684	46	水的生产和供应业	0.0148
36	汽车制造业	0.0666	22	造纸和纸制品业	0.0142
6	煤炭开采和洗选业	0.0656	10	非金属矿采选业	0.0137
44	电力、热力生产和供应业	0.0618	31	黑色金属冶炼和压延加工业	0.0514
14	食品制造业	0.0601	40	仪器仪表制造业	0.0427
39	计算机、通信和其他电子设备制造业	0.0576			

表6.8　2006年我国制造业 EG 指数（2 位行业代码）

行业代码	行业名称	EG指数	行业代码	行业名称	EG指数
33	金属制品业	0.6356	44	电力、热力生产和供应业	0.0608
25	石油加工、炼焦和核燃料加工业	0.3183	20	木材加工和木、竹、藤、棕、草制品业	0.0583
14	食品制造业	0.2102	21	家具制造业	0.0535
24	文教、工美、体育和娱乐用品制造业	0.2086	17	纺织业	0.0488
32	有色金属冶炼和压延加工业	0.1454	34	通用设备制造业	0.0424
41	其他制造业	0.1394	27	医药制造业	0.0391

续表6.8

行业代码	行业名称	EG指数	行业代码	行业名称	EG指数
7	石油和天然气开采业	0.1320	35	专用设备制造业	0.0337
28	化学纤维制造业	0.1259	18	纺织服装、服饰业	0.0286
8	黑色金属矿采选业	0.1239	45	燃气生产和供应业	0.0260
19	皮革、毛皮、羽毛及其制品和制鞋业	0.1205	29	橡胶和塑料制品业	0.0256
9	有色金属矿采选业	0.1042	39	计算机、通信和其他电子设备制造业	0.0242
42	废弃资源综合利用业	0.0939	37	铁路、船舶、航空航天和其他运输设备制造业	0.0231
26	化学原料和化学制品制造业	0.0931	36	汽车制造业	0.0224
6	煤炭开采和洗选业	0.0911	23	印刷和记录媒介复制业	0.0188
30	非金属矿物制品业	0.0782	46	水的生产和供应业	0.0185
31	黑色金属冶炼和压延加工业	0.0776	16	烟草制造业	0.0175
13	农副食品加工业	0.0748	10	非金属矿采选业	0.0152
15	酒、饮料和精制茶制造业	0.0670	22	造纸和纸制品业	0.0142
40	仪器仪表制造业	0.0618			

2007年和2006年我国排名前十的4位行业空间基尼系数相差不大，其中有6类行业是重合的，分别是铝矿采选业、镁矿采选业、核燃料加工业、镍钴冶炼业、农林牧渔专用仪器仪表制造业、核力发电业。整体而言，2007年的四位行业的产业聚集程度更高，排名第一的核燃料加工的空间基尼系数达到了0.9225，而排名第十的锑冶炼行业的空间基尼系数也达到了0.5147。2006年排名燃料加工行业的空间基尼指数为0.7100，

最集中的产业是其他水的处理、利用与分配行业,其空间基尼系数为0.8686。2006 年产业聚集度排名第十的行业是固体饮料制造业的空间基尼系数值为0.3742。(见表6.9~表6.10)

表6.9 2007 年我国前十名制造业空间基尼系数(4 位行业代码)

行业代码	行业名称	空间基尼系数	行业代码	行业名称	空间基尼系数
2530	核燃料加工	0.9225	4124	农林牧渔专用仪器仪表制造	0.6644
917	镁矿采选	0.8585	3953	影视录放设备制造	0.5757
4413	核力发电	0.7935	4012	电工仪器仪表制造	0.5664
4240	核辐射加工	0.7679	3313	镍钴冶炼	0.5546
916	铝矿采选	0.6709	3315	锑冶炼	0.5147

表6.10 2006 年我国前十名制造业空间基尼系数(4 位行业代码)

行业代码	行业名称	空间基尼系数	行业代码	行业名称	空间基尼系数
4690	其他水的处理、利用与分配	0.8686	916	铝矿采选	0.4737
2530	核燃料加工	0.7100	4124	农林牧渔专用仪器仪表制造	0.4142
917	镁矿采选	0.7720	3314	锡冶炼	0.4031
1093	宝石、玉石开采	0.5465	3313	镍钴冶炼	0.3864
4413	核力发电	0.8262	1535	固体饮料制造	0.3742

2007 年空间基尼系数和 EG 指数同时排在前十名的 4 位数行业有铝矿采选业、镁矿采选、锑冶炼业、影视录放设备制造业、电工仪器仪表制造业和核力发电业共6 个行业,如表6.11 所示。

表6.11 2007年我国前十名制造业 *EG* 指数（4位行业代码）

行业名称	*EG* 指数	空间基尼系数	行业名称	*EG* 指数	空间基尼系数
镁矿采选	0.9256	0.9256	锑冶炼	0.4484	0.4484
核力发电	0.7084	0.7084	金属切割及焊接设备制造	0.4357	0.4357
铝矿采选	0.6778	0.6778	电工仪器仪表制造	0.4270	0.4270
影视录放设备制造	0.6068	0.6068	手工具制造	0.4131	0.4131
家用音响设备制造	0.4923	0.4923	锡矿采选	0.4060	0.4060

相较2位行业代码，4位行业代码的基尼系数和 *EG* 指数都有大幅提高，即四位行业的产业密集度更高。从 *EG* 指数角度看，2006年和2007年我国产业密集程度变化不大。2007年排名前十位的 *EG* 指数范围是从0.4060到0.9256，而2006年是从0.3993到0.9369，两年中 *EG* 指数都处于前十的行业多达7个，分别是锡矿采选业、铝矿采选业、镁矿采选业、金属切割及焊接设备制造业、影视录放设备制造业、家用音响设备制造业和核力发电业，如表6.12所示。

表6.12 2006年我国前十名制造业 *EG* 指数（4位行业代码）

行业代码	行业名称	*EG* 指数	行业代码	行业名称	*EG* 指数
917	镁矿采选	0.9369	3953	影视录放设备制造	0.4915
916	铝矿采选	0.7328	3317	镁冶炼	0.4218
4413	核力发电	0.6790	914	锡矿采选	0.4127
4072	家用音响设备制造	0.5819	4218	珠宝首饰及有关物品的制造	0.4077
1093	宝石、玉石开采	0.5595	3424	影视录放设备制造	0.3993

二、产业集聚程度的决定因素

对产业集聚程度的决定因素的理论研究由来已久,最早从亚当·斯密(1776)的劳动分工理论中便可见其源头。产业集聚决定理论发展到现在主要有三类主流的分析框架,以下进行详细阐述。

(一)新古典经济学分析框架

Marshall(1920)提出三类影响产业集聚的机制:知识溢出效应(knowledge spillover)、劳动力市场发育(labor pooling)和投入共享(input sharing)。这里重点阐述知识溢出效应。由于地理上接近,可以方便企业进行技术交流和传播扩散。知识在某一范围内的普及相当于形成了一个无形的屏障,在屏障内的行业知识共享,可以培养技术性更强的劳动力,也就促进了劳动力市场发育。劳动力水平的不断提高带来了行业生产效率的提高,进一步促进了产业集聚。当产业集聚规模发展到一定程度,在产业集聚范围内的基础设施、服务行业等配套企业也都发展完善,此时产业集聚区内的行业可以共用这些配套设施,从而巩固并进一步促进了产业集聚。

(二)H-O 理论分析框架

国际经济学中经典的 H-O 理论强调要素禀赋的决定性作用,从 H-O 理论出发,结合经济地理学理论,产业集聚取决于地区的资源禀赋,主要是自然要素条件(Henderson,1988)。产业集聚的原发动力是自然条件,比如珠三角地区的产业集聚最初是由其港口优势带来的。这种要素禀赋在 H-O 理论框架下可称为地理区位优势。

(三)新经济地理学分析框架

新经济地理学的开创者 Krugman(1991)从其理论框架出发,也提出了一种产业集聚的解释。该解释基于三个核心假设,一是规模报酬递增,二是运输成本存在于制造业产品跨地区销售中,三是不完全竞争。Krugman 认为,规模报酬递增只在某些地区或区域中才会出现,即在产业聚集地区,生产量大,平均成本相对较低,从而该集聚地区的产业获得了成本上的竞争优势,促进产业进一步集聚,从而进入良性循环。

在这三个分析框架之外,还有理论从制度因素进行影响因素的分析,如贸易壁垒、地方保护主义、政治稳定程度等。

三、产业集聚对经济发展的影响

自 Baldwin 和 Forslid 于 2000 年构建理论模型,产业集聚与经济增长这一研究问题受到了广泛关注。Baldwin 和 Forslid 证明了产业集聚会促进经济增长。Ottaviano 和 Martin 结合 Krugman 的新经济地理学和内生经济增长理论,阐述了产业集聚推动经济增长的内在机制,即通过降低生产平均成本获得企业竞争优势,促进全行业发展。这种发展又进一步促进了产业集聚。产业集聚还通过很多其他渠道影响经济发展,下面将一一进行分析。

(一)产业集聚与全要素生产率

从上文对产业集聚决定因素的新古典经济学分析框架分析可得出产业集聚有利于知识和技术的溢出,从而产生技术外部性,进一步提高劳动率,带来整个行业生产率的提高。

(二)产业集聚与工业空间演化

产业集聚是工业空间演化的一种表现形式,当产业不再呈均匀分布,则产业集聚形成。上文已经分析过,根据新经济地理学理论框架,产业集聚来源于内生性优势,导致了地区间的专业分工,从而开始了工业演化。工业空间演化可分为地区间工业的空间演化、城乡间工业的空间演化。就前者而言，我国工业演化呈现地区异质性，表现为东部地区产业集聚水平呈逐渐升高趋势，东北部地区逐渐下降，中西部地区趋势不明显（刘军、徐康宁，2008）。而后者，即城乡间工业的空间演化表现为劳动力生产要素从农村转移到城镇。其结果有二，一是城市工业更加集中，二是出现更多工业行业集聚的集镇。在我国，第二种情况居多。

（三）产业集聚与企业创新

产业集聚对企业创新的影响主要通过三个机制实现：一是规模效应，对应 Krugman 提出的新经济地理学框架，产业集聚带来的高需求会降低企业的平均成本，给予企业进行创新活动的资金。二是学习效应，由于产业集聚有利于知识和技术溢出，因此企业可以通过"干中学"提高自身的创新研发水平。三是竞争效应，即企业为了在竞争中存活并保住自己的市场份额，会有动力进行创新。

第二节 粤港澳大湾区的产业一体化

一、区域产业一体化理论

该部分从理论沿革的角度介绍不同的区域产业一体化理论。

（一）早期区域产业布局理论

学者们根据三次产业不同的发展特点，分别提出了不同的区域产业布局理论。

最早提出以农业为代表的第一产业的区域产业布局理论的是 Thunnen（1826），代表作为《孤立国同农业和国民经济之关系》。Thunnen 认为，农业的生产布局会呈现出同心圆的分布，即著名的"杜能环"，因为在孤立国的条件下,农业生产方式是按照地域对农作物进行配置的。该理论对农业区位理论产生了非常深远的影响。当然,该理论也有其局限性,当现代交通方式进入之后,农业可能就不会按照同心圆进行布局。

以工业为代表的第二产业方面,Weber(1909)在其《工业区位论》一书中提出了工业发展的区位理论。该理论建立在对工业成本的分析基础上,具体又可分为三类,从工业布局运费、劳动力成本和综合运费的角度出发的三种工业布局指向理论。

第三产业发展的布局理论是由 Christaller(1933)在其《德国南部的中心地原理》一书中提出。该理论有效地解释了第三产业发展的区位布局,提出的市场、交通和行政三原则的系统空间模型,能够较好地解释不同级别的中心地现象。

(二)区域分工协作发展理论

区域分工协作发展理论是区域产业一体化理论中的核心理论,该理论最早用于解释国际贸易的产生,后来被引入分析产业发展的空间布局。

Smith(1766)在其著作《国富论》中提出国际贸易的分工理论,即认为各个国家应该生产其具有绝对优势的产品,并且参与国际市场从而达到资源利用效率的最大化。进一步,Ricardo(1817)在其《政治经济学及税赋原理》一书中提出了国际贸易的"比较优势理论",即认为各国应该生产其具有比较优势而非绝对优势的产品,并参与国际市场。

Heckscher(1919)则从要素禀赋的角度对国际贸易的产生进行解释。他认为,一国或地区进行贸易分工时,应该进口本国或本地区相对比较稀缺的生产要素生产的产品,出口本国或本地区相对比较丰裕的生产要素生产的产品。

日本国际贸易理论学家小岛清在其代表作《对外贸易论》中也做了相关阐述。该书认为,在发展水平相仿的国家或地区之间通过大规模的协议进行生产以达到利益最大化,即以区域间协议为基础,通过国家间专业化分工,降低生产成本,实现利益最大化的最终目标。

(三) 区域产业集群发展理论

Porter（1990）在其《国家竞争优势》一书中首次提出产业集聚时实现区域产业一体化的重要条件。如前文所述,产业集聚理论是新经济地理学的研究前沿,这里对产业集聚理论不再详述。产业集聚与区域产业一体化的关系体现在,产业集聚通过在资源整合可以形成区域发展优势,从而可以促进产业一体化以实现提升区域内整体竞争力的目的。

(四) 落后区域产业发展布局理论

落后区域产业发展布局理论的提出源于"二战"之后,许多发展中国家经济开始复苏,发展中国家如何实现增长成为广泛关注的话题。该理论主要包括增长极理论、核心-边缘理论和点轴理论等。

1950 年,Perroux 最早提出增长极理论。增长级这一概念是参考了物理学中的立场知识,将处于支配效应的经济空间类比力场,那么增长级就是这个力场中的推进性单元。经济增长普遍遵循从一个或数个"增长中心"逐步扩散传导向其他部门或地区的模式。增长极理论为不平衡发展理论奠定了基础,是西方区域经济方向的基石。也就是说,未来实现经济增长,应选择特定的地理空间作为增长极。

区域经济发展的核心-边缘理论于 1966 年在 Friedmann 的《区域发展政策》一书中被正式提出。该理论认为区域发展的源泉是创新,而创新往往是从一个区域核心向外围进行扩散,核心区域具有变革能力较强的创新组织,外围则是依附在核心区的服务部门。区域经济一体化发展可以促进区域内核心地区与外围地区形成相互依赖的关系,而区域内部差异还是存在的。

国内对产业一体化研究很多借鉴自陆大道（1984）提出的区域发展的"点-轴系统"理论。该理论提出了"点-轴系统"模式和"点-轴渐进式扩散"。在区域内,主要经济发展轴线出现在各项条件良好的交通基础设施沿线，周边经济首先发展出轴线的主轴，然后在此基础上拓展出支线和次轴，以此带动轴线上整片区域的经济发展。

二、粤港澳大湾区产业一体化现状

粤港澳大湾区是指由香港、澳门两个特别行政区和广东省的广州、深圳、珠海、佛山、中山、东莞、肇庆、江门、惠州等九市组成的城市群，肩负着建设我国世界级城市群的重任。粤港澳大湾区产业结构较好，尤其是电子信息产业非常发达，拥有华为、腾讯等科技公司，同时装备制造业也不容小觑，如格力总部便设在珠海海滨。但要达到世界级水平，与世界另三个大湾区相比，粤港澳大湾区还要继续进行产业升级。

从时间趋势看，1999—2007年，表6.13中的产业的员工比例都呈下降趋势，与空间基尼系数的变化方向是一致的。横向对比来看，在全国和广东省产业密集度都较高的产业有文教、工美、体育和娱乐用品制造业，皮革、毛皮、仪器仪表制造业和羽毛及其制品和制鞋业。值得注意的是，广东省的仪器仪表制造业的空间基尼系数非常高，从1999年的0.2456到2007年的0.4198，最低值都比有些行业的最高值高。这一点证明了广东省在仪器制造业的优势，在建设珠三角的区位优势时，要结合高新技术打造高端装备仪器制造，进一步扩大优势。

表6.14很清晰地表明了随时间发展，行业人员占比提高，产业集聚程度提高。同时，与表6.13类似，文教、工美、体育和娱乐用品制造业行业的员工占比最高，达到41.72%，说明广东省在文化方面的支出与投入不遗余力，这一点为其充足的高等人力资源蓄力，保证其未来发展的可持续性；其次是纺织业，员工占比为20.18%，此外还有皮革、毛皮、羽毛及其制品和制鞋业在国内和广东省的产业集聚程度都较高，在广东省的行业员工占比达到了全国的24.06%。

第六章 21世纪海上丝绸之路产业发展：集聚视角

表 6.13 广东省高密集度行业占全行业员工比例（空间基尼系数）

2 位行业代码	行业名称	1999 年	2000 年	2001 年	2002 年	2003 年	2004 年	2005 年	2006 年	2007 年
16	烟草制造业	0.0492	0.0549	0.0402	0.0399	0.0463	0.0366	0.0480	0.0011	0.0079
19	皮革、毛皮、羽毛及其制品和制鞋业	0.2406	0.2697	0.3076	0.2854	0.2641	0.2728	0.2763	0.3041	0.2687
24	文教、工美、体育和娱乐用品制造业	0.4172	0.3721	0.3803	0.3785	0.3670	0.4127	0.3962	0.4195	0.4119
25	石油加工、炼焦和核燃料加工业	0.0676	0.1037	0.0733	0.0435	0.0249	0.0291	0.0402	0.0471	0.0450
40	仪器仪表制造业	0.2456	0.2886	0.3148	0.3432	0.3388	0.4367	0.4376	0.4575	0.4198
42	废弃资源综合利用业	0.1529	0.1820	0.1827	0.1752	0.1886	0.1994	0.2081	0.2291	0.2099
6	煤炭开采和洗选业	0.0057	0.0043	0.0013	0.0009	0.0007	0.0010	0.0008	—	—
7	石油和天然气开采业	0.0020	0.0025	—	0.0004	—	0.0007	0.0002	0.0014	0.0009
8	黑色金属矿采选业	0.0424	0.0286	0.0335	0.0353	0.0281	0.0231	0.0196	0.0176	0.0225
9	有色金属矿采选业	0.0239	0.0217	0.0206	0.0207	0.0150	0.0117	0.0155	0.0317	0.0311

表 6.14 广东省高密度集度行业占全行业员工比例（EG 指数）

2 位行业代码	行业名称	1999 年	2000 年	2001 年	2002 年	2003 年	2004 年	2005 年	2006 年	2007 年
33	金属制品业	0.0357	0.0702	0.0442	0.0272	0.0391	0.0098	0.0300	0.0386	0.0663
14	食品制造业	0.0497	0.0508	0.0911	0.1324	0.0534	0.0339	0.0056	0.0435	0.0787
39	计算机、通信和其他电子设备制造业	0.0497	0.0739	0.1955	0.0143	0.0130	0.1697	0.0085	0.0150	0.3256
9	有色金属矿采选业	0.0239	0.0217	0.0206	0.0207	0.0150	0.0117	0.0155	0.0317	0.0311
24	文教、工美、体育和娱乐用品制造业	0.4172	0.3721	0.3803	0.3785	0.3670	0.4127	0.3962	0.4195	0.4119
18	纺织服装、服饰业	0.0771	0.1560	0.2168	0.1761	0.2277	0.1064	0.0208	0.1980	0.1845
17	纺织业	0.2018	0.1405	0.0323	0.0521	0.2095	0.1608	0.2065	0.1935	0.2026
37	铁路、船舶、航空航天和其他运输设备制造业	0.0647	0.0657	0.0863	0.0008	0.0518	0.0870	0.0175	0.0337	0.0235
8	黑色金属矿采选业	0.0424	0.0286	0.0335	0.0353	0.0281	0.0231	0.0196	0.0176	0.0225
19	皮革、毛皮、羽毛及其制品和制鞋业	0.2406	0.2697	0.3076	0.2854	0.2641	0.2728	0.2763	0.3041	0.2687

虽然珠三角产业结构起步好，但是问题也很突出，即珠三角产业集群呈大集群小企业的现象。如果产业集聚多以小公司为主，将很难在国际竞争中占有一席之地。目前，珠三角的"龙头"企业正在逐渐成长，想要更快发展，必须先解决成因，比如科研力量不足、产业链尚不完善以及融资困难等传统难题和新问题。鉴于此，珠三角地区可以引进更多研发机构或科研人才，扶持骨干民营企业以完善产业链并提供适当的资金支持，让这块宝地发光发亮。

粤港澳大湾区的内地九市和港澳两地在产业结构上存在明显差异。表现在内地城市的地区生产总值中第二产业占比较高，如图6.3所示，2017年广东省第二产业产值占地区生产总值比重达42.4%，当然第三产业比重近年表现快速增长态势，2017年占比达53.6%。港澳两地则是以服务业为主的第三产业为主导，如图6.4和图6.5所示，香港服务业产值占地区生产总值比重一直维持在90%左右，而澳门第三次产业增加值占地区生产总值比重维持在90%以上。港澳产业结构单一是两地产业发展面临最大的问题，但正是由于这种产业结构的梯度差异，为大湾区内产业转移提供了可能，而产业转移是实现产业结构优化升级和大湾区产业一体化的重要途径。

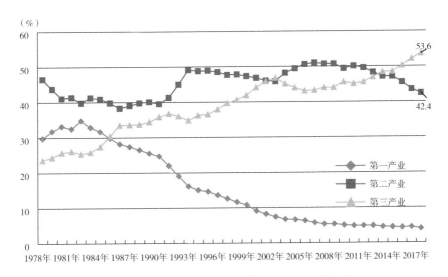

图6.3　广东省三次产业分别占地区生产总值比例

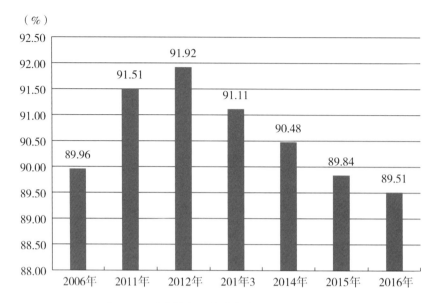

图6.4 香港服务业产值占地区生产总值比例

数据来源:香港特别行政区政府统计处。

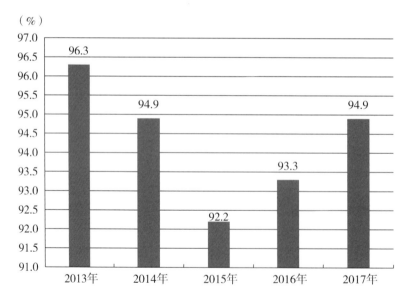

图6.5 澳门第三产业增加值占地区生产总值比例

数据来源:澳门特别行政区统计暨普查局。

由于内地城市和港澳两地产业结构存在的差异以及数据可能性,接下来对大湾区内地九市的制造业细分行业和港澳两地服务业细分行业进行具体分析。中国内地的制造业细分行业如表 6.15 所示,香港和澳门的服务业和第三产业细分行业如表 6.16 所示。

表 6.15 中国内地制造业二位码细分行业

代码	名　　称	代码	名　　称
13	农副食品加工业	29	橡胶和塑料制品业
14	食品制造业	30	非金属矿物制品业
15	酒、饮料和精制茶制造业	31	黑色金属冶炼和压延加工业
16	烟草制品业	32	有色金属冶炼和压延加工业
17	纺织业	33	金属制品业
18	纺织服装、服饰业	34	通用设备制造业
19	皮革、毛皮、羽毛及其制品和制鞋业	35	专用设备制造业
20	木材加工及木、竹、藤、棕、草制品业	36	汽车制造业
21	家具制造业	37	铁路、船舶、航空航天和其他运输设备制造业
22	造纸及纸制品业	38	电气机械及器材制造业
23	印刷和记录媒介复制业	39	计算机、通信和其他电子设备制造业
24	文教、工美、体育和娱乐用品制造业	40	仪器仪表制造业
25	石油加工、炼焦和核燃料加工业	41	其他制造业
26	化学原料及化学制品制造业	42	废弃资源综合利用业
27	医药制造业	43	金属制品、机械和设备修理业
28	化学纤维制造业		

参考资料:中华人民共和国国家标准国民经济行业分类(2017)。

表 6.16 香港服务业和澳门第三产业二位码细分行业

代码	名　　称	代码	名　　称
5	服务业	2	第三产业

续表 6.16

代码	名称	代码	名称
5.1	进出口贸易、批发及零售	2.1	批发及零售业
5.2	住宿及膳食服务	2.2	酒店业
5.3	运输、仓库、邮政及速运服务	2.3	饮食业
5.4	资讯及通信	2.4	运输、仓储及通信业
5.5	金融及保险	2.5	银行业
5.6	地产、专业及商用服务	2.6	保险及退休基金
5.7	公共行政、社会及个人服务	2.7	不动产业务
5.8	楼宇业权	2.8	租赁及工商服务业
		2.9	公共行政
		2.10	教育
		2.11	医疗卫生及社会福利
		2.12	博彩及博彩中介业
		2.13	其他团体社会及个人服务及雇佣的家庭

进一步，使用区位熵识别大湾区各城市主导专业化部门，使用 Krugman 区域分工指数以衡量大湾区各城市间区域分工程度。

一般而言，区位熵≥2，即认定该行业为该地区主导专业化部门。由表 6.17 可见，大湾区内地九市间既有相同又有差异的主导专业化部门。如，广州的主导产业是烟草制造业（16）和汽车制造业（36），而佛山的主导产业是纺织业（17）和有色金属冶炼和压延加工业（32）。与此同时，食品制造业（14）既是中山又是江门的主导产业，金属制品业（33）既是江门又是肇庆的主导产业。可以看到，虽然大湾区内地九市间制造业主导产业有所交叉，但交叉程度不高，表明目前大湾区内地九市间制造业产业一体化程度还有进一步提升的空间。

表6.17 大湾区内地九市制造业细分行业2015—2017年平均区位熵

代码	广州	深圳	佛山	中山	江门	惠州	东莞	珠海	肇庆
13	0.77	0.45	0.95	0.53	2.28	0.69	1.52	1.12	0.79
14	1.07	0.15	1.05	2.01	3.59	0.21	0.60	0.98	0.70
15	1.03	0.67	1.47	1.44	0.84	0.84	0.75	0.51	1.06
16	2.50	1.00	0.00	0.00	0.00	0.00	0.00	0.00	0.00
17	0.44	0.19	2.24	1.57	2.45	0.58	0.70	0.32	1.08
18	0.52	0.42	1.07	2.37	1.60	0.90	1.56	0.42	0.70
19	0.47	0.29	0.91	1.27	1.53	2.11	1.54	0.23	4.10
20	0.22	0.13	1.85	0.99	1.49	1.84	0.41	0.85	7.20
21	0.39	0.31	1.56	1.37	1.36	1.75	1.27	0.23	2.24
22	0.26	0.34	0.65	1.51	3.17	0.36	2.90	0.79	1.32
23	0.34	0.84	1.17	1.34	1.63	0.76	1.34	0.36	1.51
24	0.30	1.43	1.27	0.86	0.30	0.45	1.06	0.14	1.10
25	1.21	0.20	0.62	0.06	0.09	4.53	0.05	2.41	0.06
26	1.10	0.20	0.92	0.87	2.03	1.58	0.44	1.41	1.85
27	0.80	0.82	0.53	3.10	0.55	0.31	0.16	4.04	1.12
28	0.20	0.15	1.33	0.15	4.47	0.41	0.80	7.71	1.48
29	0.32	0.69	1.37	1.53	1.04	1.06	1.29	0.66	1.30
30	0.21	0.36	2.33	0.73	1.98	0.87	0.49	0.42	3.94
31	0.92	0.09	2.22	0.40	0.80	0.90	0.30	1.81	0.43
32	0.46	0.61	2.43	0.41	0.79	0.16	0.24	0.43	1.25
33	0.23	0.41	1.91	1.17	2.94	0.71	0.73	0.44	3.28
34	0.54	0.76	1.16	1.87	0.81	0.61	1.17	1.11	0.46
35	0.26	1.23	1.42	0.85	0.75	0.46	0.94	1.24	0.66
36	2.06	0.37	0.59	0.43	0.37	0.42	0.18	0.38	0.43
37	1.30	0.51	0.48	0.77	5.44	0.20	0.34	0.68	0.17
38	0.26	0.72	1.87	1.80	0.90	0.61	0.66	2.20	0.21

续表 6.17

代码	广州	深圳	佛山	中山	江门	惠州	东莞	珠海	肇庆
39	0.22	1.92	0.17	0.55	0.22	1.42	1.46	0.86	0.28
40	0.27	1.66	0.64	1.57	0.02	0.36	1.20	1.54	0.31
41	0.23	1.33	0.31	3.56	1.62	0.63	1.23	0.13	0.99
42	0.08	0.01	3.68	0.14	0.08	0.37	0.01	0.05	5.95
43	1.40	0.37	0.01	0.02	0.07	0.00	0.06	11.24	0.63

表 6.18 的结果表明，进出口贸易、批发及零售（5.1）是香港服务业中的主导产业，其次的是社会及个人服务（5.7）和金融及保险（5.5）。博彩及博彩中介业（2.12）是澳门第三产业中的主导产业。

表 6.18 香港服务业和澳门第三产业细分行业产值占总产值比重

香港服务业细分行业产值占服务业总产值比例（%）				澳门第三产业细分行业产值占第三产业总产值比例（%）			
代码	2014年	2015年	2016年	代码	2015年	2016年	2017年
5.1	26.02	24.50	23.57	2.1	6.06	5.68	5.93
5.2	3.85	3.63	3.57	2.2	4.15	4.37	4.52
5.3	6.74	6.97	6.72	2.3	1.91	1.98	1.83
5.4	3.81	3.75	3.78	2.4	2.98	3.03	2.80
5.5	17.91	19.03	19.25	2.5	5.71	5.91	5.71
5.6	11.72	11.73	11.94	2.6	1.08	1.48	1.13
5.7	18.60	18.91	19.58	2.7	10.82	11.36	11.15
5.8	11.35	11.49	11.60	2.8	4.43	4.41	4.67
				2.9	4.55	4.72	4.53
				2.10	1.94	2.08	1.96
				2.11	1.45	1.60	1.52
				2.12	52.08	50.51	51.75
				2.13	2.84	2.88	2.50

如果两地区产业结构相同，则区域分工指数为0，若完全不同则为2，

区域分工指数越大表示两地区产业结构差异度越高，区域分工程度越强。如表6.19所示，中山－广州、佛山－深圳、中山－深圳、江门－深圳、惠州－佛山、惠州－中山、珠海－江门、珠海－肇庆等8对城市的区域分工指数均超过1，表明这些城市之间呈现出较强的区域分工协作。但仍需注意到，更多的城市之间分工指数较低，意味着大湾区城市间存在较大的提升区域分工协作的空间。

表6.19 大湾区内地九市间2015—2017年平均区域分工指数

	广州	深圳	佛山	中山	江门	惠州	东莞	珠海	肇庆
广州	—	0.95	0.80	1.36	0.79	0.82	0.94	0.79	0.83
深圳	0.95	—	1.17	1.17	1.23	0.53	0.43	0.81	1.31
佛山	0.80	1.17	—	0.56	0.64	1.01	0.99	0.77	0.69
中山	1.36	1.17	0.56	—	1.11	1.22	0.70	0.60	0.93
江门	0.79	1.23	0.64	1.11	—	0.98	0.93	1.02	0.66
惠州	0.82	0.53	1.01	1.22	0.98	—	0.38	0.70	1.00
东莞	0.94	0.43	0.99	0.70	0.93	0.38	—	0.77	1.09
珠海	0.79	0.81	0.77	0.60	1.02	0.70	0.77	—	1.19

专栏6.1　粤港澳大湾区与人工智能产业集聚

人工智能作为新一轮产业变革的核心驱动力，正在深刻改变人类生产、生活方式。如今，全球各科技公司纷纷布局人工智能产业，抢占战略高地。粤港澳大湾区的建立，让香港、广州、深圳及周边城市群连成一片，给予人工智能等新科技更大的施展空间。

深圳在人工智能产业发展上有两点突出优势——腾讯及诸多创新企业和行业。人工智能一般分成三个层次：基础层、技术层和应用层，腾讯作为其中综合型的大公司，在三个层次上均有发展，这也带动了深圳在人工智能上的发展；在应用层，深圳也有一些公司和项目发展火热，比如无人机领域的大疆、自动驾驶领域的Pony. ai

以及机器人领域的优必选等。

广州在人工智能产业发展上的特点在于密集引入优质资源。如广药集团与科大讯飞正式签署了战略合作协议,探索建立我国"医药+智能"发展新模式,合力打造"智慧医疗"服务体系。IAB 计划明确提出到 2022 年,人工智能产业规模超过 1200 亿元。随着广州人工智能产业培育力度的加大,一批本土人工智能企业正在迅速崛起。图普科技已经成长为国内最大的独立图像识别云平台,在互联网、商业智能、泛安防等领域快速落地应用;亿航智能发布了全球首款全电力低空自动驾驶载人飞行器;小鹏汽车加速研发中国化的自动驾驶与智能网联,打造高颜值、高性价比、高智能进化的 AI 汽车等。

香港的诸多科研机构在人工智能研究方面于大湾区中首屈一指,比如香港中文大学宣布该校研究团队利用人工智能影像识别技术判读肺癌及乳腺癌的医学影像。其次是资源聚集的优势,香港能够吸引国际人才,吸引很多内地企业与香港合作。各有所长,互补短板,人工智能产业发展的集聚效应将使粤港澳大湾区更具竞争力。

资料来源:改编自《消费日报》(2018 - 10 - 29)"粤港澳大湾区发挥人工智能产业集聚效应"。

第三节 粤港澳服务贸易自由化

一直以来,服务业都是香港、澳门的经济指导力量,港澳服务贸易自由化既有先天优势又有后天政策支持,可谓如虎添翼。中山大学粤港澳发展研究院副院长毛艳华等(2019)的研究认为,在 CEPA 协议的推动和各方的不断努力下,内地服务业市场对港澳的开放程度在不断增强。本节依次从粤港澳服务贸易自由化的可行性与必要性、政策依据与粤港澳大湾区各主体在推进服务贸易自由化进程中的建议。

一、粤港澳服务贸易自由化的可行性与必要性

积极推进粤港澳服务贸易自由化既有理论可行性也有必要性。产业经济理论的研究表明，服务业要素的跨境流动通过促进产业链的深度融合，可显著提升粤港澳服务业产业链在全球的竞争地位。粤港澳三地在地理上接壤，且服务业质量结构互补性较强，若能不断有效地削弱服务贸易壁垒，实现服务业要素跨境自由流动，将从空间和要素两方面为三地服务业间的分工与协作创造无限的可能，这些也是粤港澳实现服务贸易自由化的独特优势。香港作为国际金融中心，金融业发展完善。澳门有进口香港优势服务业的便利，在基础上错位发展本地服务业，促进澳门经济发展多元化。相对港澳而言，粤港澳大湾区内广东九市金融发展则较为滞后，而推进粤港澳金融服务贸易自由化可以帮助实现三地金融产业内贸易快速发展。既可以使三地金融业要素自由流动，也可以促进三地金融业产业链上下游的全方位发展。

粤港澳服务贸易自由化的必要性在于三个方面。首先，服务贸易提供的保险、金融、运输等服务对国际贸易的发展有联动作用，在粤港澳大湾区国家战略的大背景下，服务贸易的增长必须实现与经济对外开放规模的并肩发展。其次，积极推进服务贸易自由化主要表现为服务贸易关税壁垒的大幅下降，根据比较优势理论认为关税的降低有助于区域内有优势的服务业的发展，进而对区域内经济增长和结构调整产生积极影响。最后，在服务业发展初期，广东与港澳相比在诸多领域（如金融、科技、运输、信息等）处于落后，因此政府通过行政干预限制港澳企业进入广东服务业市场，借此广东服务业避免了激烈竞争实现了规模的快速发展，但竞争度低导致的服务质量和效率提升困难成为广东服务业发展的瓶颈。粤港澳服务贸易自由化可有效降低三地间服务业进入门槛，多元化的服务业市场

竞争格局逐步实现。

综上所述,广东与港澳实现服务贸易自由化既可以巩固港澳在国际金融、贸易、航运、休闲旅游等服务业市场的中心地位,还能为广东服务业的发展注入新的活力,必将有益于三地经济的全面融合,最终实现三地经济的协同发展。

二、粤港澳服务贸易自由化面临的主要问题

在积极推进区域服务贸易自由化的进程中,国际上的通行做法是施行负面清单管理模式,我国于2015年3月正式实施粤港澳服务贸易自由化"负面清单"管理模式,这是实现服务贸易自由化的制度保障。中山大学粤港澳发展研究院张光南教授在《粤港澳服务贸易自由化——"负面清单"管理模式》一书中,指出了粤港澳服务贸易自由化"负面清单"编制的六个显著特点:高度开放、国际标准、中国实际、优势互补、逐步推进、底线思维。

张光南等(2016)以佛山市的服务贸易企业为样本,采用问卷调查的形式,总结了企业在参与粤港澳服务贸易自由化过程中面临的困难与挑战。首先,税收过高是企业参与服务贸易自由化的主要困难,企业普遍认为税制复杂、税率过高,而且"负面清单"并没有有效改善企业面临的税收问题。其次,企业关心的第二大问题是人才流动存在障碍,半数企业认为由于本地人才不足限制了其发展。最后,企业注册审批程序复杂,审批流程耗时耗力,这在很大程度上打击了企业参与粤港澳服务贸易自由化的热情。

三、粤港澳服务贸易自由化的政策依据：CEPA服务贸易协议

《粤港澳大湾区发展规划纲要》明确指出,"落实内地与香港、澳门CEPA服务贸易协议,进一步减少限制条件,不断提升内地与港澳服务贸

易自由化水平。有序推进制定与国际接轨的服务业标准化体系,促进粤港澳在与服务贸易相关的人才培养、资格互认、标准制定等方面加强合作"。2014 年,中央政府分别与香港、澳门特别行政区政府签订了《CEPA 关于内地在广东与港澳基本实现服务贸易自由化的协议》(《广东协议》)。

专栏 6.2　粤港澳大湾区与服务贸易自由化

2019 年 2 月 18 日,中共中央、国务院印发的《粤港澳大湾区发展规划纲要》,"从基础设施互联互通、投资便利化、贸易自由化、人员货物往来便利化、资格互认等要素便捷流动方面提出具体规划,以充分发挥粤港澳综合优势,深化内地与港澳合作,进一步提升粤港澳大湾区在国家经济发展和对外开放中的支撑和引领作用"。

"我国已是全球第二大服务贸易国,粤港澳大湾区在服务贸易合作方面大有可为,发挥港澳在财务、设计、法律及争议解决、管理咨询、项目策划、人才培训、海运服务、建筑及相关工程等方面国际化专业服务优势,扩展和优化国际服务网络,为企业提供咨询和信息支持。尤其是,随着'一带一路'建设的深入推进,香港和澳门可在共建国际化旅游区、投资贸易争端解决、制度开放等方面,更好地发挥国际化、法律、人才等优势,在更高层次参与国际经济合作和竞争。基础设施互联互通是促进要素高效便捷流动、推进大湾区协同发展的重要前提。"

资料来源:改编自《南方日报》(2019-03-12)"粤港澳大湾区在服务贸易合作上大有可为"。

随着 CEPA 服务贸易协定的稳步推进,"粤港澳服务贸易开放模式具有如下一系列特征,较为新颖、水平更高、开放部门多样、市场开放与深化改革同步推进。粤港澳三地积极扩大服务贸易市场的开放,引起服务贸

易产品的多样性增加、差异化程度明显上升"。基于比较优势理论,意味着粤港澳区域内的服务贸易市场的竞争程度加剧,服务业内的贸易量也相应增多,多元化服务业格局逐渐形成。这将带来粤港澳服务贸易产值增加和三地服务贸易市场全球竞争力提升的同时,还为全国范围内实现服务贸易自由化提供了富有参考意义的政策创新。

如前所述,在服务贸易发展的初期,政府通过行政干预保护广东服务贸易规模的稳定增长。但随着广东服务贸易的比较优势逐渐体现,政府应该放开对粤港澳服务贸易领域的人为管制,实现粤港澳服务要素的低成本流动,形成粤港澳服务贸易的多元竞争格局,最终实现区域内服务市场的效率和质量提升。这体现了党的十九大报告指出的"让市场在资源配置中起决定性作用"的基本要求。因此,CEPA 服务贸易协定也是三地政府在管理模式上的创新发展。

四、粤港澳大湾区各主体在推进粤港澳服务贸易自由化进程中的建议

第一,在推进粤港澳服务贸易自由化进程中,大湾区各主体应明确各自的比较优势与战略定位。在粤港澳大湾区国家战略背景下,粤港澳服务贸易自由化的实施主体是内地九市和港、澳,各主体都有其比较优势产业,在服务贸易自由化进程中各主体应探索符合其比较优势产业特色的发展道路。如对佛山而言,雄厚的制造业基础是佛山参与促进粤港澳服务贸易自由化,推进粤港澳大湾区建设的核心竞争力所在。佛山要继续秉持做大做强佛山制造业的思路,加强与港澳地区在科技创新、先进制造、现代服务业等领域深化合作,发挥承东启西的区位优势,大胆探索,为粤港澳大湾区乃至全国在制度创新、业态创新、技术创新等方面提供可借鉴推广的示范经验,把佛山打造为粤港澳大湾区乃至全国的先行先试改革示范区。

第二,《粤港澳大湾区发展规划纲要》指出,"扩大内地与港澳专业

资格互认范围，拓展'一试三证'（一次考试可获得国家职业资格认证、港澳认证及国际认证）范围，推动内地与港澳人员跨境便利执业"。服务业需要相应的专门人次，实现服务贸易自由化首先要解决的就是人才流动问题，而专业资质互认是鼓励人才要素流动的重要方式之一。具体措施包括："简化港澳服务贸易专业人才到广东就业审批程序；加强粤港澳人才交流，完善相关培训机制，提高广东本地服务业人才水平；推进港澳居民与广东居民福利趋同，探索在广东工作、居住的港澳人士社会福利保障、个税与港澳有效衔接；推动粤港澳口岸旅客入境的 e 道全面使用，方便粤港澳服务贸易专业人士往返三地便利执业。"（陈和、刘远，2018）

第三，减少港澳进入内地的行业限制和简化审批流程。理清政府与市场的关系是推进粤港澳服务贸易自由化的前提，首先要做的是对粤港澳地区服务业进行全面的评估和分析，明确行业壁垒和限制条款，从而精准定位放宽市场准入门槛，刺激市场在经济发展中的作用。有效管理和优化负面清单是推进粤港澳服务贸易自由化的重要举措，但负面清单应该进一步升级。负面清单的优化应该是动态的，未来粤港澳地区必将成为服务贸易新兴产业聚集区，因此，应对未来服务贸易的发展留下充足的空间，以及加强对重点行业和领域的保留措施。

第七章

21世纪海上丝绸之路互联互通：广东与世界

广东在先秦时已存在新石器时代和青铜时代高度文明，是中华文明的发源地之一。同时，广东作为中国的"南大门"，处在南海航运枢纽位置上，广东人民从秦汉开始，就通过海洋走上与世界各地交往的道路，成为海上丝绸之路最早发源地。改革开放后，广东成为改革开放前沿阵地和引进西方经济、文化、科技的窗口，取得骄人的成绩。

进入新的历史发展阶段，在国家"一带一路"倡议的大背景下，广东也于2014年6月出台了参与建设"一带一路"的实施方案，在自贸区建设、粤港澳大湾区以及产业转移园区建设方面逐步推进，同时，依托广州港、白云机场、深圳机场打造国际航运枢纽和国际航空门户，以及广州、深圳作为战略支点城市的核心地位，着力把广州建设成为国际贸易核心城市，加强广东与"一带一路"沿线国家的经贸合作，深化经济、文化等全方位的交流，以实现与"一带一路"沿线国家共同发展和双赢的新局面。

第七章　21世纪海上丝绸之路互联互通：广东与世界

第一节　基础设施的互联互通：国际航运枢纽和国际航空门户

广东的航运和航空发展在全国具有重要地位，其航运尤其是海运货物吞吐量位居全国前列，拥有广州港等大型港口。在航空方面，则拥有广州白云机场和深圳机场两个国际、国内航空枢纽。航运和航空的发展为促进广东贸易走向全世界提供了有效支撑。

一、国际航运枢纽

（一）航运与国际贸易的理论分析

国际贸易的不断发展，特别是依靠海洋运输为主要交通方式的相关国际贸易规模日渐增大，专家学者越来越关注国际贸易与海洋航运的关系。很显然，海洋运输的便利化以及成本的下降将促进国际贸易的发展。但同时，国际贸易的发展也反过来推动航运的发展，两者之间具有相互促进的关系（杨长春，2007；Korinek 等，2011）。有研究表明，国际贸易的 90% 以上依靠海洋航运，海洋航运具有至关重要的地位（朱海霞，2011；Xu 等，2013）。同时，航运服务作为国际贸易发展的派生产业，国际贸易的发展给航运业务的发展提供了广阔的市场空间（佟家栋、李胜旗，2014）。在不同的运输方式选择中，运价是极为重要的一个考量因素，所以，运价的变化将极大地影响国际贸易的发展，从帆船到轮船的变革，带来货运价格的极大下降。货运价格的下降带来了一系列变化，如货运商品种类、出口地范围，等等，运价改变着国际贸易的发展（Mendoza 和 Ventura，2009；Geetha 和 Uthayakumar，2013）。在微观企业层面，货运价格的下降明显降低了企业出口面临的成本，这使得更多的企业加入出口市场中（Melitz, 2003; Lawless, 2008）。

由于运价是关系到国际贸易的主要成本，所以，运价指数是国际贸易航运市场变动的重要指标。因此，运价指数的波动在相当程度上影响着国际贸易市场的发展（刘建林，2006；胡振华、李力培，2015）。之前有学者运用 ARMA 模型对国际贸易的变动与波罗的海运价指数期货进行了相关研究，发现两者拟合得很好（Cullinane, 1992）。

由以上我们归纳的文献可以发现，海上航运的发展与国际贸易发展息息相关，而其中，运价更是影响贸易的关键因素。运价指数很好地反映了国际贸易的变动，这说明国际贸易的发展离不开航运的发展，而航运的发展依靠于构建国际航运枢纽这一系列基础设施。

（二）国际航运枢纽定义及状况

航运枢纽或中心是以港口为依托，以航运为纽带聚集有航运、物流及经济贸易功能，具有较强的集聚和辐射能力，能够带动区域经济发展的交通枢纽。国际航运中心是以国贸易中转港为标志，航运要素齐全并形成规模，处于全球海运干线网络的重要节点；具有时代先进特征，依托区域经济中心城市，融国际贸易、金融、经济中心于一体，在某一个经济区域的港口城市群体中处于核心地位的航运枢纽。

航运中心并非单一港口的概念，它包含了经济、贸易、物流等多种要素，其功能已远远超出了港口范畴，它可能是核心港口所在的城市，也可能是与核心港口群紧密联系的城市群，更多被理解为一个区域的概念；航运中心又是一个动态的概念，随着经济和环境的发展，不断被赋予新的内涵。

世界上全球性的国际航运中心或枢纽包括：伦敦、纽约、鹿特丹、新加坡、香港、上海等，此外，高雄、釜山、横滨、汉堡、安特卫普、长滩等是区域性的国际航运中心（张绍飞，2000；杨赞，2006）。2016 年全球前 10 位的国际航运中心分别为新加坡、伦敦、香港、汉堡、鹿特丹、上海、纽约、迪拜、东京、雅典（白庆虹，2016）。2017 年全球综合实力前十的国际航运中心分别为新加坡、伦敦、香港、汉堡、上海、迪拜、纽约、鹿特丹、东京、雅典。其中，亚太地区的上海、迪拜凭借自贸区创新驱动效应，排名实现了战略性提升，分别跃升至第五位、第六位；经济增长疲软的欧洲地区受益于"一带一路"效应，其贸易航运保持相对稳定，汉堡港排名继续保持第四位。

（三）广东的航运中心

伴随着我们国际贸易的发展，我国各项航运指标均保持稳步增长，2018年全国规模以上港口生产运行总体保持稳步增长态势，货物吞吐量、集装箱吞吐量等主要增速指标均高于去年同期。2018年度世界港口货物吞吐量排名中（见表7.1），广州港由原来的第七位一举超过釜山港和香港港上升至第五，广州港2018年1—11月内贸集装箱增速完成1262.7万TEU，同比增长9.4%。此外，深圳港增速与去年相比略有下滑，主要由于内贸吞吐量下跌3.67%。至此，广东省内拥有两个世界前五名港口。

表7.1　2018年全球港口货物吞吐量前十排名　　单位：万TUE①

排名	港口	2018年	2017年	增速
1（1）	上海	4201	4023	4.42%
2（2）	新加坡	3660	3367	8.70%
3（4）	宁波舟山	2635	2461	7.07%
4（3）	深圳	2574	2521	2.10%
5（7）	广州	2192	2037	7.61%
6（6）	釜山	2159	2049	5.38%
7（5）	中国香港	1959	2077	-5.68%
8（8）	青岛	1930	1830	5.46%
9（10）	天津	1600	1507	6.17%
10（9）	迪拜	1495	1540	-2.09%

数据来源：各港口网站公开数据，第一列括号内为上年排名。

---

① TEU：标准箱，系集装箱运量统计单位，以长20英尺的集装箱为标准。

2017年,规模以上港口完成集装箱吞吐量23680万TEU,同比增长8.3%。其中,沿海港口完成20985万TEU,同比增长7.7%;内河港口完成2695万TEU,同比增长13%。与2016年同期口径相比较,全国港口集装箱吞吐量增速提高了4.7%,沿海港口提高了4.3%,内河港口提高了7%。从内河港口来看:在2017年全国内河港口货物吞吐量前十名中,苏州内港货物吞吐量位列第一,2017年货物吞吐量为60774万吨。广东地区则无县市排名前列,其内河港口货物吞吐量较低。(见表7.2)

表7.2　2017年全国内河港口货物吞吐量前十排名　　单位:万吨

排名	港口	2017年快报统计	为上年同期(%)
1	苏州	60774	104.9
2	南京	23913	108.8
3	南通	23569	104.2
4	秦州	19706	115.9
5	重庆	19606	112.9
6	江阴	15878	120.3
7	镇江	14429	109.8
8	芜湖	12823	97.9
9	岳阳	12115	86
10	杭州	10786	148.2

注:数据来源于交通运输部。

自古以来,广州作为广东乃至我国对外贸易的重要港口,两千多年以来作为一个重要的对外贸易城市一直延续至今,而且其作为国际贸易的地位一直在提高。根据历史资料记载,早在战国时期,广州就已经开始与邻国进行贸易往来。唐朝时,广州对外贸易有更大发展,广州成为世界著名的港口,我国重要海外航线是从广州出航,称"通海夷道"。

进入21世纪以来,内地的持续快速增长及广东地区的对外改革开放促进了广州港的飞速发展。2004—2006年,港口货物吞量连续以每年5000万吨的速度增长,早在2006年广州港的港口货物吞吐量就突破3亿吨，位居中国沿海港口第三位，世界港口第五位；其中，集装箱吞吐量达到666万标准箱，居全国第五。广州港与沿海及长江的港口海运相通，国际海运通达世界80多个国家和地区的350多个港口、与国内100多个港口通航，是我国与东南亚、中印半岛、中东、非洲、大洋洲和欧洲各国运距最近的大型贸易口岸，也是华南地区最大的对外贸易口岸。① （见图7.1）

图7.1　广州港2017年货物吞吐量

作为集装箱与干散货并重的综合性内贸大港，2017年完成货物吞吐量5.85亿吨，比上年增加4100万吨；集装箱吞吐量完成2030万标箱，相比上年增加144万标箱；汽车吞吐量110万辆，同比增加32.1%，该增幅将居全国沿海主要汽车口岸之首；南沙口岸预计成为继天津之后全国第二大平行进口汽车口岸，全年突破14000辆；南沙国际邮轮母港年接待旅客可望突破40万人次，稳居国内第三名。

广州港各项指标均位列全国前列，作为区域性大港及全国前列的重要港口，成为广东省的一大对外贸易航运枢纽，发挥着极为重要的作用，广

---

① 《广州对外贸易与对外交通——广州历史上是我国重要对外贸易港口》，引自广州市城市建设档案馆。

州港必将助力广东省及全国经济贸易的发展,助力"一带一路"建设。

广州港集团正积极参与"一带一路"和南沙自贸区建设,以建设广州国际航运中心为目标,全力以赴抓好集装箱运输发展。此外,"黄埔老港—东南亚"航线在黄埔老港的启动,代表着广州港将严格以广州建设国际航运中心三年行动计划要求为引领,发力布局东南亚地区中"一带一路"的重要节点国家,同时加强与"一带一路"沿线国家的重要港口的战略合作。

二、国际航空门户

(一)国际航空门户及我国机场建设定位

国际航空门户即枢纽机场是指国际、国内航线密集的机场。旅客在此可以很方便地中转到其他机场。枢纽机场是能提供一种高效便捷、收费低廉的服务,从而让航空公司选择它作为自己的航线目的地,让旅客选择它作为中转其他航空港的中转港。枢纽机场既是国家经济发展的需求,也是航空港企业发展的需求。

根据《中国民用航空第十三个五年规划》打造国际枢纽的要求,我国将着力提升北京、上海、广州机场国际枢纽竞争实力,建设与京津冀、长三角、珠三角三大城市群相适应的世界级机场群,明确区域内各机场分工定位,与其他交通运输方式深度融合、互联互通。加快建设成都、昆明、深圳、重庆、西安、乌鲁木齐、哈尔滨等机场的国际枢纽功能。

具体而言,将建设北京、上海、广州中国三大门户复合枢纽机场,重庆、成都、武汉、郑州、沈阳、西安、昆明、乌鲁木齐中国八大区域枢纽机场,深圳、南京、杭州、青岛、大连、长沙、厦门、哈尔滨、南昌、南宁、兰州、呼和浩特中国十二大干线机场。

(二)广东国际航空枢纽

在中国国家交通运输部中国民用航空局所给出的文件定位中,广东将着力建设广州机场作为国际枢纽,建设深圳机场作为中国十二大干线机场。

2018年度,全国机场完成货物吞吐量1674.0万吨,比上年增长3.5%。其中国内航线完成1030.8万吨,比上年增长3.1%,国际航线完成643.2万吨,比上年增长4.1%。其中,广州白云机场增速高于均值,总量排名也达全国第三。全年各主要机场货物吞吐量数据如表7.3所示:

表7.3 2018年度全国主要机场货物吞吐量排名

排名	机场	2018年货物吞吐量(万吨)	同比增长(%)
1	上海浦东国际机场	376.8	-1.50
2	北京首都国际机场	207.4	2.20
3	广州白云国际机场	189.0	6.20
4	深圳宝安国际机场	121.8	5.10
5	成都双流国际机场	66.5	3.50
6	杭州萧山国际机场	64.1	8.70
7	郑州新郑国际机场	51.5	2.40
8	昆明长水国际机场	42.8	2.50
9	上海虹桥国际机场	40.7	-0.10
10	重庆江北国际机场	38.2	4.30

(1)广州机场。

广州白云国际机场位于广州市北部约28千米,性质为民用机场。白云机场是我国三大门户复合枢纽机场之一,同时也是世界前百位主要机场。根据2017年8月的信息显示,机场有3条跑道和1座航站楼,远期规划为5条跑道和3座航站楼,有202个客机位,43个货机位(不含FBO)。T1号航站楼总面积52.3万平方米;T2号航站楼共88.07万平方米,于2018年4月投入使用,覆盖全球210多个通航点,其中国际及地区航点超过90个,通达全球40多个国家和地区。2017年,广州白云国际机场旅客吞吐量6583.69万人次,在世界机场排名第13位,在中国机场排名位居第 3 位①。

根据国家发展改革委、外交部、商务部联合发布的《推动共建丝绸之路经济带和 21 世纪海上丝绸之路的愿景与行动》,将进一步强化上海、广州等国际枢纽机场功能,这给广州白云机场建设注入了新的活力。广州正在加快推进广州国际航空枢纽和临空经济示范区建设,打造枢纽型网络城市,强化广州国家重要的中心城市功能。

广州白云机场的建设和腾飞将广州参与"一带一路"倡议,从陆上和海上延伸至空中,有助于促进广州与国内各省市以及各个国家和地区的有效互联互通,切入全球产业价值链,以适应全球化新趋势,提升国家竞争力。

(2) 深圳机场。

深圳宝安国际机场地处深圳市宝安区、珠江口东岸,距离市区 32 千米。作为民用运输机场,宝安国际机场是世界百强机场之一、国际枢纽机场、中国十二大干线机场之一、中国四大航空货运中心及快件集散中心之一。深圳机场于 1991 年 10 月正式通航。2001 年 9 月 18 日,由原名黄田国际机场正式更名为宝安国际机场。在 2006 年飞行区扩建工程取得国家发改委批复后,2011 年 7 月 26 日,深圳机场第二跑道正式启用。

根据 2017 年 8 月机场官网信息显示,机场共有飞行区面积 770 万平方米,航站楼面积 45.1 万平方米,机场货仓面积 166 万平方米;新航站楼占地 19.5 万平方米,共有停机坪 199 个 (廊桥机位 62 个);共有 2 条跑道,其中第二跑道长 3800 米、宽 60 米;航线总数 188 条,其中,国内航线 154 条、港澳台地区航线 4 条、国际航线 30 条;通航城市 139 个,其中国内城市 108 个、港澳台 4 个、国际城市 27 个②。

深圳机场目前以国内航线为主,国内航线 145 条,国际和地区航线

---

① 资料引自百度百科:https://baike.baidu.com/item/广州白云国际机场/6848077? fr = aladdin

② 资料引自百度百科:https://baike.baidu.com/item/深圳宝安国际机场 fromid = 13866898

18条（主要为东南亚、日韩），而广州白云机场则多达120条国际航线、与深圳一河之隔香港则是运营国际航线为主。现阶段，深圳开展国际商贸与国际旅游业务只能通过广州和香港乘坐国际航班，大大增加了深圳与国际经济往来的成本，并且与深圳现代化国际化创新型城市的定位严重不符。

随着广东进一步形成全面开放的新格局，建设国际航空枢纽将成为必然选择。在珠三角世界级机场群建设中，广州和深圳均应当承担起链接世界的角色。广州应继续强化航空枢纽地位，深圳应紧紧把握发展的机遇，积极建设国际航空枢纽，以此推动中国与世界其他国家和地区的交往。

第二节　互联互通的重要平台：粤港澳大湾区

2017年7月1日，国家发展和改革委员会、广东省政府、香港和澳门四方在香港签署《深化粤港澳合作推进大湾区建设框架协议》，正式为粤港澳大湾区的建设拉开序幕。粤港澳大湾区建设对于促进广东国际贸易的发展、推动"一带一路"倡议尤其是海上丝绸之路发展具有重要意义。习近平总书记在改革开放40周年之际提出，实施粤港澳大湾区建设，是国家立足全局和长远做出的重大谋划，也是保持香港、澳门长期繁荣稳定的重大决策。与国际知名湾区相比，粤港澳大湾区独具特色，但同时由于起步较晚，以及制度差异，其发展也面临挑战。

一、粤港澳大湾区建设

（一）粤港澳大湾区概况

在行政区域划分上，粤港澳大湾区是指由香港、澳门两个特别行政区和以广州、深圳、珠海为主的九个广东城市组成的城市群，覆盖面积达

5.6万平方千米,人口达6600万。粤港澳大湾区是国家建设世界级城市群和参与全球竞争的重要空间载体,其战略目标是成为继美国纽约湾区、旧金山湾区和日本东京湾区的世界第四大湾区。

粤港澳大湾区地处珠江入海口,是由若干个海湾、港湾、邻近岛屿共同组成的区域。该区域地势平坦,气候和温度适宜,便于人口、产业集聚形成现代都市圈区,地理位置上沿着珠江口逐渐向外扩散。(见图7.2)

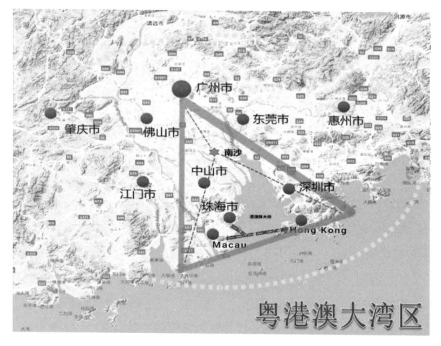

图7.2　粤港澳大湾区区域分布及关系

粤港澳地区的合作早年已开始,但正式将其作为国家级发展战略则是近几年才提出的。2016年广东省政府工作报告提出,"开展珠三角城市升级行动,联手港澳打造粤港澳大湾区"。到2017年"两会"期间,粤港澳大湾区概念已经进入总理政府工作报告,"研究制定粤港澳大湾区城市群发展规划,发挥港澳独特优势"。此时的粤港澳区域发展已经上升为国家战略,作为中国经济新引擎受到世界瞩目。2019年2月,《粤港澳大湾区发展规划纲要》正式出台，提出打造活力充沛、创新能力突出、产业结构优化、要素流动顺畅、生态环境优美的国际一流湾区和世界级城市群的发展目标。（见图 7.3）

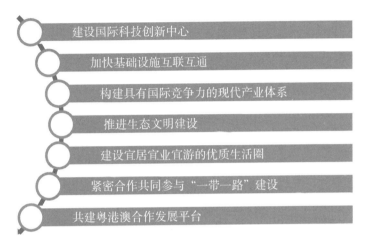

图 7.3　《粤港澳大湾区发展规划纲要》的主要内容

粤港澳大湾区拥有世界顶级城市群的优势，集聚了沿海庞大的经济总量和人口。2017 年，粤港澳大湾区经济总量突破 10 万亿美元。"广州 - 深圳 - 香港"作为粤港澳大湾区世界级城市群的脊梁，GDP 均超越新加坡。在湾区核心城市的辐射下，湾区内各大城市深入合作，优势互补，展开广佛同城、深莞惠一体化、深汕合作、港珠澳的联通等合作，在经济上取得重要突破。根据 2017 年数据，佛山 GDP 直追欧洲名城阿姆斯特丹，东莞 GDP 则超越"赌城"拉斯维加斯。[①]

"十三五"规划期间，粤港澳大湾区内铁路、公路、水路、民航等基础设施不断整合优化，形成与区域经济社会发展相适应的基础设施体系。截至 2016 年年底，广东省公路通车总里程已达 21.8 万千米，高速通车里程达 7673 千米，位居全国第一。随着深中通道贯通、港珠澳大桥落成、

---

① 行业报告研究院 http：//www.myzaker.com/article/59c4ad2e1bc8e01628000008/。

深茂铁路和广佛江珠城际轨道通车,粤港澳大湾区将形成互联互通、辐射国内外的综合交通体系,成为"21世纪海上丝绸之路"的国家门户。①

粤港澳大湾区以"国际科技创新中心"为战略定位之一,在创新要素集聚、资源禀赋和区位优势上都具备与世界顶级城市群相当的条件。湾区内创新人才、国内领先企业集聚,珠江三角制造业发达,香港高等教育世界领先,整个综合创新生态体系完善,创新气氛浓厚。根据科技部综合评价,广东区域创新能力连续7年稳居全国第二,PCT国际专利申请量占全国比重超过50%;技术自给率接近70%,接近创新型国家和地区水平。

(二) 粤港澳大湾区成立与历史使命

2017年7月1日,香港、澳门、国家发改委和广东四方签署《深化粤港澳合作推进大湾区建设框架协议》(以下简称《框架协议》)。建设粤港澳大湾区写入了党的十九大报告和第十三次全国代表大会的《政府工作报告》。2018年3月7日,习近平总书记参加广东代表团审议时更明确指出,"要抓住建设粤港澳大湾区重大机遇,携手港澳加快推进相关工作,打造国际一流湾区和世界级城市群"。随着2019年2月《粤港澳大湾区发展规划纲要》的正式出台,粤港澳大湾区发展的相关具体规划也将相继出台,粤港澳大湾区建设已经提升到了国家发展战略的层面。

根据《框架协议》,合作的宗旨为"全面准确贯彻'一国两制'方针,完善创新合作机制,建立互利共赢合作关系,共同推进粤港澳大湾区建设",合作的目标则围绕"强化广东作为全国改革开放先行区、经济发展重要引擎的作用","巩固和提升香港国际金融、航运、贸易三大中心地位","推进澳门建设世界旅游休闲中心,打造中国与葡语国家商贸合作服务平台"展开。同时,合作将在"开放引领,创新驱动;优势互补,合作共赢;市场主导,政府推动;先行先试,重点突破;生态优先,绿色发展"原则下,推进以下重点领域的合作,包括推进基础设施互联互通,

---

① http://www.sohu.com/a/207783696_676545。

提升市场一体化水平,打造国际科技创新中心,构建协同发展现代产业体系,共建宜居宜业宜游的优质生活圈,培育国际合作新优势,支持重大合作平台建设。

粤港澳大湾区建设是"四个自信"的坚定践行和最好例证。粤港澳大湾区同时肩负港澳融入国家发展大局的历史使命,成为港澳融入国家发展的大平台,维护港澳长期繁荣稳定。粤港澳大湾区的发展,应以打造一个前所未有的、堪称典范的区域融合、人文融合、制度融合的世界级湾区典范。

对于广东而言,粤港澳大湾区的建设为促进广东进一步改革开放,率先实现习近平总书记"四个走在前列"的要求提供了有效途径,并提供了发展的动力。在粤港澳大湾区内有三个自由贸易试验区的片区(南沙、前海蛇口和横琴)和一个自由港(香港),加上一个开放自由的经济体(澳门)。港澳高度市场化的经验,可以为构建推动经济高质量发展体制机制提供天然的样板和经验。自由贸易试验区可以为港澳经验在内地对接、复制和推广提供"试验田"和压力测试。"港澳经验+自贸试验区制度创新",将是广东"走在前列"的重要基础和动力。

二、粤港澳大湾区建设与贸易发展的理论基础

粤港澳大湾区的建设与贸易发展和区域一体化相互联系、密不可分,关于粤港澳大湾区建设的相关理论支撑可追溯到贸易理论及产业空间集聚的相关研究成果,对此已有不少学者分别从理论分析和实证研究进行了相关的讨论。

古典贸易理论中,大卫·李嘉图的比较优势理论认为,国际间的贸易源于国家间劳动生成率的相对差异,只要存在比较优势则会产生贸易。而新古典贸易理论则进一步提出,生产要素相对丰富的国家和区域在贸易中具有比较优势。区域一体化通过打破交通运输和政治体制等方面的障碍,大大促进了区域内自然资源、劳动力和技术等生产要素的自由流动和集

聚，区域内的不同地区在生产要素方面逐渐形成各自的比较优势。这种要素禀赋所形成的比较优势会促进区域内的分工合作和专业化程度的提高，自然资源得到有效的利用，贸易成本降低，区域生产效率大大提高。

随着产业内贸易等许多新的经济现象的兴起，以Krugman为主要代表人物在20世纪80年代提出了新贸易理论，在不完全竞争、规模报酬递增的假设下，该理论认为贸易只是企业扩大市场和获取规模经济的一种途径。经济的规模效应会导致产业空间的集聚，同个产业具有前向或后向联系的生产商在产业集聚带来的优势下，降低了运输成本，加强了企业间信息的交流与合作。关于Krugman对于贸易发展带来的专业分工、规模经济和产业集聚的理论，已有不少学者通过实证分析证明其正确性。研究发现，产业集聚与规模报酬递增行业具有紧密关系（Brulhart，1995）；随着美国区域经济逐渐实现一体化，美国各个地区的产业地方化和专业化现象愈加明显（Kim，1995）。另外，新经济地理学的相关理论中进一步提到，贸易不能更自由地流动导致了欧盟与美国专业化程度的差异，具备更自由的贸易环境是美国产业集聚力更强的原因（Krugman，1991）。由此，根据新贸易理论，粤港澳大湾区的建设所实现的区域一体化，促进了区域内生产要素的自由流动，从而有利于形成产业的空间集聚，可以较大程度地发挥经济的规模效应。

根据Krugman的相关贸易理论，在贸易促进区域产业集聚的过程中会产生技术溢出。这种技术溢出、知识溢出很快能在产业区内传播，并在生产过程中转化为创新力量。伴随贸易而存在的国际性或地区性的知识和技术传播，一国或地区可以从其贸易伙伴获得新的技术来发展自身潜在的比较优势。产业集群企业之间建立在各种正式与非正式联系上的技术交流与合作是集群企业技术创新的重要基础，证明了产业集聚对技术创新的促进作用（刘炜等，2013）。在国际贸易理论的演进过程中，技术要素一直扮演着重要角色，只是在不同的发展阶段，其表现形式及重要性程度有所差异。技术的创新和发展使得技术作为一种投入要素改变了一个国家的要素禀赋和比较优势，通过正规或非正规方法产生的技术与知识溢出是一个产业创新的基础。

综合贸易理论与近几十年学者们的相关研究，证实了贸易通过对产业集聚产生作用，从而对削弱区域边界，促进区域一体化有促进作用，贸易的扩大带来了规模经济效应，同时集聚也会给区域带来知识与技术创新。以上贸易理论均为粤港澳大湾区实践的重要理论基础，是粤港澳大湾区区域一体化建设的重要理论支撑。

三、粤港澳大湾区与国际三大湾区的比较分析[①]

湾区作为沿海湾布局的港口群和城市群，得天独厚的区域与资源条件是其兴起与发展的基础。湾区经济通常具有完善的经济结构、高效的资源配置体系、强大的集聚功能、发达的国际网络和宜居的城市环境等特征。湾区经济本质上是一种区域经济，有能力联通国内外市场，进一步促进国内经济国际化。旧金山湾区、纽约湾区、东京湾区以及粤港澳大湾区各具特色。

旧金山湾区是大都市区多中心格局的代表，也是世界级技术创新之都。它位于加州北部，西濒太平洋，东接内华达山脉，自然环境优良；除旧金山、奥克兰、圣何西三大中心城市之外，区内共有9个县、101个城市，面积为17955平方千米，总人口数在700万以上。其高新技术产业、金融服务业、文化产业和旅游业等发展显著，集聚了如苹果、谷歌等世界500强企业，并拥有硅谷和多所著名学府为企业发展输送人才。旧金山湾区呈现平衡的多中心格局，是湾区城市多样化发展的典范。区内城市虽然地理位置、经济文化与交通联系紧密，但各自具有相对独立的发展策略，在良性的分工与合作过程中不断融合。旧金山湾区以创新驱动为核心发展动能。湾区依托硅谷地区知识、技术、资本的外溢和辐射，形成以高新高

---

① 本部分资料主要参考中山大学自贸区综合研究院课题组完成的《对标国际一流湾区推动粤港澳大湾区和世界级城市群建设》调研报告。

科技为主导的产业带。同时，旧金山湾区同时汇聚高端的金融与专业服务，通过积极发展金融资本服务机构、技术转移服务机构、财务服务机构、人力资源服务机构、管理信息咨询服务机构和法律服务机构等多种类型科技中介，形成了完善的科技中介服务体系，加强了科技创新专业技术网络的构建，促进了湾区创新要素的整合，提高了创新产出的效率。此外，旧金山湾区还具有完善的"大学—企业—风险投资—政府"创新生态系统以及开放、自由的人文环境与营商环境。湾区创新生态系统对世界范围内富有创造性和企业家精神的个人都是开放的并可自由流动，而多元化的风投体系和政府创新性的技术奖励措施，促使其形成了具有全球吸引力的创新创业基地。

纽约湾区，又称为纽约大都市圈（New York metropolitan region），是世界金融的核心中枢及国际航运中心，也是重要的制造业中心。它由纽约州、康涅狄格州、新泽西州等联合组成。区域内有发达的金融和制造业、便利的交通，以及包括58所大学水平极高的教育和环境。纽约湾区以强大的核心城市作为湾区增长极。纽约市是纽约湾区的核心，后者因其辐射范围远超出纽约市甚至纽约州的政府管辖范围而形成。同时，纽约湾区内城市错位发展，在纽约市辐射带动周边发展的过程中，湾区内康涅狄格州、新泽西州的城市也充分挖掘各自禀赋，渐次错位发展起来。纽约湾区的发展与其科学合理的统一规划以及成熟的湾区交通体系密切相关。首先，纽约跨州的辐射能力需要跨行政区域的规划，以便在更广阔的空间范围内进行规划配置，实现资源的帕累托效应。其次，与统一规划相并行，纽约湾区内各城市利用现代交通技术和系统相互融合，通过高速公路、高速城际铁路、水运以及航运形成的立体复合式交通网络改变了时空结构，促进着湾区内要素的聚集与扩散，推动着湾区的发展。

东京湾区是重化工业重镇，聚集了世界上经济最发达、城市化水平最高的城市群。它位于日本本州岛中部太平洋海岸，具有纵深80余千米的优良港湾，东京湾区分布有东京、横滨、千叶等几个特大城市以及川崎、船桥、君津等工业重镇，经济总量占全国1/3。东京湾区既有首都功能，又有临海优势,得天独厚。除政治中心以外,东京同时也是日本的经济中心,具有京滨叶工业区和最繁华的商业区。它还是日本的文化教育中心。东京湾区具有独特的圈层结构。区域被划分为东京都圈、东京大都市圈、东京首都圈、东京区部和东京都心三区5个圈层;目前已形成"主中心区域—次中心区域—郊区区域—较边远的县镇区域"等多核多中心的空间发展模式。东京湾区的发展与其推行政府主导的立法与规划紧密相关。同时,也与其高度发达的交通网络密不可分。

参考国际几大湾区的建设经验,湾区建设应以临近海港的地理优势为出发点,协同周边城市群集结发展,化"城市竞争"为"区域融合"。其建设模式并非一成不变,而是依据不同地理禀赋与城市特征发展出独特的路径,涉及诸如主导产业、城市格局、顶层设计、规划方式、政府政策等因素。湾区的发展,必须首先以科学有效的顶层设计为指导,提供统一、专一的湾区规划方案,建设湾区良好的工作生活环境,尤其重视湾区内交通系统的规划,便捷的交通是促进湾区环境发展的重要支持;其次,湾区城市间需实行良性分工,以合作与竞争融合为基础,强化湾区地理中心城市的枢纽地位;最后,湾区必须构建有效的"大学—企业—金融机构—政府"创新生态系统,培育创新创业环境的优良土壤。

粤港澳大湾区与世界三大湾区相比,粤港澳大湾区人口规模和GDP产值规模与纽约湾区相当,但面积是纽约湾区的两倍以上,就粤港澳湾区核心区的经济发展强度而言,可以媲美纽约湾区,但一些指标还存在差距,如表7.4所示。

表7.4 2016年粤港澳大湾区与世界三大湾区经济数据比较

指标	纽约湾区	东京湾区	旧金山湾区	粤港澳大湾区
面积(平方千米)	21500	13556	18000	56500
城市数量	31	10	12	11
人口(万)	6500	3500	760	6799
GDP(万亿美元)	1.5	1.3	0.8	1.34

续表7.4

指标	纽约湾区	东京湾区	旧金山湾区	粤港澳大湾区
GDP全国占比	8%	26.4%	4.3%	12%
GDP增速	3.5%	3.6%	2.7%	7.85%
人均GDP（美元）	23077	37143	105263	2万美元左右
三产业占比（%）	89.4%	82.3%	82.8%	62.2%
港口集装箱吞吐量（万TEU）	465	766	227	6520
机场旅客吞吐量（亿人次）	1.3	1.12	0.71	1.75（香港0.69）
世界100强大学	2	2	3	4（香港4）
世界500强企业总部数量	22	60	28	16（内地9,香港7）
代表产业	金融业	汽车、石化等制造业	互联网、电子科技等高科技产业	金融、IT产业、先进制造业

数据来源：根据统计数据整理所得。

首先，粤港澳大湾区GDP增速最快，但人均GDP对标旧金山湾区相差5倍，贸易和航运物流是粤港澳大湾区的主要优势。粤港澳大湾区从航运与客运具有贸易上的绝对优势，能够辐射广大内陆地区。粤港澳大湾区的人流量和物流量都排第一，远远高于前面几大湾区，主要原因可能是粤港澳大湾区还承担了辐射内陆的功能，也是内陆向外的出海通道。

其次，粤港澳大湾区在创新能力、科教资源和世界500强企业总部上，还存在发展的短板。纽约湾区多元文化集聚，各类创新层出不穷，旧金山湾区科技、互联网是全球主要集聚地，日本东京湾区高新技术企业拥有的科研所高达100%，也就是说每一个高科技企业都有自己的研发机构，同时各大财团投入大量资金与当地高校或科研所合作，深入推动创新合作。从世界100强大学数量看，粤港澳大湾区虽然有4所世界100强大学，但全部位于香港，珠三角地区9城没有一所科研能力达到世界100强的高校。从世界500强企业总部数量来看,粤港澳大湾区也落后于其他湾区,特别是珠三角地区只有9家世界500强企业总部。

最后,粤港澳大湾区再制度建设、知识产权保护和公共服务提供等软环境方面仍需加强。目前粤港澳大湾区,尤其是珠三角地区政府提供公共服务的能力明显不足。以美国湾区为例,纽约湾具有全世界最大的免费WIFI系统,像阳光洒在每一个角落。旧金山湾区成立各种委员会,如火灾委员会、交通委员会等,委员会之间相互商议,相互协作,充分保障每个公民、企业的协调发展。同时充分尊重和保护知识产权,在其他湾区也是首要任务之一。

粤港澳大湾区的发展既具有良好的前景,也存在一些制约因素,需要突破发展障碍。

第一,在经济发展水平上呈现"东强西弱"的格局,东岸已规划了"广深科技创新走廊",香港、广州、深圳、佛山、东莞这五个珠江口城市形成高度的集聚,这五个城市的GDP、资金总量占了粤港澳大湾区的90%以上。而西岸土地资源较丰富,还需在更高起点上,成为建设世界级大湾区的主要抓手。

第二,粤港澳大湾区的科研投入与世界级湾区存在较大差距,基础研发能力较弱限制了科技创新能力提升,广州体制内院所科研能力未得到释放。以R&D经费占GDP比重为例,占比最高的为深圳4.17%,其次为珠海2.9%,主要城市大都在2.5%左右。而香港这项指标较低,只有0.75%,2016年香港的R&D科研经费支出为187.2亿港元。从总体而言,科研经费投入不足,深圳虽然于科研投入较大,但科技创新的主体主要是企业,缺少基础科研院所;而广州虽然科研院所较多,但科研能力转化为产业能力相对不足。

第三,高等教育和高层次人才的培养能力缺乏,内地城市和江浙地区的"抢人大战",使得粤港澳大湾区未来可能面临较大的人才缺口。高等教育和高层次人才的培养,也能反映一个地区的科技创新能力,广东的教育资源主要集中在大湾区范围内,但是,近年来,广州博士招生数量增长缓慢，2016年国家给予广东省的博士生招生指标零增长，总数控制在3000人以下，而硕士研究生数量则有小幅增长，博士后招收人数近年增长迅猛。香港2016年8所大学在校研究院修课课程（taught postgraduate）人数为3212人，研究院研究课程（research postgraduate）人数为7567人。2016年研究院修课课程（taught postgraduate）毕业人数为2054人，2016年研究院研究课程（research postgraduate）毕业人数为2314人。在教育产出方面，获得国家级奖励成果增长也不明显，但发明专利批准量上升幅度较大。总的来讲，在教育方面，粤港澳大湾区与其他地区存在较大差距，尤其是腹地需要加强这方面投资，怎样吸引和培养高端人才将是粤港澳大湾区建设的关键。

此外，在城市公共服务、城市环境建设方面，粤港澳大湾区与国际一流湾区存在巨大差距，生态环境改善与美丽乡村的建设还需进一步提升。大湾区内城市管理能较弱，城市之间缺少协同，与世界一流湾区存在较大的差距，内陆与香港之间在公共服务上存在一定差距，并且内陆地区城市与全国平均水平相比公共服务提供也明显不足。

目前，粤港澳大湾区正通过进一步加强大湾区内交通网络体系规划，加强特色产业建设和湾区共享的产业链建设，尤其加强创新能力、科教资源的整合，促进高端创新要素的流动，强化知识产权保护和公共服务供给软环境建设手段，加快大湾区建设进程。

第三节　互联互通的重要平台：广东自贸区

自1978年改革开放以来，中国长期积极持续地扩大对外开放，自贸试验区的推行和发展不仅是国家区域发展战略实施的重要手段，也通过自贸区建设，加强深水区改革的顶层设计，建立开放型经济体制，促进中国经济高质量增长。广东是中国改革开放的前沿，广东自贸区建设从

2014年年底起步,历经几年的快速发展,广东自贸试验区改革和建设取得了长足进步,在全国自贸试验区各项指标排名中位居前列。

一、中国自贸试验区

自由贸易试验区本质是自由贸易园区(free trade zone,FTZ)在国内的官方称谓(以下简称自贸区),是指在贸易和投资等方面比世贸组织有关规定更加优惠的贸易安排,在主权国家或地区的关境以外,画出特定的区域,准许外国商品豁免关税自由进出。实质上是采取自由港政策的关税隔离区。中国自由贸易试验区的设立是国内、国际经济政治环境发展的新需求。随着国内经济新常态下增长动能转化和国际经济形势、投资贸易规则不断演变,加之中美投资贸易摩擦等外部因素,我国通过打造一个国际高标准规则的"压力测试"平台——自由贸易试验区来进一步深化改革开放。

(一)中国自贸试验区的演进

中国自贸区是海关特殊监管区发展到现阶段的重要形态。海关特殊监管区是指在中华人民共和国关境内,由国务院批准设立,海关为主,实施监管的特定封闭区域。海关特殊监管区经历了保税区、出口加工区、保税物流园区、保税港区、综合保税区、自贸试验区、自由贸易港的形态演进。其中,保税区具有保税仓储、出口加工、国际贸易、商品展示等四大经济功能。到1996年,国家陆续设立15个保税区,随后未再批准新设,并取消了保税区国内货物入区退税政策,改为货物实际离境后退税。20世纪末,国家为鼓励扩大出口,开始设立15个出口加工区,定位"两头在外",服务于产品外销的加工贸易,实施封关运作、便捷通关和入区退税政策。保税物流园区的设置是为了解决保税区、出口加工区分属两个海关监管,只能以转关方式实现监管衔接的突出问题。通过保税物流园区推动"区港联动",在一些港区或港口附近画出一块封闭管理的特定区域,有专门闸口与港区联系，连接了保税区与港区，实现统一监管，避免二次通关的重复手续。不仅具有进口货物入区保税功能，增加了国内货物入区退税功能，重点发展国际中转、国际配送、国际采购、转口贸易功能。以上三种形态功能相对单一、彼此不连片的问题日渐突出，制约了国际贸易、物流、制造业发展。因此，国家对原有的海关特殊监管区进行功能和区域整合，赋予口岸、物流、加工等功能，允许开展仓储物流、国际转口贸易、国际采购、分销与配送、国际中转、检测和售后服务维修、商品展示、研发、加工、制造、港口作业等具体业务，享受覆盖前三种海关特殊监管区的税收、外汇管理等优惠政策，增加港口功能和研发加工制造功能。国家先后设立 14 个保税港区。此后，国家又在内陆地区试点"无水保税港"，即不临近港口，享受的优惠政策与保税港区一致，先后设立 46 个综合保税区。

（二）中国自贸试验区的模式

中国自贸区具有综合型自贸区、离岸金融市场（中心）、改革与创新示范区多项综合性功能。其模式演进又可以从时间上分为两个阶段：第一阶段为开发区模式，从 1978—2008 年；第二阶段为对外开放模式，从 2008 年至今。

第一代自贸区的开发区模式也称为飞地模式，主要表现为满足国外跨国公司的资源需求，以及后来的市场需求，同时给国内带来出口、投资、就业以及税收的增长效应。具体而言，自贸区的设立是内在危机驱动，中国作为世界工厂加入国际生产体系，全球价值链兴起带来的双边分工地位。同时中间品进口、关键品进口极大地促进了国内贸易发展。这一时期，自贸区的发展带来了新的技术、商业模式和组织方式，其中以跨国公司为核心的组织方式带来了垂直一体化的整合。但是，贸易中也凸显出中国特色壁垒如国有企业、审批、出口补贴等。自贸区的发展面临着挑战，从内部来看，随着国内经济的发展，劳动力等要素价格上升，国内比较优势下降，自贸区内企业面临生产转型。从外部来看，双边贸易谈判处于停滞,多哈会谈的停摆和全球经济发展的减速甚至危机,促使美国、新加坡、新西兰等国家寻求高标准区域贸易谈判,这些均形成了我国自贸区发展面临的新压力。

第二代自贸区为对外开放模式。这一时期,我国自贸区推行更加主动的以点促面的改革、积极参与全球治理、赢取更多话语权,同时,其发展由之前的注重量的增加发展为注重质的提升,更加关注国内企业的创新、治理、竞争力,产业由劳动密集型转为知识密集型、同时更加重视进口,注重政府职能转变。这一阶段,中国也开始积极推行"走出去"战略,鼓励企业对外投资。自贸区的发展对我国其他地区起到了有效的改革示范效应和倒逼效应,带动了其他地区经济活力的增强和经济发展水平的提升。

(三) 中国自贸区的发展与地区分布

2013年9月—2018年4月,国务院先后批复成立中国(上海)自由贸易试验区、中国(广东)自由贸易试验区、中国(天津)自由贸易试验区、中国(福建)自由贸易试验区、中国(辽宁)自由贸易试验区、中国(浙江)自由贸易试验区、中国(河南)自由贸易试验区、中国(湖北)自由贸易试验区、中国(重庆)自由贸易试验区、中国(四川)自由贸易试验区、中国(陕西)自由贸易试验区、中国(海南)自由贸易试验区。[①]

以中国(上海)自由贸易试验区为例来看,冠以"中国"二字凸显了国家战略,将园区改为试验区,意味着目前还达不到国际典型自由贸易园区的开放度,但上海要先行先试,制度创新,逐步推行自由贸易政策。同时也要与国内改革衔接,更大的开放促进更深的改革。

上海自贸区最早于2013年9月29日挂牌成立,包括洋山保税港区、上海浦东机场综合保税区、外高桥保税区、外高桥保税物流园区等4个海

---

① 资料来自百度百科: https://baike.baidu.com/item/中国自由贸易区/1289330?fr=aladdin

关特殊监管区域。面积达28.78平方千米。2014年12月，经中共中央政治局常委会、国务院常务会议讨论决定，上海自贸试验区扩区，广东、天津、福建依托现有新区、园区新设3个自贸试验区。自贸试验区不再局限于海关特殊监管区的地理范围，而是采取"围网内+围网外"划区。上海自贸试验区扩区将金桥出口加工区、张江高科技园区、陆家嘴金融贸易区等经济活跃度高的区域纳入。同时，2014年12月26日，全国人大常委会决定授权国务院在广东、天津、福建自贸试验区以及上海自贸试验区扩展区域暂时调整外资三法、台湾同胞投资保护法的行政审批。2015年2月16日，国家层面的政策协调机制——国务院自由贸易试验区工作部级联席会议制度成立。2015年4月，国务院经地方上报、部委会签、高层审议等程序后，印发3个新设自贸试验区《总体方案》和上海自贸试验区《进一步深化改革开放方案》。4月21日，3个自贸试验区挂牌成立。

2016年8月，党中央、国务院决定，在辽宁、浙江、河南、湖北、重庆、四川、陕西新设7个自贸试验区。同年9月，全国人大常委会表决通过"外资三法"和台湾同胞投资保护法相关行政审批条款修订，对外资实施负面清单管理模式的试点成果确立为法律制度。2017年3月印发《总体方案》，更加强调服务国家战略的贯彻实施，与西部开发、东北振兴、中部崛起、长江经济带、"一带一路"建设联动发展，强化国家富裕的特色试点任务。

专栏7.1　海关特殊监管区

海关特殊监管区域是经国务院批准，设立在中华人民共和国关境内，赋予承接国际产业转移、连接国内国际两个市场的特殊功能和政策，由海关为主实施封闭监管的特定经济功能区域。截至2012年11月，我国已批准在27个省区市设立110个海关特殊监管区域。

> 海关特殊监管区域现有六种模式：保税区、出口加工区、保税物流园区、跨境工业园区（包括珠海跨境工业园区、霍尔果斯边境合作区）、保税港区、综合保税区，进口保税仓库、出口监管仓库、保税物流中心（分为 A 型和 B 型）这三种模式属于保税监管场所。①

二、广东自贸区建设

（一）广东自贸区建设的基本情况

2014 年 12 月，国务院决定设立中国（广东）自由贸易试验区，广东自贸区涵盖三个片区：广州南沙新区片区（广州南沙自贸区）、深圳前海蛇口片区（深圳蛇口自贸区）、珠海横琴新区片区（珠海横琴自贸区），总面积 116.2 平方千米，广东自贸区立足面向港澳台深度融合，主打港澳牌，将建立粤港澳金融合作创新体制、粤港澳服务贸易自由化，以及通过制度创新推动粤港澳交易规则的对接。②

广州南沙新区面积共 60 平方千米（含广州南沙保税港区 7.06 平方千米）。相关规划将其建设方向归纳为"面向全球进一步扩大开放，在构建符合国际高标准的投资贸易规则体系上先行先试，重点发展生产性服务业、航运物流、特色金融以及高端制造业，建设具有世界先进水平的综合服务枢纽，打造成国际性高端生产性服务业要素集聚高地"。

深圳前海蛇口片区面积共 28.2 平方千米。相关规划将其建设方向归

---

① 资料引自百度百科：https：//baike.baidu.com/item/海关特殊监管区域/1171280？fr=aladdin。
② 资料引自百度百科：https：//baike.baidu.com/item/中国广东自由贸易试验区/16478475？fr=aladdin。

纳为"依托深港深度合作,以国际化金融开放和创新为特色,重点发展科技服务、信息服务、现代金融等高端服务业,建设我国金融业对外开放试验示范窗口、世界服务贸易重要基地和国际性枢纽港"。

珠海横琴新区面积约28平方千米。相关规划将其建设方向归纳为"依托粤澳深度合作,重点发展旅游休闲健康、文化科教和高新技术等产业,建设成为文化教育开放先导区和国际商务服务休闲旅游基地,发挥促进澳门经济适度多元发展新载体、新高地的作用"。

(二)广东自贸区建设的成效

广东自贸试验区内,截至2018年,南沙片区累计形成415项改革创新成果,2018年南沙自贸试验区营商环境便利度分数为77.88,其在《2019营商环境报告》中位列全球模拟排名第29;前海蛇口片区累计推出制度创新举措253项,其中75项全国领先;横琴片区累计形成230项改革成果。《总体方案》部署的建设任务及实施方案明确的任务,各片区实施率普遍超过90%。各个自贸试验区在贸易监管制度、金融开放创新制度、政府管理制度等领域的改革试验取得了显著成效。

在贸易监管制度建设方面,广东自贸试验区南沙片区推出《互联网+易通关》两批六项措施,大大降低企业通关成本。前海蛇口片区陆续推出"港区一体化""国际海关AEO互认""先装船后改配"通关改革、"1+4全球溯源核放"模式等一系列促进国际贸易便利化的重要措施,初步形成对外开放门户枢纽。横琴片区建立"一检通"信息化平台。通过监管规则智能化、风险管理和数据统计分析运用,达到从境外到境内的全链条全物流监管,便利企业通关业务办理。

在金融开放创新制度建设方面,广东自贸试验区南沙片区以开展飞机、船舶及大型工程机械设备等行业的融资租赁业务为重点,依托自贸试验区内外资融资租赁统一管理改革试点等政策,创新促进融资租赁发展的专项政策体系,不断优化融资租赁发展环境。前海蛇口片区在推进人民币跨境使用、资本项目扩大开放、金融机构创新、创新型金融业务、要素交易平台、创新金融业态、产业集聚等方面不断探索，实现了多个全国首次和第一，包括跨境人民币贷款业务试点、跨境双向发债、外债宏观审慎管理试点、合格境内投资者境外投资试点、外商投资股权投资试点等。横琴片区率先推行企业外汇登记业务下放银行办理政策，率先开展区内企业对境外放款额度上调试点。探索跨境金融创新，拓展跨境融资渠道，开展跨境人民币贷款业务试点。

此外，自贸区积极推进事中事后监管和政府职能转变。广东自贸试验区前海蛇口片区推行有税申报制度，取消增值税、消费税附加税费的零申报，减轻企业负担。以清单化审核提速注销业务办理。同时，依托信息技术，加大简政提速力度，对小微企业税收减免实行资格系统自动认定、减免自动实现。前海蛇口片区还创新金融风险事中事后监管机制，率先建立起基于企业信用评级体系的警务预警平台，通过警务前期介入有效降低企业运营风险。横琴片区创新职能电子化办税手段，启动社会投资类工程管理创新试点，实施综合执法体制改革，通过推出智能城市管家支持公众参与社会治理。

广东自贸区营商环境不断优化，吸引了科技创新、生产要素的不断集聚，所形成的改革创新经验和改革创新案例，陆续分批向全省复制推广，并已有二十余项改革创新经验向全国范围复制推广。

（三）广东自贸区与其他自贸区的比较分析

在国家先后推进的"1+3+7"自贸试验区改革试点任务中，由于各自贸区建设任务、起点的差别（见表7.5），导致各自贸区在建设进程、建设成效方面仍存在差异。中山大学自贸区综合研究院每年定期发布"中国自由贸易试验区制度创新指数"，对8个自贸试验区/片区进行制度创新成效评估。该指数借助德尔菲法和因子分析法构建，包括一级指标5个，涉及贸易便利化、金融创新、投资便利化、政府职能转变、法治化，上述一级指标又对应二级指标19个，包括口岸管理、通关环境、贸易功能转型、辐射带动功能，金融服务能力、金融开放水平、金融监管水平，市场准入、商事登记、投资管理、企业服务；行政审批改革、事后事中监管、政府管理能力、政府服务能力，立法完善、执法公正、司法严明、法律服务国际化，二级指标又进一步对应59个三级指标，共同形成制度创新指数指标体系。

表7.5 各自贸区改革试点任务

职能 地区	政府职能转变	投资领域开放	贸易发展方式转变	金融领域开放创新	法制领域制度保障	创新监管服务模式	探索配套税收政策	服务"一带一路"建设
上海自贸试验区	+	+	+	+	+	+	+	+
广东自贸试验区	—	—	+	+	+	+	—	—
天津自贸试验区	+	+	+	+	—	—	—	—
福建自贸试验区	+	+	+	+	—	—	—	—
辽宁自贸试验区	+	+	+	+	—	—	—	—
浙江自贸试验区	+	—	—	—	—	—	+	—
河南自贸试验区	+	+	+	+	—	—	—	+
湖北自贸试验区	+	+	+	+	—	—	—	—
重庆自贸试验区	—	+	—	+	—	—	—	+
四川自贸试验区	+	+	+	—	—	—	—	—
陕西自贸试验区	+	+	+	—	—	—	—	+

注：引自中山大学自贸区研究院研究报告。

根据中山大学自贸区研究院发布的研究成果可以发现，在制度创新指数总体得分方面，2016年和2017年，最先设立的上海自贸区得分均最高，2017年，广东自贸区的前海、南沙区域分别排名第二、第三名，横琴则排名第六。对二级指标在进一步分析表明，横琴排名较低的原因在于其贸易便利化制度创新指数得分较低，深圳前海的投资便利化创新指数、政府职能创新指数以及法治化创新指数均位列各自贸区之前。从总体而言，广东自贸区建设进程均处于全国前列。（见图7.4～图7.9）

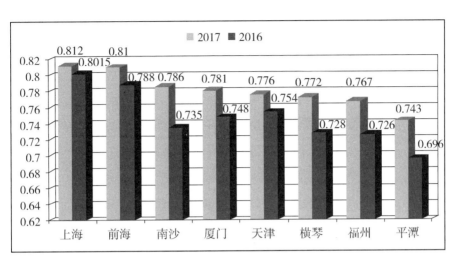

图 7.4 中国自贸区制度创新指数总体得分

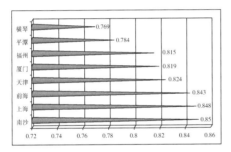

图 7.5 贸易便利化制度创新指数得分情况

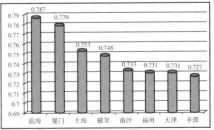

图 7.6 自贸试验区金融创新指数得分情况

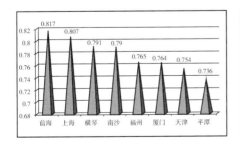

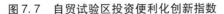

图 7.7 自贸试验区投资便利化创新指数

图 7.8 自贸试验区法治创新指数

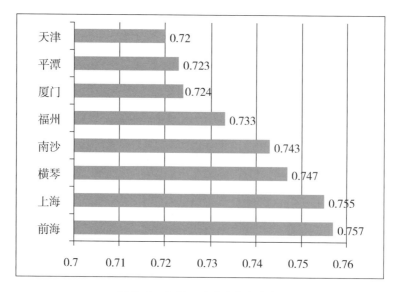

图 7.9 自贸区法治化创新指数

注：资料来源于中山大学自贸区研究院发布的系列排名结果。

> **专栏 7.2 毕马威：南沙自贸区营商环境全球模拟排名第 29 位**
>
> 中国（广东）自由贸易试验区广州南沙新区片区（以下简称"南沙自贸区"）营商环境评估报告出炉。评估报告显示，2018 年南沙自贸区营商环境便利度分数为 77.88，全球模拟排名第 29 位，且有 3 项指标挤进全球模拟排名前十。该评估报告由毕马威企业咨询（中国）有限公司作为第三方评估机构，采用国际上广泛认可的世界银行营商环境指标体系对 2018 年南沙自贸区的营商环境进行评估，本次评估通过南沙自贸区行政主管部门、企业、第三方机构等进行实地访谈，结合问卷调查、电话访谈等方式进行综合评价。毕马威在评估过程中发现，2018 年南沙自贸区通过实行一系列创新举措，各项指标均有显著提升，尤其在开办企业、获得电力、执行合同以及开展跨境贸易等指标表现突出，与世界先进国家和地区的差距进一步缩小，其中开办企业、获得电力、执行合同等 3 项指标挤进全球模拟排名前十。
>
> 引自：http://gd.sina.com.cn/news/2019-04-04/detail-ihvhiewr3020852.shtml。

第四节　国际贸易核心城市与战略支点城市

广州综合经济实力强大，其作为国家中心城市的功能不断强化，为广州建设国际贸易中心城市奠定了坚实的基础。广州和深圳同是中国战略支点城市，在相关指标考核和排名中位居全国前列，为促进广东"一带一路"贸易的畅通提供了重要支撑。

一、广东国际贸易核心城市

（一）国际贸易核心城市的定义与分类

国际贸易核心城市是指"国家为参与全球分工，分享全球市场和资源，确保其工业化可持续发展的国家战略需要，经过国家层面的战略规划，选择一个或若干个具有比较优势的本土城市作为全球资源配置的前哨战略平台"。

国际贸易核心城市可分为全球性国际贸易中心城市和区域性国际贸易中心城市两大类。目前，普遍认为，被评为全球性国际贸易中心城市的代表城市有：英国的伦敦市、日本的东京市、美国的曼哈顿地区等；此外，我国的香港地区以及新加坡是区域性国际贸易中心城市的代表。

这些国际贸易核心城市具有共性，均充分体现了国家工业化和经济的高度发展，体现了国家综合实力，同时也各具特色，具有独特的定位。如新加坡以能源贸易为特色，伦敦以海运和金融为特色。

（二）建设广州国际贸易中心

国务院相关文件明确提出广州的城市定位："广东省省会、国家历史文化名城，我国重要的中心城市、国际商贸中心和综合交通枢纽。"同时,《广州市商务发展第十三个五年规划》明确了广州发展的具体目标,广州在"十三五"期间要努力建设成为国际贸易中心。其中,规划划定的具体目标是,"至2020年,广州市力争实现社会消费品零售总额超过1万亿元,电子商务交易额超过3万亿元,同时,规划希望截至2020年,广州新增10家左右营业收入100亿元以上的本土跨国公司"。

专栏7.3 广州市商务发展的五个核心定位

围绕广州建设国际贸易中心的总目标,《广州市商务发展第十三个五年规划》中明确了"十三五"期间广州市商务发展的五个核心定位。分别为:第一,形成"全球接单、广州分拨、国内生产"的国际贸易枢纽;第二,打造国内外知名品牌集聚和引领潮流时尚的国际消费城市;第三,建设具有较大影响力的国际展、会、奖目的地城市;第四,以新业态、新模式和新产业为引领,建设我国服务贸易创新发展的示范城市;第五,加快"引进来"和"走出去"协调发展,构建国际资本集聚高地。

引自:http://finance.sina.com.cn/roll/2016-09-21/doc-ifxvyk-wk5313153.shtml。

广州建设国际贸易中心的建设,既是巩固提升国家中心城市地位的战略支点,又是广州从"千年商都"向"现代商都"跨越的内在要求,也是适应城市全球化和世界经济重心东移趋势的客观需要。2015年,广州市委、市政府提出全力推进国际航运中心、物流中心、贸易中心和现代金融服务体系的"三中心一体系"建设目标,国际贸易中心是广州建设"三中心一体系"的核心战略之一。

近年来,广州作为国家中心城市的功能不断强化,综合经济实力迈上新台阶,这为广州建设国际贸易中心城市奠定了基础。然而,面临国内各大城市建设国际贸易中心城市的竞争，以及与世界一流的国际贸易中心城市相比，广州国际贸易中心城市建设仍存在困难和障碍，如在交易方式方面，广州尚未形成具有集聚力和辐射力的网络核心优势，现代化的电子商务交易平台建设滞后；在市场主体方面，缺乏具有广泛资源配置能力的总部经济和商贸龙头企业；在市场体系建设方面，要素市场和价格话语权发育不足，截至2014年年底，广州已建成14家大宗商品交易中心。除广东塑料交易所、鱼珠木材交易中心的塑料和木材等大宗商品及其价格指数在国内具有一定影响力外，其他大宗商品的交易规模、影响力和话语权都有待提升；在发展动力方面，商贸吸引力、辐射力和创新力不强等。

广州国际贸易中心城市的建设，应进一步明晰自身的优势和不足，借助广州南沙自贸区建设以及粤港澳大湾区发展的契机，以体制机制建设和完善为纲要，以港澳为依托，吸引和推动全球高端要素的集聚；同时，以推动商业模式创新、打造核心交易平台以及促进现代流通方式的发展为抓手；加强营商环境建设，构建国际贸易中心支撑体系，全方位发力，加快广州国际贸易中心城市建设进程。

（三）我国主要战略支点城市

国际贸易支点城市不同于国际贸易中心城市，其更加强调的是城市在国际贸易的未来发展潜力与空间，而基于"一带一路"的国际贸易支点城市需要紧密贴切"一带一路"倡议主旨，加强与"一带一路"倡议的关联性，推动"一带一路"的建设作用强。此外，就范围来看，国际贸易支点城市既包含国际贸易中心大都市，又包含中小城市。

现有文献一般采用主成分分析法和专家评分法，从基础设施区位优势、人力资源、国际投资环境、国际商贸环境、国际贸易客观指标、国际化成都等12个层面建立指标，对"一带一路"国际贸易支点城市进行综合评价（王文等，2015）。

评价结果显示，目前，得分较高的国际贸易优势支点城市包括上海、北京、深圳、广州、重庆、杭州、天津、苏州8个城市，其中，广州和深圳属于广东省;具有非常大的潜力、快速而稳定的国际贸易增速,在国际上的吸引力越来越强的"一带一路"国际贸易潜力支点城市包括义乌、张家港、太仓、温州、南通和成都。具体而言,广州在"一带一路"国际贸易支点城市综合排名中位列第6,深圳位列第3。在国际贸易支点潜力城市中,广东的珠海市排名第1,惠州市、佛山市和中山市分列第6~8位。

(四) 广东省主要战略支点城市

1. 广州市

广州市在"一带一路"国际贸易支点城市评价体系排名中位列第6,在北京、上海、深圳、重庆、杭州之后。广州在通信资源完备度、消费零售额、基建得分等基础设施和环境建设方面具有相对优势,但是,在投资、对外贸易依存度和人均贸易额方面却存在明显的短板。

国际投资环境是"评价城市国际吸引力的重要指标,经济发展水平高,市场开放程度大,物价水平稳定,对国际资本的吸引力越强"。由于贸易和投资之间越来越呈现出相互促进的一体化关系,进一步推动广州加强和完善投资环境建设,将有助于促进其发挥国际贸易战略支点城市作用的有效发挥。同时,广州还应加强国际商贸环境建设,加强国际贸易合作,以广交会为依托,建设国际商务会展中心,着力于全面提升与"一带一路"沿线国家的经贸合作,优化周边贸易发展格局;同时,大力拓展产业投资,加强国际产能合作,利用南沙自贸区战略平台,引导和支持企业"走出去"。

2. 深圳市

根据"一带一路"国际贸易支点城市评价体系,深圳排名位列第3,仅位于北京、上海之后。深圳市的优势主要体现在其外向型经济方面,其通信资源完备度高,接待入境游客数量多。同时,其贸易额、人均贸易额和对外贸易依存度均水平较高。但是,深圳市在大学数量、外商投资以及医疗资源充足度等方面,仍然欠缺。

深圳毗邻香港,在国际航运格局中占有重要地位。2015年,深圳前海蛇口自贸区获批,目前深圳也正加大国际自由贸易港建设,这将为深圳进一步拓展与"21世纪海上丝绸之路"沿线国家的经贸合作,提供有效支持。

第五节　广东国际贸易现状

一、国际贸易理论基础

自贸区"贸易效应"这一概念首次提出于1950年,由 Viner 在其著作 *The Customs Union Issue* 中提出,这一概念用于概括建立自贸区对自贸区内、自贸区外造成的影响,更进一步地,贸易效应可以分为贸易创造效应(trade-creating effects)与贸易转移效应(trade-diverting effects)。贸易效应是创造效应与转移效应的综合效应。

(一)贸易创造效应

贸易创造效应是资源配置的优化。自贸区的建立使原先的贸易壁垒减少甚至消失,加剧自贸区成员国之间的产业竞争,生产活动由国内配置转向自贸区内配置,从低效率部门向高效率部门流动,最终提升自贸区内部的生产效率。又由于规模效应,贸易创造进一步降低自贸区内的生产成本,从而提高成员国的福利。

(二)贸易转移效应

贸易转移效应却是自贸区内、外产品贸易的低效率替代,贸易转移效应产生于成员国与非成员国之间。当自贸区内成员国之间的税率下降时,自贸区成员国间相互出口产品会使得商品在对方成员国市场上更为低价,刺激消费者购买，增加从成员国的进口，从而减少从非成员国的进口，区域内贸易代替了区域外贸易，但原本区域外进口国具有比成员国更高的生产效率。

二、广东省国际贸易国家合作现状

（一）总体合作概况

国际贸易是广东省乃至中国"一带一路"倡议下关注的重要议题。党的十九大报告指出，"要以'一带一路'建设为重点，坚持'引进来'和'走出去'并重，遵循共商共建共享原则，加强创新能力开放合作，形成陆海内外联动、东西双向互济的开放格局"。拓展对外贸易，培育贸易新业态新模式，推进贸易强国建设。《推动共建丝绸之路经济带和21世纪海上丝绸之路的愿景与行动》则强调"拓宽贸易领域，优化贸易结构，挖掘贸易新增长点，促进贸易平衡。创新贸易方式，发展跨境电子商务等新的商业业态。建立健全服务贸易促进体系，巩固和扩大传统贸易，大力发展现代服务贸易。把投资和贸易有机结合起来，以投资带动贸易发展"。2018年广东省政府工作报告也提出"落实进一步深化中国（广东）自由贸易试验区改革开放方案，抓好重大改革措施和重点事项落地实施，努力打造制度高地""推进贸易强省建设。拓展对外贸易，建设一批广东名优商品展销中心和目标市场境外展览平台，扩大驻外经贸办事网络，构建完善直接联系主要贸易伙伴的自主营销网络"。因此，如何在21世纪海上丝绸之路的背景下，优化广东省国际贸易合作，是本章关注的重点问题。

在过去的10年中，广东省对外贸易获得了长足的发展。如图7.10所示，广东省贸易总额由2007年的6340.35亿美元增长到2017年的10066.80亿美元，出口额由2007年的3692.39亿美元增长到2017年的6228.73亿美元，进口额由2007年的2647.96亿美元增长到2017年的3838.06亿美元，分别增长了58.77%、68.69%、44.94%。图7.10同样显示，自 2007 年以来，广东省的出口始终高于进口，保持了持续的贸易顺差，顺差额由 2007 年的 1044.43 亿美元增长到 2017 年的 2390.67 亿美元。

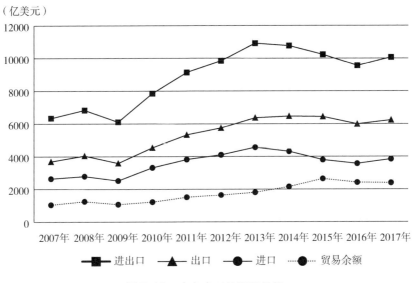

图 7.10　广东省对外贸易总额

从横向进行比较，在 2017 年，不论根据何种口径划分，广东省贸易总额、进口、出口均位居全国第一位，按收发货人所在地分，三项指标分别是第二位的 1.70 倍、1.72 倍以及 1.69 倍；按境内目的地和货源地分，三项指标分别是第二位的 1.75 倍、1.80 倍以及 1.67 倍。

表 7.6　2017 年货物进出口额排名前 10 名的省份　　单位：亿美元

地区	按收发货人所在地划分				按境内目的地和货源地划分			
	进出口	比例	出口	进口	进出口	比例	出口	进口
全国	41071.6	100%	22633.7	18437.9	41071.6	100%	22633.7	18437.9
广东	10066.8	25%	6228.7	3838.1	11136.6	27%	6763.1	4373.4
江苏	5907.8	14%	3630.3	2277.5	6364.9	15%	3749.7	2615.2
上海	4762.0	12%	1936.4	2825.5	4473.5	11%	1741.3	2732.2
浙江	3779.1	9%	2867.9	911.1	3839.7	9%	2924.0	915.8

续表7.6

地区	按收发货人所在地划分				按境内目的地和货源地划分			
	进出口	比例	出口	进口	进出口	比例	出口	进口
山东	2645.5	6%	1470.4	1175.1	3162.9	8%	1573.0	1589.9
福建	1710.2	4%	1049.2	661.0	1530.8	4%	922.4	608.3
天津	1129.2	3%	435.6	693.6	1216.9	3%	426.4	790.5
北京	3240.2	8%	585.7	2654.5	1216.2	3%	264.8	951.4
辽宁	996.0	2%	448.7	547.3	1125.3	3%	494.3	631.1
河北	498.6	1%	313.6	185.0	815.4	2%	437.3	378.0

注：数据来源于《中国统计年鉴2018》。

图7.11展示了2017年广东省对外贸易的区位合作关系。中国香港、东盟、美国、欧盟、韩国、中国台湾、日本、越南、马来西亚、德国、泰国、印度、新加坡、英国、澳大利亚、荷兰、菲律宾、印度尼西亚、南非、墨西哥是与广东省贸易总额最大的20个国家和地区。除中国香港、中国台湾地区外，欧美发达国家是广东省最为重要的贸易合作伙伴，日本、韩国在广东省对外贸易中占有重要份额，新兴市场与发展中国家也有一定的比重。

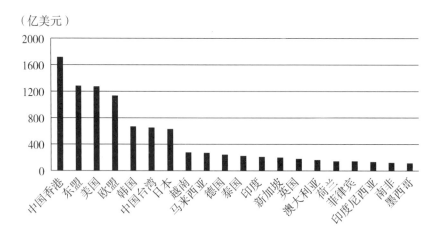

图7.11　2017年广东省对外贸易的区位合作

图 7.12 则描述了 2017 年广东省出口合作的区位关系。中国香港、美国、欧盟、东盟、日本、韩国、印度、英国、德国、荷兰、马来西亚、越南、新加坡、墨西哥、澳大利亚、泰国、印度尼西亚、加拿大、阿拉伯联合酋长国、中国台湾是广东省出口额最大的 20 个国家和地区。中国香港和美国是广东省最为重要的出口地，因此，人民币对美元升值、中美之间的贸易摩擦可能会对广东省出口造成较大的影响。

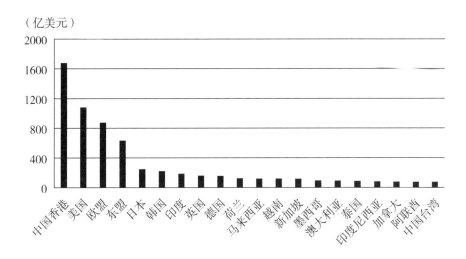

图 7.12　2017 年广东省出口的区位合作

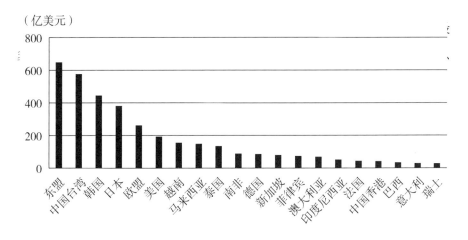

图 7.13　2017 年广东省进口的区位合作

越南、马来西亚、泰国、南非、德国、新加坡、菲律宾、澳大利亚、印度尼西亚、法国、中国香港、巴西、意大利、瑞士。与出口不同,中国台湾是广东省最大的进口地,但是从中国香港的进口额却较少;日本、韩国、马来西亚、泰国、新加坡、菲律宾等东亚、东南亚国家在广东省的进口中占有重要比重;广东省对美国的出口远远大于对美国的进口,贸易顺差达到888亿美元。

根据以上分析可以看出,虽然广东省的进口和出口均位居全国首位,但是国际贸易合作却依然存在着一定的优化空间。其一,广东省的对外出口大量集中于中国香港,虽然与香港的经贸合作有利于粤港澳大湾区的建设,但是中国香港更多的是作为贸易的中转地而非最终的目的地;其二,欧美发达国家在广东省对外贸易中占有重要比重,但是出口额大大高于进口额,对广东省的国家贸易不平衡有重要影响;其三,日本、韩国虽然是广东省的重要贸易合作伙伴,但是对日韩的出口却相对不足;其四,与新兴市场国家和发展中国家的贸易合作主要集中于东盟国家,与"一带一路"沿线国家的合作还需要进一步的加强。

"一带一路"倡议认为,"'一带一路'相关的国家基于但不限于古代丝绸之路的范围,各国和国际、地区组织均可参与,让共建成果惠及更广泛的区域"。因此,广东省在贯彻"一带一路"倡议下的21世纪海上丝绸之路的国际贸易合作的实践中,也应贯彻该战略方针,坚持开放合作,不但应当加强与"一带一路"沿线的新兴市场及发展中国家的贸易合作,还应当继续强化与欧美发达国家的合作,巩固扩大与日韩等国家的合作,构建"和平合作、开放包容、互学互鉴、互利共赢"的利益共同体。

(二)广东与沿线主要国家经贸合作概况

广东省作为中国对外贸易第一大省,从国内各省与"一带一路"沿线国家的贸易量来看,广东位列全国之首。具体从广东对沿线国家的出口贸易额变化来看,广东省由2000年的420.92亿美元增长至2016年的1995.6亿美元,其占全国比重达20.9%。按地区来看,广东在沿线的对外贸易主要集中于港澳台及东南亚地区,其中,2016年,广东对港澳台贸易额占比为57.8%,对东南亚为21.3%。剩下的20.9%中,西亚/中东占9.5%,南亚占4.8%,说明广东对外贸易较为集中。(见表7.7)

2017年1—4月,广东省对东南亚进出口占56.4%,其中对马来西亚、泰国、新加坡分别进出口600.5亿元、466.1亿元、454.3亿元,为广东省对沿线国家贸易最大的3个国家;对西亚北非进出口占18.9%,以上两地合计占75.3%;对南亚进出口664亿元,增长41.5%,增速高于15.7%,占14.4%,其中对印度进出口456.5亿元,增长47.1%。

同时,广东省也进一步加强与"一带一路"国家或地区的投资业务。根据商务部门发布的数据,2014年,广东对"一带一路"沿线国家实际投资仅为17.2亿美元。而到了2017年,广东对"一带一路"沿线国家的实际投资超过45亿美元,同比增长1.5倍。同时,近年来欧美等许多发达国家对广东的投资势头强劲,投资额快速增长。

表7.7 2016年广东与"一带一路"沿线主要国家经贸合作情况

国家和地区	进出口总额（亿美元）	合同利用外资（万美元）	实际利用外商直接投资（万美元）	实际对外投资（万美元）
孟加拉国	22.71	50	13	0
文莱	6.99	3390	3748	0
柬埔寨	7.75	0	0	2839
缅甸	73.47	0	183	0
印度	172.62	6622	125	0
印度尼西亚	110.89	-151	4420	22464
伊朗	156.65	48	5	0
伊拉克	12.17	66	16	0
以色列	20.97	371	12	1024
约旦	6.43	73	41	0
老挝	4.24	0	0	681
马来西亚	284.20	5927	1452	4545

续表7.7

国家和地区	进出口总额（亿美元）	合同利用外资（万美元）	实际利用外商直接投资（万美元）	实际对外投资（万美元）
巴基斯坦	31.15	60	11	17
菲律宾	139.41	203	30	39
卡塔尔	11.47	6	0	700
沙特阿拉伯	69.23	239	36	2446
新加坡	197.34	159427	127119	8984
叙利亚	1.22	107	57	0
泰国	229.45	3269	626	21080
土耳其	39.44	735	45	25
阿拉伯联合酋长国	98.30	182	5	11022
也门	4.35	86	44	0
越南	145.78	62	5	2895
埃及	18.29	127	39	0
匈牙利	29.18	0	0	5
波兰	34.20	56	52	0
俄罗斯联邦	80.30	170	34	4
捷克	19.02	5	8	0

注：进出口数据来自广州海关，其余数据来自广东省商务厅，均为快报数。

（三）广东省与发达国家合作现状

1. 广东省与主要发达国家的合作现状

如图7.14所示，2007—2016年，广东省对欧洲国家的贸易基本呈上升趋势，总贸易额由2007年的842亿美元增长到2016年的1155亿美元，出口额由626亿美元增长到887亿美元，进口额由216亿美元增长到268亿美元。与欧洲类似，如图7.15所示，广东省与北美的贸易也不断增长，总贸易额由2007年的940亿美元增长到2016年的1271亿美元，出口额由796亿美元增长到1060亿美元，进口额由144亿美元增长到211亿美元。与此同时,广东省与欧美的贸易极度不平衡,对欧美国家的出口长期远远大于进口,呈现出长时期高强度的贸易顺差。如图 7.16 所示,广东省对日韩的总贸易额则由 2007 年的 850 亿美元增长到 2016 年的 1222 亿美元,出口额由 232 亿美元增长到 442 亿美元,进口额则由 618 亿美元增长到 781 亿美元,与对欧美的贸易不同的是,广东省对日韩呈现出持续的贸易逆差,逆差额在 2016 年则高达 340 亿美元。

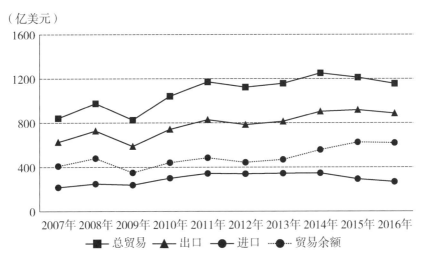

图 7.14　广东省与欧洲的国际贸易合作

图 7.15　广东省与北美的国际贸易合作

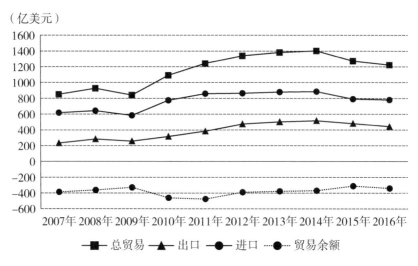

图 7.16　广东省与日韩的国际贸易合作

如图 7.17 所示,横向与江苏省、浙江省以及山东省的比较中,广东省对欧洲的进口排名第一,江苏其次,山东与浙江较少。并且,截至 2016 年,广东省对欧洲的进口仅领先江苏 16.7 亿美元,对欧洲出口占总

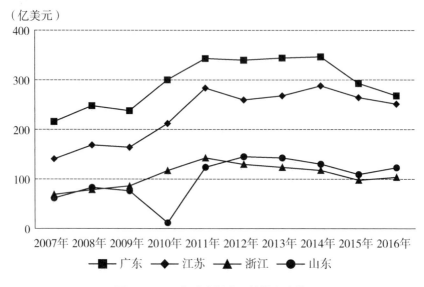

图 7.17　四省对欧洲进口的横向比较

出口的比重广东省却低于江苏省。图 7.18 则展示了广东、江苏、浙江、山东四省对欧洲的出口情况。在 2016 年,广东省对欧洲出口最多为 887 亿美元;浙江达到 664 亿美元位居第二;江苏排名第三但是与浙江相差不大,出口额为 653 亿美元;山东最少仅有 261 亿美元。与进口相似,广东省对欧洲的出口仅为江苏与浙江的 1.36/1.34 倍,但是总出口却是两省的 1.88~2.23 倍,对欧洲出口占总出口的比重却低于江苏与浙江两省。

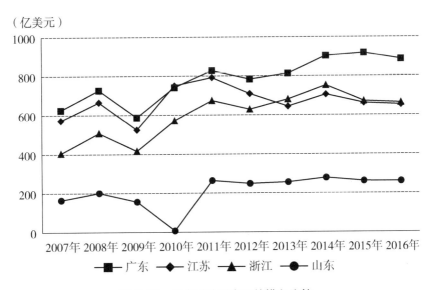

图 7.18 四省对欧洲出口的横向比较

而如图 7.19 所示,在 2007—2016 年间对北美的进口中,广东省在四省中排名第一,江苏省第二,山东第三,浙江第四,在 2016 年广东对北美的进口额是第二名江苏的 1.36 倍;对北美的出口贸易中,如图 7.20 所示,广东省同样排名第一,江苏第二,浙江第三,广东第四,2016 年广东对北美的出口额是第二名江苏的 1.37 倍。由此可见,与对欧洲的国际贸易类似,广东省在与北美发达国家的贸易合作中,同样存在着占总贸易比重不足的问题。由此可见,广东省对欧美发达国家的进出口还有进一步的提升空间。

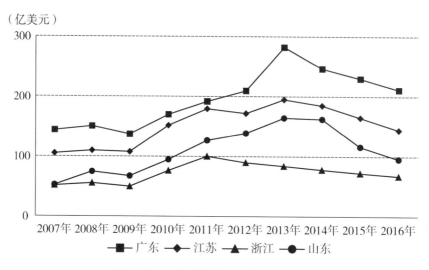

图 7.19 四省对北美进口的横向比较

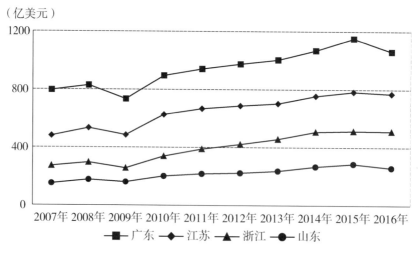

图 7.20 四省对北美出口的横向比较

图 7.21 与图 7.22 则分别展示了 2007—2017 年广东、江苏、浙江、山东四省对日韩进口、出口状况的横向比较。在对日韩两国的进口中,广东与江苏高居前两位,远远高于第三位的山东和第四位的浙江;在对日韩两国的出口中,广东省自 2013 年起超过江苏排名第一,江苏排名第二,

但是在2016年与广东的差距非常小,山东与浙江的排名分别位居第三与第四。由图7.21与图7.22同样可以看出,广东省对日韩出口、进口占总出口、进口的比重同样低于江苏省,结合对欧洲以及美国的分析,我们认为这在很大程度上是由于广东省的出口过于集中中国香港、进口过于集中于中国台湾,因此,导致广东省与欧洲、北美、日韩等发达国家的贸易合作相对不足。

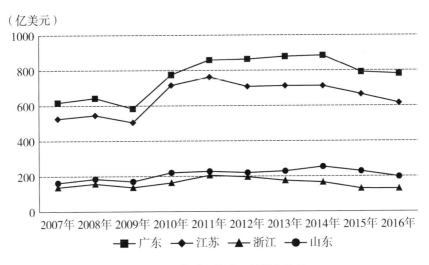

图7.21 四省对日韩进口的横向比较

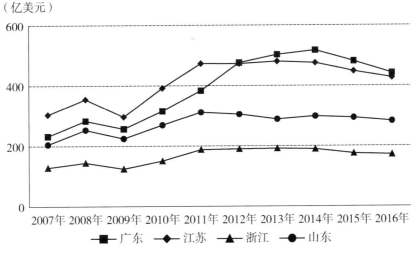

图7.22 四省对日韩出口的横向比较

2. 广东省与沿线发达国家的合作现状

根据中国"一带一路"网，截至2019年4月，中国已经与126个国家和29个国际组织签署了174份共建"一带一路"合作文件。按照世界银行的划分标准，"一带一路"合作国家中有15个国家为发达国家，包括奥地利、希腊、拉脱维亚、韩国、新加坡、斯洛伐克、爱沙尼亚、立陶宛、捷克、斯洛文尼亚、马耳他、葡萄牙、意大利、卢森堡与新西兰。

整理历年《广东省统计年鉴》予以公布的进出口数据，贸易合作对象属于"一带一路"发达国家的有韩国、新加坡、意大利、奥地利、捷克与新西兰。如图7.23所示，2007—2017年，广东省与这6个"一带一路"发达国家的国际贸易基本呈上升趋势，总贸易额从2007年的498.38亿美元上升到2017年的1010.23亿美元，出口额由191.23亿美元增长到440.91亿美元，进口额由307.15亿美元增长到569.32亿美元。其次，广东省与"一带一路"发达国家的贸易极不平衡，贸易余额长期为负，广东省持续处于贸易逆差状态。最后，2012年"一带一路"倡议提出后，广东省与"一带一路"发达国家的贸易总额与广东省贸易总额的比值突破9%，达到9.07%，并在2017年增长到10.04%。

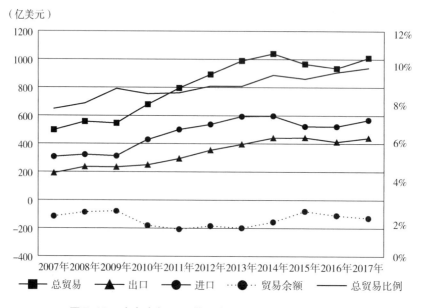

图7.23 广东省与"一带一路"发达国家的国际贸易

二、广东与沿线主要国家经贸合作的特点

(一) 主体多样化

广东企业"走出去"非常活跃,截至 2017 年 3 月底,广东共有"走出去"企业 1457 户,2014 年以来新增"走出去"企业 648 户,其中 45% 选择在"一带一路"沿线国家进行投资。在这些广东到"一带一路"沿线国家投资的企业中,民企境外投资 111 家,占全部投资家数的 35.9%,投资金额为 8.8 亿美元,占比 49.1%。

在对外投资产业结构上,国有企业与民营企业有明显区别。国有企业主要从事国际工程承包与营运、矿产资源勘探和开发、橡胶等热带农作物种植、制造业、运输服务等行业,民营企业则主要从事日用品、建材、食品药品、电子信息产品等生产、进出口贸易、光伏产品销售与安装等业务。

(二) 合作形式多样化

广东与"一带一路"国家开展经贸合作的同时,人文文化方面的合作也在不断加深。2016 年广东文化产品进出口额 437.9 亿美元,位列全国首位。由于其区位优势,其中"一带一路"沿线国家特别是海上丝绸之路国家占据重要比重。一大批广东企业"走出去"与沿线国家企业达成主要合作,并且吸收当地文化进行创作。如作为艺术陶瓷代表的蒙娜丽莎集团结合不同国家文化设计符合当地需求的产品,受到广泛欢迎。

(三) 金融交流与合作活跃

广东作为金融大省,在与"一带一路"国家或地区经贸合作中,金融合作也成了重要内容,助力"一带一路"建设。

首先是信贷投放。根据广东银监局披露的数据,截至 2017 年 3 月底,广东银行业(不含深圳)支持"一带一路"的项目达 172 个,授信总额

总计 2862.6 亿元。

其次是人民币跨境结算。广东省相关金融机构通过创新跨境人民币业务,提高人民币在沿线国家贸易结算中的使用,进一步提高人民币国际影响力。与广东企业积极"走出去"参与"一带一路"建设相伴,广东与"一带一路"沿线国家跨境人民币结算业务的需求亦不断增加。根据广东省人民银行的数据,截至2017年3月底,广东与"一带一路"沿线国家跨境人民币结算金额为8.8亿美元,占比49.1%。从结算币种的变化看,人民币的结算金额呈逐年增长趋势,2017年第一季度,结算金额占比达84.0%,较去年同期的74.3%提高了近10%。

第八章

21世纪海上丝绸之路与广东贸易转型升级

本章通过历史数据，简要对比分析广东对外贸易发展的结构和方式的渐变，结合当前国内外环境，分析广东外贸发展现阶段存在的局限性。最后探讨在"21世纪海上丝绸之路"倡议及"粤港澳大湾区"战略规划的机遇下，广东如何主动创新求变，最后给出实现贸易转型升级提出参考建议。

"中国改革开放永不止步，广东要走在全国前列，最根本的是要继续弘扬敢闯敢试，敢为人先的改革精神，推动思想再解放，改革再深入，工作再落实，党中央高度重视中小企业发展，要有骨气和志气，加快增强自主创新能力和实力。"

——摘自习近平2018年10月视察广东重要讲话

第八章 21世纪海上丝绸之路与广东贸易转型升级

第一节 广东对外贸易发展和转型升级

一、出口贸易发展

"先行一步"的理念是广东省率先践行改革开放的精神写照和动力内涵,它一直激励着广东人民敢闯敢试、敢为人先。正因这种持续的精神鼓舞和实干行动,广东省的进出口贸易总额从1978年改革开放初期的约16.18亿美元增长至2018年的1.08万亿美元,40年实现600多倍的增长。2018年同比增长5.1%,占全国外贸总值的23.5%,其中出口4.27万亿元,较上年增长1.2%,进口2.89万亿元,较上年增长11.3%,实现贸易顺差1.38万亿元。广东省自1986年首次成为外贸规模第一大省以来,连续33年保持全国第一。这些可喜的成绩得益于国家改革开放战略,"一带一路"倡议的提出,广东省内经济特区设立,城市经济试点改革,以及广东人先行一步的魄力胆识和智慧能力。改革开放40年来,广东外贸发展的巨大成就离不开国家政策的鼓励支持以及自身结构和质量的主动创新及优化提升。

表8.1 广东省进出口贸易及GDP年度数据

截至2018年12月广东省外贸及GDP年度总额(单位:亿美元)

年份	进出口	出口	进口	GDP	依存度
1987	210.37	101.40	108.97	227.60	0.92
1988	310.19	148.17	162.02	310.58	1.00
1989	355.78	181.13	174.65	366.90	0.97
1990	418.98	222.21	196.77	326.15	1.28
1991	525.21	270.73	254.48	355.88	1.48

续表8.1

年份	进出口	出口	进口	GDP	依存度
1992	657.48	334.58	322.9	443.39	1.48
1993	783.44	373.94	409.5	598.15	1.31
1994	966.63	502.11	464.52	536.47	1.80
1995	1039.72	565.92	473.8	713.10	1.46
1996	1099.6	593.46	506.14	823.49	1.34
1997	1301.2	745.64	555.56	938.95	1.39
1998	1297.98	756.18	541.8	1030.30	1.26
1999	1403.68	777.05	626.63	1117.23	1.26
2000	1701.06	919.19	781.87	1297.25	1.31
2001	1764.87	954.21	810.66	1454.01	1.21
2002	2210.92	1184.58	1026.34	1630.72	1.36
2003	2835.22	1528.48	1306.74	1913.60	1.48
2004	3571.29	1915.69	1655.6	2278.33	1.57
2005	4280.02	2381.71	1898.31	2753.68	1.55
2006	5272.07	3019.48	2252.59	3335.22	1.58
2007	6340.35	3692.39	2647.96	4178.98	1.52
2008	6834.92	4041.88	2793.04	5298.76	1.29
2009	6111.18	3589.56	2521.62	5781.36	1.06
2010	7848.96	4531.91	3317.05	6800.53	1.15
2011	9133.34	5317.93	3815.41	8439.71	1.08
2012	9839.47	5740.59	4098.88	9049.23	1.09
2013	10918.22	6363.64	4554.58	10087.64	1.08
2014	10765.84	6460.87	4304.97	11038.92	0.98
2015	10204.82	39983.1	23576.6	11690.41	0.87
2016	9489.1	39455.07	23574.4	11970.56	0.79
2017	10094.48	42186.81	25969.1	13311.89	0.76
2018	10800.01	5911.39	4888.62	14581.31	0.70

从历史数据中我们可以看到，改革开放初期广东外贸依存度稳步上升，体现了开放政策下对外贸易对广东经济的有效推动作用，广东经济相对较容易受外部因素影响，外向型经济特征明显。从"一带一路"倡议提出的 2013 年开始，广东外贸总量相比 2012 年有个跳跃式增长，后期保持稳定，这一成果得益于"一带一路"政策的激励。同时，2013 年开始，广东经济外贸依存度逐年缓慢下降，表明在新的海上丝绸之路政策引领下，广东经济总量增幅历年均超过外贸增幅，GDP 不再单纯由外贸输血式增长，新的"一带一路"倡议作为经济引擎已开始造血，更广阔的国际市场和多元化需求带来了产业规模效应和集聚效应，提升了整体经济的良性循环速度和自我优化的生态系统。

二、进口贸易发展

随着我国整体贸易顺差的不断扩大，贸易不平衡问题日益显现，2007 年开始将减少贸易顺差作为新的主要宏观调控目标之一，广东积极协调发展进出口贸易。为了扩大进口，广东首先从制度入手，建立进口企业联系机制，简化行政审批手续提高效率，积极主动帮扶进口企业解决困难，在相关行业的呼吁下，广东省外经贸部积极向国家建言献策，取消了部分产品的许可证管理和经营资格限制。另外，民营企业在国际市场采购机电产品不再受到招标政策的限制，同时对相关主体进行进口业务相关的系统性培训，一系列主动创新服务，极大地扩增了广东促进进口的渠道、规模和能力。

1986 年广东进出口总额首次全国第一，其中进口 25.6 亿美元，占全国总进口额的 8%。2007 年，广东进口总额同比增长 17.5%，达到约 2648 亿美元；一般贸易进口额同比增长 24%，达到 697.9 亿美元。在此节点，贸易顺差增长放缓，外贸不平衡逐步得以改善，同期主要进口初级形态塑料、石油、铜、钢材和大豆。2018 年，广东省一般贸易进出口

3.37万亿元，占广东省外贸进出口的47%，较去年同期提升0.9个百分点。加工贸易2.63万亿元，占比下降为36.7%。此外一般贸易比重不断提升，新型业态快速发展。广东的保税物流进出口同比增长12.6%，达到8932.71亿元；跨境电商作为新兴渠道进出口同比增长72%，达759.8亿元。

广东参与外贸的民营企业快速增长，经营主体不断增加。2018年，广东省民营企业进出口3.5万亿元，占广东省外贸进出口的48.9%，较去年同期提高2.8个百分点。此外，2018年广东有实际进出口业务数据的企业有约8.7万家，比2017年增加5000家，其中民营企业约占6.31万家，增加了5200家，市场主体活力进一步提升。

在主要贸易伙伴方面，2018年广东对中国香港、东盟、美国、欧盟等主要贸易伙伴进出口均实现增长。此外，2018年广东省与拉丁美洲和"一带一路"沿线国家进出口增速分别为7.9%和7.3%，高于广东省整体增速，表明广东省进出口市场相对均衡。

三、贸易模式的演变

加工贸易是指具有外贸资质的企业获海关和外经贸备案批准后从境外保税进口全部或者部分原辅材料经装配或加工，将产成品再出口实现外汇附加值的经营活动，出口时产成品不用缴纳关税和增值税，主要包括来料加工、进料加工、装配业务和协作生产等，加工贸易具有两头在外、加工增值、料件保税的主要特征。

一般贸易是我国境内有进出口经营权的企业采用国内原材料或已征税的进口原材料加工出口产品的贸易。企业在购买国产原材料时缴纳增值税，进口原材料时缴纳关税和增值税，产成品出口后增值税可退税或抵扣。表现形式是单边输入关境或单边输出关境的进出口贸易方式。

过去40年，加工贸易对广东的经济发展起到了重要促进作用，为广东制造业实现了产业发展的原始积累，同时提供大量的就业机会，各层次和渠道的人力资本和物资大量需求和交流带来了广东社会的稳定、开放、包容和持续的创新。虽然余淼杰（2013）发现，与普通出口企业和非出口企业相比，加工贸易企业的生产率相对较低，但广东加工贸易为后各续产业扩张和升级奠定了量变到质变的坚实基础。此外，加工贸易有助于广东进一步融入全球劳动分工这也是贸易顺差的来源，能在短期内快速拉动GDP增长，从长期看，一般贸易能持续促进的价值链和产业结构升级，实现技术的积累和创新。广东贸易发展模式遵循了由加工贸易主导到与一般贸易均衡发展的一般规律。

（一）加工贸易主导阶段

从广东出口外贸的细分数据进行简单结构对比。改革开放初期，广东外贸的出口中约60%是第一产业（采掘矿业和农副产品）初级产品，40%为工业品，工业品中技术含量相对不高，主要以劳动密集型产品为主，同期进口主要是机器设备等零部硬件，服务贸易尚处于起步阶段。20世纪80年代后期，基于前期基础，产业发展环境日趋完善，产业链得以深化和拓展，以加工贸易为主导的生产由轻工业装配扩展到零部件。机电产品的加工装配出口。90年代后期至21世纪初，电视机、洗衣机等家电产品的推广以及国内市场的扩大，国内政策对技术消化吸收及产业配套的鼓励，广东加工贸易开始进入高新技术产品加工装配及属地化配套生产阶段。在这阶段，广东外贸企业实现了先进技术的原始借鉴和积累，消化吸收二次创新，极大地提高了企业的研发能力，一批如华为、中兴、美的、格力、格兰仕、创维等知名企业顺势崛起，实现由OEM到ODM再到OBM的华丽蜕变。

（二）加工贸易与一般贸易并行阶段

改革开放30周年之际前后10年间（2003—2014），包含中国加入WTO和2008年国际金融危机重要节点。广东初级产品出口比例降为2%，工业制成品出口占98%，其中机电类产品占68.59%，同期外贸进口初级资源型产品（煤炭、原油、铁矿石）占10%，其余进口主要是高新技术产品。这一时期得益于加入WTO的契机，以市场占有为动力的外资跨国企业陆续进驻广东，同时受贸易摩擦和人民币升值的压力，国家加工贸易政策持续收紧，大量高污染、高能耗、资源型、量大价低的加工贸易逐步转移淘汰，贸易结构得到优化改善，逐步形成了区域内的"深加工结转产业链"。2008年国际金融危机的爆发使得靠劳动密集型成本优势和外部需求支撑的加工贸易面临巨大冲击，2452家外贸工厂关停，迫使广东启动外贸战略转型。但这一阶段总体是加工与一般贸易逐步趋同平行的阶段，严格地说，还是加工贸易相对占主导，2008年后期才逐步下降。

（三）一般贸易主导阶段

2012年党的十八大召开及"一带一路"倡议提出的新时期内，广东外贸规模和结构进一步提升和优化，如表8.2所示。历年平均增速超过全国平均GDP增速，表明广东外贸作为开放窗口对全国经济的拉动效应。平均外贸总额占全国约25%。受世界经济复苏较缓的影响的外生冲击，2014—2016年广东外贸出口自发地进行深度调整适应，新常态特征明显，贸易结构不断优化，进出口增速震荡下降，贸易顺差呈现出短期衰退型增长现象，在此期间积极扩展"一带一路"沿线国家市场，2015年迎来历史转折点，一般贸易额达2260亿元，超过加工贸易额1931亿元，2017年开始，外贸结构调整的效果显著，外贸规模开始新一轮发力增长。同时，主要双边贸易伙伴依次为：中国香港、美国、东盟、欧盟、韩国、日本和中国台湾地区，至此广东外贸迎来了可持续稳健发展新的方式和体系，抗风险和灵活性都得以提升。

表 8.2 自党的十八大召开和"一带一路"倡议提出至今广东外贸发展结构数据

指标	2012年 累计	2012年 累计同期增长%	2013年 累计	2013年 累计同期增长%	2014年 累计	2014年 累计同期增长%	2015年 累计	2015年 累计同期增长%	2016年 累计	2016年 累计同期增长%	2017年 累计	2017年 累计同期增长%	2018年 累计	2018年 累计同期增长%
进出口总额	9838.2	7.7	10916	10.9	10767	-1.4	63560	-3.9	63029	-0.8	68156	8	65349	7
进出差额	1644.6	—	1812.4	—	2157.1	—	16407	—	15881	—	16218	—	12037	—
出口总额	5741.4	7.9	6364	10.9	6462	1.5	39983	0.8	39455	-1.3	42187	6.7	38693	2.6
按贸易方式分:														
一般贸易	1903.4	3.5	2145.8	12.7	2499.6	16.5	17146	11.7	17093	-0.2	19291	12.1	18361	6.8
加工贸易	3249.5	4.3	3234.4	-0.4	3206.2	-0.9	17473	-11.3	15759	-9.8	16140	2.4	14965	4.5
来料加工	417.8	-16.3	358.1	-14	349.9	-2.5	1939.4	-9.7	1639.9	-15.4	1637.3	-0.1	1440.5	-3.6
进料加工	2831.7	8.2	2875.7	1.6	2856.3	-0.7	15533	-11.4	14119	-9.1	14503	2.7	13524	5.4
按经济类型分:														
国有企业	518.7	-8.6	504.8	-2.7	497.7	-1.4	3080.2	0.8	2907	-5.6	2868	-0.9	2163.4	-17.7
三资企业	3405.9	4.9	3573.3	4.9	3561.1	-0.3	20687	-5.4	19049	-7.9	19468	2.2	17629	1.2
集体企业	151	-16.3	150.9	-0.1	173.1	14.7	1152.3	8.4	1155.5	0.3	1138.5	-1.5	1011.2	-2.6
私营企业	1660.8	26	2131	28.3	2223.7	4.4	15011	9.9	16286	8.7	18683	14.2	17858	7.6
进口总额	4096.8	7.4	4551.7	11	4305	-5.5	23577	-10.8	23574	0	25969	10.1	26656	14.1

续表 8.2

指标	2012年 累计	2012年 累计同期增长%	2013年 累计	2013年 累计同期增长%	2014年 累计	2014年 累计同期增长%	2015年 累计	2015年 累计同期增长%	2016年 累计	2016年 累计同期增长%	2017年 累计	2017年 累计同期增长%	2018年 累计	2018年 累计同期增长%
按贸易方式分：														
一般贸易	1385.2	1.1	1541.9	11	1658	7.5	9633.4	-5.4	10243	6.3	12111	17.9	12313	11.4
加工贸易	2049.1	4.4	2033.2	-0.8	1996.8	-1.8	9886.9	-19.4	8710.1	-11.9	9123.8	4.7	9021	11.5
来料加工	262.1	-16.1	237.8	-9.7	255.9	7.6	1437.7	-8.5	1192.3	-17.1	1186.5	-0.6	1104.4	1.6
进料加工	1786.9	8.3	1795.4	0.5	1740.9	-3	8449.2	-21	7517.8	-11	7937.3	5.5	7916.6	13.1
按经济类型分：														
国有企业	414.8	-11.8	398.7	-4.1	380.6	-5.2	1892.1	-19	1659.1	-12.3	1841.1	10.9	1529.3	-9.1
三资企业	2305.8	2.4	2347.8	1.8	2327.9	-0.8	13030	-8.9	11967	-8.2	12454	3.8	11966	6.9
集体企业	47.7	-25.3	44.9	-5.8	50.8	13.1	321.4	3	406.29	26.4	419.22	3.1	491.3	27.6
私营企业	1007.6	19.1	1419.6	40.8	1284.7	-9.5	8323.4	5.5	9516.1	14.4	11155	17.5	12547	25.4
全国进出口总额	38668	6.2	41603	7.6	43031	3.4	245849	-7	243344	-0.9	277921	14.2	278777	11.1
出口总额	20489	7.9	22100	7.9	23428	6	141357	-1.8	138468	-2	153318	10.8	149234	8.2
进口总额	18178	4.3	19503	7.3	19603	0.4	104492	-13.2	104936	-0.3	124603	18.7	129543	14.6
进出口差额	2311.1	—	2597.5	—	3824.7	—	36865	—	33533	—	28716	—	19691	—
广东占全国比重%														
进出口	25.4	—	26.2	—	25	—	25.9	—	25.9	—	24.5	—	23.4	—
出口	28	—	28.8	—	27.6	—	28.3	—	28.5	—	27.5	—	25.9	—
进口	22.5	—	23.3	—	22	—	22.6	—	22.5	—	20.8	—	20.6	—

除了结构的转变,广东贸易发展的主体和方式也发生了渐进变化。首先,广东贸易发展的主体从以国有企业为主导逐渐转变为外资企业和民营企业为主导的新格局。改革开放初期,只有国营贸易公司才有对外贸易经营权。加入世贸组织后,外贸严格审批制度向备案登记制度的改变,彻底放开了外贸经营权限,民间资本和民营企业获得机会积极参与外贸,极大地提升了经济活力。以 2008 年出口贸易为例,广东国企出口额只占 15.43%,私营企业出口占 17.56%,外商投资企业出口占 62.89%。截至 2018 年,从数据中可以看出,这十年间国有企业外贸出口同比历年均是负增长,三资企业外贸出口额占比则达到历史最高点,这体现出中国开放经济的包容诚意和多元动力。

此外,广东贸易形式由加工贸易向一般贸易发展。改革开放初期,"三来一补"是广东利用外资和扩大出口的重要方式,这一方式为广东省提供了大量就业机会,并促进了国企技术改造与升级,1978—1987 年这十年间,全省装配企业达 1.4 万家,提供就业岗位 100 万个。由于广东的原材料资源相对缺乏,20 世纪 90 年代初期的来料加工和进料加工进一步相对发展较快,平均增速高于一般贸易,此阶段全省装配企业发展到 3 万多家,提供 300 多万个就业岗位,收入突破 10 亿美元。加入世贸组织后,广东制造业崛起,技术进出口贸易的蓬勃发展,虽然加工贸易拥有基数庞大的绝对额,但其增速已放缓,其中,来料加工比重下降明显,一般贸易增速逐步高于加工贸易。党的十八大以来,一般贸易平均增速大大超过加工贸易,这表明了新时期广东贸易方式实现了优化升级,资源配置和效率都得到了有效的提升和改善。

第二节　广东省外贸转型升级

产业成长与转移、贸易与生产、内贸与外贸、内资与外资、贸易产业结构与经济协调发展是广东省外贸发展的重要命题。国际金融危机后,国家持续深化调结构促转型改革,推进外贸发展方式转变,逐步限制涉及"两高一资"外贸行业,并曾数次下调相关产品出口退税率,被增设的加工贸易禁止类目录越来越多,广东传统外贸行业和模式逐步缺乏竞争优势,因此加快外贸转型已刻不容缓。

一、现阶段外贸模式的局限性

40年广东贸易发展的辉煌,离不开毗邻港澳的地理优势以及劳动力成本优势,在2008年国际金融危机后,国际市场需求低迷的同时贸易保护重新抬头,广东外贸企业遭遇的反倾销诉讼量全国第一,贸易救济调查频繁,欧盟EUP及美国《雷斯法案》的推出使广东传统的优势出口产品如家具、陶瓷、玩具、服装等行业的国际竞争力受挫,因此必须对广东现阶段贸易模式局限性进行反思和分析。

广东贸易主要以美国和欧盟为代表的西方国家消费需求支撑,约占贸易总额的35%,国际金融危机后,西方国家的整体消费观念开始转变,储蓄率明显上升,使得消费总量持续降低,全球国际大宗商品价格受通胀预期影响过早攀升震荡,世界经济复苏缓慢。广东对外贸易环境相比以前不再顺风顺水,同时广东战略型资源的进口量和渠道都相对较少,国际采购议价能力不高,容易被资源出口国通过关税限制资源进口,高技术产品进口依旧收到国外管制,综合要素的成本上升造成外贸出口压力的增加,另外长期高速增长带来的劳工工资、环境污染和土地资源利用等问题,导致广东外贸的成本优势逐渐被削弱。

广东在高度粗放的外向型发展模式背景下,外贸发展较大依赖于外部条件。改革开放以来,广东通过"大进大出""两头在外"的发展模式取得了显著经济效益,同时也通过这种方式积累和学习了先进工艺和技术,外贸已成为广东经济的重要支柱,加工贸易所占比重依然偏高,对外部原材料和市场环境依赖性高,这种模式会一定程度限制自身研发创新能力和自有品牌知识产权的培育和积累。

广东对接21世纪海上丝绸之路虽已有成效，但现代贸易是信息化、数字化时代，广东对外贸易目前缺乏全国首创的发展沟通交易平台，双边外贸企业、国际消费需求、双边政府、第三方服务机构等关于外贸信息的不对称，会损失较大的全球福利和贸易效率。

二、广东外贸转型的建议

（一）制度创新保驾护航

广东最早的加工贸易起源地如深圳、佛山、东莞、珠海，恰好也都是古代海上丝绸之路的始发地和广州十三行加工贸易兴起的地方。国际金融危机之前，全球贸易增幅一直维持在两倍全球GDP增速的水平；国际金融危机过后，世界经济发展放缓，现阶段全球贸易增速基本与世界平均GDP增速持平，有必要加强国际投资以促进国际贸易，"21世纪海上丝绸之路"倡议适时及时的提出，给广东贸易转型升级和多元扩展带来新的机遇。制度资本，是继人力资本、物质资本之后保障和促进经济发展的重要生产要素，广东贸易转型首先需要制度先行，保障参与者的热情和活力。

广东贸易一直备受世界关注，外贸企业常年面临大量认证和应诉高额的费用和烦琐程序的压力，不利于广东出口贸易的发展，广东应借粤港澳大湾区契机，联合湾区内专业认证机构建立对外贸易公益性系统性的培训及帮扶机制，普及加强主要伙伴国贸易技术壁垒知识的学习和认证意识及能力，同时建设本地特色的动态实时的贸易信息平台建设，完善信息发布及共享机制，逐步实现企业、行业、政府多层联动互助。在应对贸易诉讼和贸易壁垒时集合全体智慧和力量，从容、高效、主动应对，这将极大地提升出口企业的信心和动力。

从纵向看，广东需要积极探索与外部贸易合作模式，以粤港澳大湾区及各大自贸区为创新载体，构建广泛的多层次的区域合作体系。首先实现粤港澳区域经济一体化和基本公共服务均等化,同时粤港澳湾区人民币离岸结算的创新模式探索,促进资源优化配置与要素的自由流动都是广东省外贸发展的重要制度支撑,同时积极寻求省外贸易平台的合作作为广东扩大外贸升级的窗口渠道例如:目前东盟是广东的第一大资源进口来源地和第四大出口市场,北部湾东盟贸易区与粤港澳大湾区的协同发展机制对新时期广东未来外贸发展尤为重要,加强粤西与北部湾地区深度合作,搭建"直通"北部湾地区的沟通合作桥梁。

制定具体政策,主动融入"21世纪海上丝绸之路"建设,全面引导鼓励广东外贸企业参与丝路建设的相关投资,保障其海外权益和利益,在广东企业进行OFDI项目时,给予产业、市场、法律、政治、环境的全程指导以及合理多元的约束与激励并行的创新机制。

(二)合理产业转移提升现代产业体系促进外贸发展

逐步转移相对落后产能,完善落实《广东产业转移区域布局总体规划》,引导省内地市形成错位互补的产业聚集地,完备自身产业链。同时,针对转移后腾出的资源,先构建好公共服务设施及制度筑巢引凤,通过高标准严格招商引商稳商升级、完善和创新现有的产业结构体系。同时吸引各行业的跨国公司、先进装备制造业和现代服务业在广东落户,提高自主品牌高技术含量、高附加值产品的出口比重。传统产业长期积累了技术、市场和管理经验鼓励部分加工贸易企业脱颖而出,由之前单一型生产向服务型生产企业转型,由单一的加工制造职能向设计研发、品牌营销领域扩展,同时进一步挖掘潜力和附加值,利用品牌建设和质量提升做大做强,由标准制造转向制造标准变革。

(三)积极开拓新兴市场和自贸区市场

广东应借21世纪海上丝绸之路、南沙自贸区、粤港澳大湾区等新一轮政策机遇期,通过产品的升级的出口产业,推动广东出口产品质量和口碑的提升,积极引导孵化培育新的外贸发展的业态模式,重点推进跨境电商、国际采购新模式的良性发展,丰富市场的多元化,指导鼓励企业深度挖掘传统的出口市场内涵和外延潜力,同时大力度支持帮扶企业开拓新兴市场。加快外贸转型升级,有利于提升贸易效率,降低贸易成本,实现外贸从"大进大出"转向"优进优出"。

广东的服务贸易相对发展滞后,发展潜力空间巨大,国际贸易的竞争力逐渐从制造业向服务贸易转移,已成为世界各国贸易升级转型新的支撑点和增长点。广东应借鉴香港在金融、工业设计、文创领域的服务贸易先进经验,首先拓展融入制造性服务业中。一举两得,既服务自身产业升级,又同时培育新的贸易增长点。

除现有传统贸易伙伴市场外,广东应利用自贸区及粤港澳大湾区的开放开发契机,加强广东出口产品的宣传推广,同时努力开拓相对欠活跃的东欧、南美、中东、东盟和北非等新兴市场,扩大出口产品的规模和多样化,从满足国际需求向创造国际需求转变。

(四)搭建适时动态,国际共享的广东海丝路外贸服务平台

广东通过改革开放政策红利加上外贸生产综合生产要素的相对低成本优势,以及中国小康社会进程中市场容量巨大,大胆实施落实"引进来",吸引大量外资主动入驻,实现巨大经济效益。前期粗放式发展取得了立竿见影阶段性经济成效。当前人口红利期过,用工和土地成本剧增,"走出去"正当时,实现对外贸易和投资的重要前提之一是国际沟通和互信,因此广东外贸升级发展需要配套创新的综合服务平台,实现信用质量评估、行政许可检测、供求订单发布、物流调度优化、结算报关申请、人才培养招募、项目合作研发、政策咨询援助等层面的多元信息适时沟通传递,提高贸易便利化水平。平台是21世纪海上丝绸之路"五通"的综合载体,政策、交通、民心、资金、贸易都可以通过平台适时互动,高效传递。搭起广东与国际贸易的桥梁和窗口,拉近广东与国际市场客户的距离。

专栏8.1　广东外贸发展故事

1. 率先打破外贸"垄断经营"

40年前,我国对外贸易实行由国家外贸总公司独家专营的体制,广东省仅有的12家不具备独立法人地位的专业外贸分公司执行国家外贸总公司成交的进出口合同,工厂按外贸公司下的合同进行生产。这种外贸垄断经营的模式,严重地阻碍了出口商品的生产和国际市场的开拓。

党的十一届三中全会提出改革开放,中央以中发〔1979〕50号文(以下简称"50号文")赋予广东"特殊政策、灵活措施",这是中央授予广东先行一步、打破外贸垄断经营的"尚方宝剑"。广东积极探索,在打破长期以来由国家外贸总公司垄断外贸经营僵硬的体制上使出了"三板斧"。

第一斧,1980年9月,第一家工贸公司——广东省冶金进出口公司成立,此后几月有10多家工贸公司相继成立。

第二斧,1981年,全国率先给予广东"市县外贸经营权",并陆续建立了一批新的出口口岸和出口起运点,调动各市县发展对外贸易的积极性。

第三斧,1984年起,广东先后成立了一批省级地方综合性的外经贸公司,包括省外贸开发、省外经发展、省海外经贸、省东方进出口、广东(蛇口)进出口贸易、广东粤海进出口等公司。这又开了外贸公司可以综合经营的先河。经过一轮又一轮的"放权""搞活",广东形成了以专业外贸公司为主体,多渠道、多层次共同经营外贸的新局面。

2. 率先推行出口代理制

原来我国外贸出口一直实行由国家统负盈亏的财政体制,为解决全国出口严重亏损而国家财政又不堪负担的问题,1984年,国家断然采取措施:一是核定出口商品的换汇成本,二是调减出口计划。这一年,国家安排广东的出口计划为13亿美元,比1983年广东出口实绩23.99亿美元少了10多亿美元。出口计划的大幅减少,导致大批工业产品不能出口,工厂面临大量工人下岗的困境。为此,省外经贸部门提出了"搞好计划内和计划外出口,收购出口与代理出口协调发展,千方百计把代理出口搞上去"的工作思路。并经国家有关部门批准,广东在全国率先开展代理出口制,计划外代理出口的外汇留给广东自行平衡亏损。在这一思路导向下,广东选择一批出口生产规模大、出口有市场的生产企业,由传统外贸收购出口改为外贸代理出口。广东在全国率先推行外贸代理出口制,既扩大了出口货源,又促进了出口企业自负盈亏,既确保经济的增长、保住工人的饭碗,又加速由"以产定销"向"以销定产"的转变。在计划与市场的双重作用下,广东出口经营方式的突破,为全国扩大出口,发挥了探路和先导的作用,意义重大。1984年,广东出口24.2亿美元,比国家安排广东的出口计划增加11.2亿美元,而且企业普遍盈利。

3. 率先试行外汇额度有偿使用

1988年,全国推行外贸承包经营责任制,并对出口外汇实行给予地方(企业)留成外汇的政策。在国家对外汇使用实行指标控制及汇率双轨制的情况下,外汇额度(相当于粮票)对于地方经济和企业发展有着重要的作用。为了解决地方和部分企业急需外汇指标的难题,盘活全省留成外汇,广东创造性地采取留成外汇有偿使用的做法,按照"谁用汇谁付费"的原则,由使用外汇额度的单位支付人民币,收益用于出口企业的盈亏平衡。

1988年,经省政府批准,对留成外汇额度有偿使用价格进行调整,调整后的使用标准加上当年美元的人民币牌价汇率,大体与每美元5.13元出口成本吻合,外贸出口基本可实现盈亏平衡。由用汇单位与出口企业按上述价格标准自行洽商使用，使企业之间的外汇额度仍能按市场供求调剂使用，发挥更大的作用。广东留成外汇额度试行有偿使用的做法，对扩大出口、平衡盈亏，以及发展生产、保障就业起到了十分积极的作用，也为后来设立的外汇调剂中心乃至国家外汇制度改革提供了很好的借鉴。

广东进出口总量33年来一直稳居各省区市首位。通过三个改革故事让我们深刻地感受到：改革开放是我们取得成功的最大法宝，改革开放永远在路上。习近平新时代中国特色社会主义思想，继续高举改革开放的伟大旗帜，引领中国走向更辉煌的明天。

——摘自《南方杂志》2018年7月18日，作者：黄永智

第三节　推动"引进来"和"走出去"协调发展

一、"引进来"和"走出去"的概念

改革开放总设计师邓小平在南方谈话时提到，对外开放的实质就是通过"引进来"和"走出去"，加强同各国各地区的各种合作与经贸、技术、人员往来，吸收和借鉴人类社会包括资本主义制度下创造的一切对我们有用的成果，为建设社会主义现代化中国服务。在对外开放中，邓小平特别注重"吸收国际先进技术和经营管理经验，吸收他们的资金"。他大胆地、开创性地提出扩大对外开放区域、兴办经济特区等一系列重大政策措施，从制度层面保障和促进了我国持续对外开放进程。

"引进来和走出去"是我国改革开放的高度形象凝练总结，也是动态辩证关系，"引进来"是"走出去"的物质积累基础，"走出去"是更好

的开放，更好的开放吸引更多的资源进入。这种依存共进、相得益彰的发展思路体现了党和国家的集体智慧，"引进来"不是简单的招商引资，战略目标是要将国外的先进科技人才和领先的管理理念引进来。

邓小平的对外开放思想孕育了"走出去"战略。党的十一届三中全会明确提出："在自力更生基础上，积极发展同世界各国平等互利的经济合作。"在这一重要方针指引下，广东企业开始积极勇敢地迈出国门，走向世界。因此，"走出去"战略是邓小平对外开放理论思想的精彩实践，在新时期新形势下党和国家依然将对外开放思想作为制定重大发展战略的参考。后续历代党和国家领导人都对"引进来和走出去"战略表示高度肯定和重视，在不同时期针对性地制定了相关的鼓励政策，积极传承延续并落实这一思想。

坚持对外开放的基本国策，加快广东对外贸易转型升级，就是要强优势，补短板，串链条，将"引进来"和"走出去"双向开放进行更好的融合，扩大市场边界，优化贸易结构，加强内外联动，构建互惠共赢、多元均衡，高效安全的开放型经济生态系统，创构经济全球化趋势下广东参与国际贸易竞争与合作合作的后发新优势。

"走出去"应是以广东公司为主导服务公司战略的一种跨国资源整合模式，从中可以获得更多的资源和利益。无论从市场空间的开拓、产业结构的优化、经济资源的获取、技术来源的渠道，还是贸易保护壁垒的突破，培育广东更多具有国际竞争力和美誉度的大型跨国公司，进而带动产业链"走出去"都是一种必然选择，也是广东践行对外开放的新阶段新成就。

二、广东如何利用21世纪海上丝绸之路推动"引进来"和"走出去"协调发展

21世纪海上丝绸之路已是全球共享的发展机遇和大舞台。广东对外贸易应充分利用黄金时期，解放和创新思想，摆脱长期以来形成的对外加工贸易的惯性力量和思维，积极探索"引进来"与"走出去"均衡发展

路径，使得广东贸易体系与经济体系动态适应，协调重构。

广东贸易转型在海上丝绸之路背景下，要充分利用自由贸易区的窗口，实现由一般贸易向自由贸易的升级，自由贸易的核心是贸易主导权，实践经验表明，当一个国家的服务业在GDP中的比重超过60%时，则进入自由贸易阶段，广东服务业发展正在高速接近这一目标，为了迎接这一阶段的到来，未雨绸缪推动"引进来与走出去"正当时。外贸是走向国际市场的流通环节，贸易增长方式的转变，必须先优化升级现有产业结构，广东政府应该提前进行战略性产业布局，确定不同产业的优化升级路线图，引导鼓励市场和企业自发地向目标趋同同时积累核心技术和自主知识产权。在此之后广东企业先通过海上丝绸之路的国际合作机遇，大胆"走出去"，加大对广东集成设备和先进生产线的出口，必要时通过借道绕过贸易壁垒进入大容量的第三方市场。但是前期的研发和市场培育和拓展成本相对较大，见效周期长，政府应出台相关激励措施，对通过提升自身技术和工艺水平、创新积累自主知识产权、扩大"走出去"范围和步伐的企业进行激励。

鉴于广东对外贸易依存度在70%的情况下，"引进来"和"走出去"需要重点针对资本市场发力，扩大对外投资和引进优质外资是两个重要引擎，广东应主动地在更广阔的国际市场空间进行资源优化配置和产业结构升级调整。在保持优势制造业的同时，向产业链、价值链的高增值环节迈进，提升广东在国际产业分工中的角色层次和贡献份额。

广东应广泛常态化激励企业通过21世纪海上丝绸之路贸易伙伴以及中国进博会扩大消费品进口，以物美价廉、多样化的商品"引进来"提升福利水平的同时，增进了与新兴市场的互动，为更多的"走出去"打下基础，同时提升进口便利化管理水平，加大服务力度，简化进口环节流程，完善多种进口贸易方式，推动监管服务模式创新，早日实现广东国际贸易的"单一窗口"，清理整顿降低企业进口环节的税负，最后推动跨境电商发展，完善跨境电商产业链也是市场化、自调节地推动"引进来走出去"协调发展的法宝之一。

专栏8.2 "走出去"活跃在"一带一路"沿线国家上的广东代表性企业

截至2016年年底,广东企业在100多个国家和地区设立非金融类企业8603家,中方协议投资额905.3亿美元。其中,在"一带一路"沿线国家协议设立884家企业,协议投资146.6亿美元,占全省比重16.2%;实际投资39.1亿美元,占全省比重5.7%。

2017年7月,在肯尼亚西部城市埃尔多雷特,由广东新南方集团和肯尼亚DL集团下属的肯尼亚非洲经济特区有限公司合建的"珠江经济特区"应运而生。这座正在建设中的"未来之城",将给这个非洲国家的工业化和现代化建设带来新的改变。新南方集团相关负责人介绍说:"特区三期预计吸引投资总额约20亿美元,每年将创造超过30亿美元生产价值。全面运营后,将直接创造超过4万个工作岗位,间接提供9万个就业机会。"新南方集团顺应国家"一带一路"倡议,积极推动中非产业对接和产能合作,通过打造大型连锁经济特区和参与非洲基础设施建设,助力非洲经济发展,同时为中国企业搭建投资创业平台,帮助中国企业"走出去",共筑"非洲梦"。

在广东深圳,成长于改革开放红利中的比亚迪股份有限公司,也在"一带一路"倡议下,寻找新的发展机会。比亚迪在全球拥有33个工业园,占地总面积超过1800万平方米,其中,国外6个分别位于美国兰卡斯特、巴西坎皮纳斯、日本馆林、匈牙利科马罗姆、法国博韦和印度清奈。"'一带一路'倡议对比亚迪的全球化布局起到巨大的促进作用,比亚迪已经在巴西、新加坡、马来西亚、印度尼西亚、泰国等大部分的沿线国家和地区开展业务。"2017年,比亚迪实现营业收入约1034.7亿元,较之同期增长29.3%,其中,海外营业收入增长相对较快。

广东省在不断开拓"海上丝路"的同时,开往中亚五国和欧洲的班列也满载着广东企业生产的服装、平板电脑、灯具、鞋、空调等货物,即将搭乘中欧班列从石龙出发,过满洲里出境,到达俄罗斯、波兰和德国。广东民营企业优势明显在"一带一路"建设的进程中,广东省一直走在前列。

2017年,广东将推进与沿线国家地区基础设施互联互通,新增一批国际客货运航线,与沿线城市共建港口联盟;推进国际产能合作和装备制造合作,加快建设境外合作园区等。如今,在基础设施互通互联、政府引导、政策利好的环境下,正加速广东企业在"一带一路"建设上"走出去"的步伐。据广东税务部门统计,截至2017年,广东共有"走出去"企业1655家,其中45%选择投资"一带一路"相关国家,投资额较2014年增长约120%。而"走出去"和"引进来"正是对外开放的"双向"过程,"一带一路"建设促进了广东的产业转移升级,产业的"走出去",为新的产业发展腾出空间,同时为一些企业做大做强,提供更广阔的市场。

——摘自《时代周报》2017年10月17日,作者:程洋

第九章

21世纪海上丝绸之路广东贸易的政策创新与措施

本章主要以习近平总书记对推进"一带一路"建设的政策沟通、设施联通、贸易畅通、资金融通、民心相通五个方面的要求为主要政策研究框架，对21世纪海上丝绸之路广东贸易政策创新与措施进行梳理与分析。

第九章 21世纪海上丝绸之路广东贸易的政策创新与措施

第一节 广东参与21世纪海上丝绸之路建设的政策研究框架

习近平总书记在党的十九大报告中提出,"坚持打开国门搞建设,积极促进'一带一路'国际合作,努力实现政策沟通、设施联通、贸易畅通、资金融通、民心相通,打造国际合作新平台,增添共同发展新动力"。党的十九大为广东参与21世纪海上丝绸之路建设明确了抓手,即"一带一路""五通"——政策沟通、设施联通、贸易畅通、资金融通、民心相通。

为贯彻落实党中央和国家有关决策部署,积极推进丝绸之路经济带和21世纪海上丝绸之路建设,广东省于2015年12月31日出台了《广东省参与丝绸之路经济带和21世纪海上丝绸之路建设实施方案》(以下简称《建设实施方案》)。《建设实施方案》明确了广东省参与丝绸之路经济带和21世纪海上丝绸之路建设的指导思想,即"围绕政策沟通、设施联通、贸易畅通、资金融通、民心相通的要求,以互利共赢为目标,联手港澳台和周边省区,务实推进与'一带一路'沿线国家合作,将广东建设成为与沿线国家交流合作的战略枢纽、经贸合作重心和重要引擎"。

因此,对21世纪海上丝绸之路广东贸易政策创新与措施的梳理与分析,也将主要从政策沟通、设施联通、贸易畅通、资金融通、民心相通这五个方面展开。

第二节 政策沟通:构建多层次沟通协商体系

政策沟通是"一带一路""五通"之首,是中国与"一带一路"沿线各国在各个领域开展务实合作的前提与保障。习近平总书记首次提出"一带一路"倡议之时，便将政策沟通放在了第一位。2013年9月，习近平总书记在哈萨克斯坦纳扎尔巴耶夫大学的演讲中提出，共同建设"丝绸之路经济带"可以先从以下几个方面先做起来："第一，加强政策沟通。各国可以就经济发展战略和对策进行充分交流，本着求同存异，协商制定推进区域合作的规划和措施，在政策和法律上为区域经济融合'开绿灯'……"

政策沟通的实施主体主要为政府，其次还包括智库、媒体等。《广东省参与丝绸之路经济带和21世纪海上丝绸之路建设实施方案》在第九项重点任务"健全外事交流机制"中也提出"构建多层次沟通协商机制"。近些年来，广东省在政策沟通层面采取的主要措施如下。

一、高层引领推动合作

广东省委、省政府主要领导出访了新加坡、马来西亚、泰国、越南、斯里兰卡、坦桑尼亚、埃塞俄比亚等多个国家和地区，介绍广东经济社会发展情况以及广东推进"一带一路"、广东自贸区和粤港澳大湾区建设情况，推进与"一带一路"沿线国家在多个领域的务实合作和互信了解。

二、全面拓展交流渠道

（一）合作机制

广东省广泛建立了地方友好交流合作关系。截至2018年12月31日，广东已与全球六大洲38个国家的48个省（州）、市、区缔结友好关系，广东的各个市（县、区）已与147个海外城市缔结了友好关系。

（二）地区间的协调机制

为增进地区间的了解与协同发展，广东省积极开展了广东省驻境外经贸代表处、境外广东商会等经贸服务平台建设。根据广东省国际贸易促进委员会官网，目前广东已先后设立有22个驻境外经贸代表处、20个境外广东商会，以及非洲投资贸易联盟、南亚投资贸易联盟、东南亚投资贸易联盟共3个区域性投资贸易联盟。

（三）智库、媒体等交流机制

由广东省外事办、广东国际战略研究院等主办的中国（广东）-东盟战略合作论坛，自2010年创办以来已成功举办六届。由广东国际战略研究院、中联部当代世界研究中心等主办的21世纪海上丝绸之路（广东）国际智库论坛，自2016年创办以来已成功举办三届。由中央广播电视总台、广东省人民政府等主办的21世纪海上丝绸之路中国（广东）国际传播论坛，自2017年创办以来已成功举办两届，并已将论坛永久会址确定在广东省珠海市。

三、携手港澳全面推进

2017年7月1日，在习近平总书记的亲自见证下，广东省与国家发改委、香港、澳门共同签署了《深化粤港澳合作 推进大湾区建设框架协议》（以下简称《框架协议》）。《框架协议》对广东、香港、澳门共同推进大湾区建设的协调机制和实施机制做了妥善安排，并强化了粤港澳合作咨询渠道，吸纳内地及港澳各界代表和专家参与，研究探讨各领域合作发展策略、方式及问题。

2018年8月15日，国家粤港澳大湾区建设领导小组第一次全体会议在北京召开，中央政治局委员、广东省委书记李希出席会议，香港特别行政区行政长官林郑月娥、澳门特别行政区行政长官崔世安作为粤港澳大湾区建设领导小组成员参加会议，标志着国家层面的政府工作机制正式启动。

第三节　设施联通：交通运输、信息能源等齐头并进

设施联通是"一带一路"建设的优先领域。2019年4月26日，习近平总书记在第二届"一带一路"国际合作高峰论坛开幕式上的主旨演讲中提出，共建"一带一路"，关键是互联互通，而作为许多国家发展瓶颈的基础设施则是互联互通的基石。习近平总书记指出，"建设高质量、可持续、抗风险、价格合理、包容可及的基础设施，有利于各国充分发挥资源禀赋，更好融入全球供应链、产业链、价值链，实现联动发展"。《中国（广东）自由贸易试验区总体方案》要求建立自贸试验区与粤港澳海空港联动机制，建设21世纪海上丝绸之路物流枢纽，探索具有国际竞争力的航运发展制度和协同运作模式。《粤港澳大湾区发展规划纲要》更进一步提出要从综合交通运输体系、信息基础设施、能源安全保障体系和水资源安全保障四个方面，"加强基础设施建设，畅通对外联系通道，提升内部联通水平，推动形成布局合理、功能完善、衔接顺畅、运作高效的基础设施网络"。

近年来，广东省针对设施联通方面的措施已不仅仅局限于"交通运输"方面，设施网络的建设已开始向信息、能源等领域扩展。《广东省参与丝绸之路经济带和21世纪海上丝绸之路建设实施方案》提出，广东要促进重要基础设施的互联互通，推动与"一带一路"沿线国家的能源合作。要求"充分发挥区位优势，深化港口、机场、高速公路、高速铁路和信息国际合作，打造国际航运枢纽和国际航空门户，面向沿线国家，构筑联通内外、便捷高效的海陆空综合运输大通道"。"加强与沿线国家信息基础设施建设合作"。"与沿线国家开展能源贸易、资源开发、节能环保合作"。具体而言，相关措施主要如下。

第九章 21世纪海上丝绸之路广东贸易的政策创新与措施

一、构筑海陆空综合运输大通道

（一）港口方面

为提升珠三角港口群的国际竞争力，广东省于2018年形成《广东省港口资源整合方案》，整合港口资源，推进港口一体化建设。2019年，广东省公布《广东省推进运输结构调整实施方案》，以贯彻国家关于推进运输结构调整、提高综合运输效率、降低物流成本的要求，并在《广东省推进运输结构调整实施方案》中强调加快推进《广东省港口布局规划》的编制工作。根据《中国港口年鉴2017》，2017年广州港完成货物吞吐量59000万吨、深圳港完成货物吞吐量24136万吨，与香港港形成"三足鼎立"的局面；此外，东莞和珠海港也突破了1亿吨，中山、惠州、佛山等港口吞吐量均突破8000吨。

（二）航空方面

为建设世界级机场群，广东省政府与民航局于2018年11月签署《关于推进广东民航高质量发展战略合作框架协议》，强有力地支撑了加快推进机场建设，完善机场布局，合力推进珠三角空域结构优化等目标。广州和深圳两大国际航空枢纽共同发力，其中，广州市提出《推进广州国际航空枢纽和临空经济示范区建设三年行动计划（2017—2019年)》，对白云机场的扩建、空铁联运综合交通体系的建设和出入境手续的优化设定了目标，2018年，广州白云机场2号航站楼和综合交通中心等二期扩建项目已于投入使用；而以第四、第五跑道和3号航站楼为主体工程的三期扩建工程已经启动，白云机场2019年的旅客吞吐量目标达到7200万人次。2019年，深圳机场三跑道扩建工程项目建议书获得正式批复，并正在推进T3航站楼卫星厅和T4航站楼规划建设，据《深圳宝安国际机场总体规划》预测，深圳机场2020年旅客吞吐量将达到4500万人次。

（三）对外综合运输通道和快速交通网络方面

为畅通对外综合运输通道和构筑快速交通网络，广东省于 2016 年下发《广东省交通运输综合改革试点工作实施意见》，对于理顺交通运输管理体制机制、深化市场化改革和促进升级具有重要的指导意义。2018 年 4 月，广东省发改委启动《粤港澳大湾区城际铁路建设规划（2020—2030 年)》编制工作，推进包括港珠澳大桥、虎门二桥、广深港高铁等重点项目建设。大湾区至周边省区的铁路、高速公路、大桥、口岸等建设和扩容项目有序进行，其中，最令世界瞩目的港珠澳大桥已于 2018 年 10 月开通运营，截至 2019 年 5 月 2 日，港珠澳大桥共验放出入境车辆超过 13.6 万辆次。

二、构建新一代信息基础设施

2018 年 5 月 18 日，广东省发布《广东省信息基础设施建设三年行动计划（2018—2020 年)》，提出要力求打造网络强省，将互联网协议第六版（IPv6）、移动物联网（NB – IoT）等列为发展重点，通过坚持规划先行、开放公共资源、推进"一杆多用"试点、加大财政支持力度、加强用地保障、提高审批效率、维护建设秩序和强化安全保障八大方面的具体措施，保障新一代信息基础设施的建设，力争用 3 年时间将珠三角建成世界级宽带城市群。

对外联通方面，广东省于 2016 年印发《广东省超高速无线局域网推广应用总体工作方案》，推进超高速无线局域网（EUHT）技术在机场、港口、城市轨道交通的应用，以推进大物流系统、"智慧港口"的建设；并推进 EUHT 技术在广州南沙、深圳前海蛇口、珠海横琴自贸区的应用，着力打造"智慧自贸区"。此外，工信部于 2016 年批准在东莞新建国内第 4 个互联网国际出口局，预计为互联网国际出口扩容的容量将是广州节点原有容量的 1.75 倍。2018 年，工信部又批复在广东省珠海市横琴新区新建国际互联网数据专用通道,大幅提升横琴自贸区的国际通信网络性能。

三、打造珠三角世界级智慧城市群

2014年11月7日,广东省发布《推进珠江三角洲地区智慧城市群建设和信息化一体化行动计划(2014—2020年)》,提出通过网上办事服务、社会信用和市场监管体系等方面的一体化措施,完善"光网城市"工程等城市网络基础设施、城市"慧眼工程"等管理网络和云计算数据中心应用等公共支撑平台,力争在2020年基本建成珠三角世界级智慧城市群。对外联通方面,推动"跨境一锁"技术对接、粤港电子签名互认、关检合作"三个一"(一次申报、一次查验、一次放行)通关模式,重大交通枢纽的智能感知物联网技术——粤港公交一卡通等物联网与智慧交通一体化平台的建设。此外,广东省政府与中国电信集团公司签署协议,充分发挥政企合作的优势,至2022年,中国电信将在粤港澳大湾区建成3.4万个5G站点,形成世界级5G产业集聚区和5G融合应用区,为大湾区的发展助力。

四、发起设立广东省"走出去"能源基础设施产业联盟

为增强广东企业在国际能源基础设施市场上的整体竞争力,提升广东能源企业对外投资合作质量和水平,在广东省商务厅的指导下,2017年12月8日中国能源建设集团广东省电力涉及研究院、珠江投资、华润电力、华为等单位共同发起设立广东省"走出去"能源基础设施产业联盟。广东省"走出去"能源基础设施产业联盟目前已形成了包括有5家材料和设备生产企业、7家工程建设和咨询服务企业、3家投资企业、3家金融机构在内的能源行业完整产业链,成为整合广东能源基础设施全产业链资源、为广东能源基础设施企业创新合作拓展"一带一路"沿线国家能

源基础设施项目的重要平台。

第四节 贸易畅通：开放型经济新体制正在形成

贸易畅通是"'一带一路'建设的重要内容，目的是不断扩大中国与'一带一路'沿线国家的经济贸易合作往来，主要包括贸易和投资领域"。习近平总书记在哈萨克斯坦纳扎尔巴耶夫大学的演讲中首倡"一带一路"之时，便指出"一带一路"沿线各国在贸易和投资领域进行合作的潜力巨大，"各方应该就贸易和投资便利化问题进行探讨并作出适当安排，消除贸易壁垒，降低贸易和投资成本，提高区域经济循环速度和质量，实现互利共赢"。《中国（广东）自由贸易试验区总体方案》将广东自贸区的发展目标确定为"经过三至五年改革试验，营造国际化、市场化、法治化营商环境，构建开放型经济新体制，实现粤港澳深度合作，形成国际经济合作竞争新优势，力争建成符合国际高标准的法制环境规范、投资贸易便利、辐射带动功能突出、监管安全高效的自由贸易园区"。《粤港澳大湾区发展规划纲要》则以一整章（第九章）的篇幅要求"深化粤港澳合作，加快构建开放型经济新体制，形成全方位开放格局，共创国际经济贸易合作新优势，为'一带一路'建设提供有力支撑"。

《广东省参与丝绸之路经济带和21世纪海上丝绸之路建设实施方案》将加强对外贸易合作、加快投资领域合作列为广东推动"一带一路"建设的第二大、第三大重点任务。一方面，广东省加快推进中国（广东）自由贸易试验区建设和粤港澳大湾区建设，构建开放型对外经济体制机制；另一方面，充分利用21世纪海上丝绸之路博览会、广交会、高交会等经贸合作平台，扩大与"一带一路"沿线国家的贸易往来和投资合作。

一、构建开放型经济体制机制

广东以中国（广东）自由贸易试验区建设和粤港澳大湾区建设为主要抓手，不断深化改革，努力构建开放型经济体制机制。

（一）推进中国（广东）自由贸易试验区建设

2015年7月20日，广东省印发《中国（广东）自由贸易试验区建设实施方案》，提出八大任务及62项具体措施，"主要任务如下：一是加快构建与国际高标准对接的投资贸易规则体系；二是建设依法规范行政体系和公平竞争市场机制；三是建设与'一带一路'沿线国家和地区的高水平合作平台；四是打造粤港澳深度合作示范区；五是强化国际贸易功能集成；六是提升国际航运服务能级；七是深化金融领域开放创新；八是完善配套监管及税收环境"。

2018年7月29日，广东省印发《进一步深化中国（广东）自由贸易试验区改革开放分工方案》，进一步明确了中国（广东）自由贸易试验区的三个发展定位，即"对标国际先进规则，建设开放型经济新体制先行区"；"争创国际经济合作竞争新优势，打造高水平对外开放门户枢纽"；"开拓协调发展新领域，打造粤港澳大湾区合作示范区"。围绕上述三大发展定位，《进一步深化中国（广东）自由贸易试验区改革开放分工方案》提出了18个大项、120个小项的具体分工推进措施。

2019年2月15日，广东省印发《支持自由贸易试验区深化改革创新若干措施分工方案》，在营造优良投资环境、提升便利化水平、推动金融创新服务实体经济、推进人力资源领域先行先试四个方面，部署了40项深化改革创新的措施。

（二）推进粤港澳大湾区建设

根据广东省委、省政府的决策部署，广东省推进粤港澳大湾区建设领导小组办公室牵头组织起草了《中共广东省委 广东省人民政府关于贯彻落实〈粤港澳大湾区发展规划纲要〉的实施意见》《广东省推进粤港澳大湾区建设三年行动计划（2018—2020年）》等一系列《粤港澳大湾区发展规划纲要》的配套文件，形成了广东省推进粤港澳大湾区建设的施工图和任务书。《中共广东省委 广东省人民政府关于贯彻落实〈粤港澳大湾区发展规划纲要〉的实施意见》主要着眼长远发展，"对标大湾区到2035年的建设目标，对未来十多年广东省要重点推进落实的大事要事进行谋划，突出战略性和协调性"。《广东省推进粤港澳大湾区建设三年行动计划（2018—2020年）》主要是着眼中期安排，"把近中期看得比较准的、可以加快实施的重点工作进行分工部署，进一步量化阶段性目标"。

根据广东省人民政府2019年3月2日在广州召开的广东省推进粤港澳大湾区建设新闻发布会（以下简称"新闻发布会"）上的消息，上述配套文件已经广东省委、省政府审定，很快便将印发实施。

二、充分发挥对外经贸合作平台作用

作为古丝绸之路的重要发祥地之一，广东与21世纪海上丝绸之路沿线国家的贸易往来十分活跃。在党的十八届三中全会正式提出推进21世纪海上丝绸之路建设之前，广东便已拥有广交会、高交会、金交会等成熟的对外经贸合作平台。为争做21世纪海上丝绸之路"桥头堡"，广东又针对性地创办了21世纪海上丝绸之路国际博览会这一新的专门的对外经贸合作平台。

（一）广交会

创办于1957年的广交会，即"中国进出口商品交易会"，是中国目前规模最大、成交效果最好的综合性国际贸易盛会。广交会加强了中国与世界的贸易往来，"是中国企业开拓国际市场的优质平台，是贯彻实施我国外贸发展战略的引导示范基地"。"截至第124届，广交会累计出口成交约 13536 亿美元，累计到会境外采购商约 861 万人。"

（二）高交会

创办于 1999 年高交会，即"中国国际高新技术成果交易会"，由多个国家部委和科学机构共同举办，是目前中国规模最大、最具影响力的科技类展会。经过多年发展，高交会已成为中国高新技术领域对外开放的重要窗口，推动了高新技术的国际化以及国家间的经济技术交流。

（三）金交会

创办于 2012 年的金交会，即"中国（广州）国际金融交易·博览会"，获得了中国香港、日本、韩国、新加坡、澳大利亚、英国、法国、西班牙等驻粤（穗）机构，欧盟及欧美等商协会的大力支持。2014 年，广东省商务厅、省外办将金交会列入 21 世纪海上丝绸之路建设的重要平台。迄今为止，金交会已成功举办了七届，共吸引 300 多家机构参展、近 90 万人次入场参观；举办 65 场高端论坛，产融对接意向签约金额逾 3 万亿元。

（四）海丝博览会

21 世纪海上丝绸之路国际博览会，简称"海丝博览会"，创办于 2014 年，旨在打造落实国家"一带一路"倡议的精品工程，树立"做生意、谈合作，到广东"的国际形象，推动广东与海上丝绸之路沿线国家经贸、文化、旅游全方位合作，促进企业"走出去"。经过 5 年的培育壮大，海丝博览会逐步发展成为在"一带一路"沿线国家和地区具有较强影响力的展会平台，国际化、品牌化、专业化、市场化发展步伐加快，国际影响力日益扩大。

第五节 资金融通：金融开放助力广东企业"走出去"

资金融通是推进"一带一路"建设的重要支撑，为设施联通和贸易畅通提供金融支持。"一带一路"沿线以发展中国家为主，这些国家发展水平参差不齐，经济基础相对较为薄弱，资金和技术缺口相对较大。全面推进"一带一路"建设，离不开投融资体系和投融资平台的建设和完善。2019年4月26日，习近平总书记在第二届"一带一路"国际合作高峰论坛开幕式上的主旨演讲中提出，"将继续发挥共建'一带一路'专项贷款、丝路基金、各类专项投资基金的作用，发展丝路主题债券，支持多边开发融资合作中心有效运作"。《中国（广东）自由贸易试验区总体方案》要求推动跨境人民币业务创新发展、推动适应粤港澳服务贸易自由化的金融创新、推动投融资便利化以及建立健全自贸试验区金融风险防控体系。《粤港澳大湾区发展规划纲要》中也提出要大力发展特色金融产业、有序推进金融市场互联互通。

广东省坚决贯彻落实习近平总书记的相关重要指示和党中央、国务院的有关决策部署，在《广东省参与丝绸之路经济带和21世纪海上丝绸之路建设实施方案》中提出的第三项和六项重点任务即为加快投资领域合作、拓展金融领域合作。紧紧围绕"一带一路"沿线国家基础设施互联互通和贸易投资合作的融资需求，广东省采取的主要措施包括：

一、建设金融业对外开放试验示范窗口

2018年7月29日，广东省人民政府公布了《进一步深化中国（广东）自由贸易试验区改革开放分工方案》，提出建设金融业对外开放试验示范窗口，"其主要内容如下：一是积极吸引各类国内外总部机构和大型

企业集团设立结算中心。二是支持深圳证券交易所加强同其他金砖国家交易所的合作。三是继续研究设立以碳排放为首个交易品种的创新型期货交易所。四是依托自贸试验区现有金融资产交易平台，依法合规开展相关业务，逐步提高境外投资者参与境内要素平台交易的便利化水平。五是大力发展海外投资保险、出口信用保险、货物运输保险、工程建设保险等业务。六是在有效防范风险的前提下，探索建立与港澳地区资金互通、市场互联的机制。七是深化与港澳及国际再保险市场合作，完善再保险产业链，建设区域性再保险中心。八是按照国务院统一部署，支持自贸试验区积极争取纳入投贷联动试点，促进创新创业。九是建设广东区域性股权市场，根据资本市场对外开放进程，适时引进港澳及国际投资机构参与交易。十是大力发展金融科技，在依法合规前提下，加快区块链、大数据技术的研究和应用"。

二、政策性金融机构提供专项融资支持和服务

2013年以来，中国出口信用保险公司广东分公司、国家开发银行广东省分行、中国进出口银行广东省分行等广东政策性金融机构积极利用其政策性职能作用，大力支持"一带一路"沿线贸易、投资和工程承包，为"一带一路"项目提供融资超过60亿美元，支持"一带一路"建设项目超过300个，覆盖越南、俄罗斯、柬埔寨、约旦、印度尼西亚、泰国、老挝、马来西亚、埃及、巴基斯坦等"一带一路"沿线全部64个国家和地区，涉及行业和领域包括电力、油气、能源、矿产、农业、船舶、成套设备、制造业等。为进一步充分发挥政策性金融机构在推进"一带一路"建设中的支持作用，全面解决广东省"走出去"企业的海外风险保障及项目融资需求，2018年1月11日，中国出口信用保险公司广东分公司、国家开发银行广东省分行和中国进出口银行广东省分行共同签署《战略合作协议》，搭建政策性金融服务平台，共同为广东省企业参与"一带一路"建设提供专项融资支持和服务。

三、发挥财政资金的引导和放大效应成立广东丝路基金

2016年1月29日,广东首支对外投资的省级政策性基金——广东丝路基金正式揭牌,首期规模200亿元,由广东省政府发起设立、省财政出资,吸引有关金融机构及社会资本参与,按照政府引导、市场运作、试点先行、风险可控的原则运作,由广东粤财投资控股有限公司旗下的粤财基金受托管理。该基金主要投资于符合国家"一带一路"倡议的项目,兼顾国内"一带一路"交通枢纽型项目,支持广东省企业在"一带一路"沿线国家和地区的投资,进一步提升广东省的对外开放和合作水平。

专栏9.1 广东推动资金融通的"成绩单"

2016年9月8日,恒生前海基金作为国内首家外资控股公募基金管理公司正式开业;2017年12月7日,汇丰前海证券作为国内首家外资控股的综合类证券公司正式开业;2018年10月19日,香港交易所前海联合交易中心作为国内首个外资大宗商品交易平台正式对外开业。一批首创新外资项目落地广东自贸试验区,标志着我国基金、证券、大宗商品等领域的金融开放取得重大突破。

广东自贸试验区自成立以来,开展外汇管理改革试点工作,获人民银行支持复制推广上海自由贸易账户体系,人民币海外投贷基金获批,率先实现跨境人民币贷款、跨境双向人民币资金池、跨境金融资产转让等"五个跨境",有效打通了区内与境外双向投融资通道。与此同时,广东自贸试验区跨境业务和外汇管理便利化措施也稳步向全省推广。截至2018年,广东共设立跨境人民币双向资金池290个,累计结算量超过6200亿元,全省通过全口径跨境融

资宏观审慎管理政策借款达 362.17 亿美元。"银税互动"试点推广到全省后，已覆盖 118 家银行业金融机构，累计向企业发放贷款 152.52 亿元。

参考来源：中国（广东）自由贸易试验区官网。

第六节 民心相通：以旅游合作和人文交流为突破口

民心相通在推动"一带一路"建设合作中发挥着独特而又重要的作用，既是"一带一路"建设过程中的社会和民意基础，又构成推动"一带一路"建设的终极推动力。习近平总书记在 2017 年 5 月 14 日举行的首届"一带一路"国际合作高峰论坛开幕式演讲中指出，"国之交在于民相亲，民相亲在于心相通"。人们在交流中拉近心与心的距离，方能为"一带一路"建设夯实民意基础，筑牢社会根基。

做好民心相通建设的关键，在于积极探索建立与"一带一路"沿线国家之间人文交流长效机制，构建国家间的教育交流合作平台，推动丝路特色的旅游合作。广东省在《广东省参与丝绸之路经济带和 21 世纪海上丝绸之路建设实施方案》提出的第七项和第八项重点任务便是深化旅游领域合作、密切人文交流合作。

一、深化旅游领域合作

广东省致力于以"21 世纪海上丝绸之路"为重点，积极发挥广东作为海上丝绸之路重要发祥地的地理优势，打造广东旅游对外开放合作交流的新平台，先后出台了《广东省人民政府关于促进旅游业改革发展的实施意见》（2015 年 12 月 25 日）、《广东省贯彻落实国家〈"十三五"旅业发展规划〉实施方案》（2017年3月2日）、《广东省促进全域旅游发展实施方案》（2018年7月27日）、《广东省海岛旅游发展总体规划（2017—2030年）》（2018年11月）等重要政策文件。截至目前，广东省已与全球超过30个国家和地区、国际旅游组织建立起了战略合作关系，并在欧洲、美国以及21世纪海上丝绸之路沿线国家和地区设立了超过21个广东驻外旅游合作推广中心。

作为广东省旅游业改革发展的纲领性和指导性文件，《广东省人民政府关于促进旅游业改革发展的实施意见》提出，要加强国际旅游交流合作，强化与欧美、"一带一路"沿线国际和地区旅游管理机构、民间组织、重点企业以及重要媒体的交流合作，推动实现旅游资源共同开发、旅游线路相互推广、旅游信息及时共享、旅游监管密切衔接。同时，《广东省人民政府关于促进旅游业改革发展的实施意见》还明确规划了广东海上丝绸之路文明名片之旅、海上丝绸之路瓷器之旅、海上丝绸之路宗教文化之旅3条省内旅游线路；"中国海上丝绸之路古港行"邮轮航线、"重走海上丝绸之路"邮轮航线等跨省和国际旅游线路。

《广东省贯彻落实国家〈"十三五"旅游业发展规划〉实施方案》提出广东要建设海上丝绸之路旅游核心门户，"具体措施包括：①加强一带一路国际旅游合作；②联手打造粤港澳大湾区世界级旅游区；③积极推进对台旅游交流；④积极发展入境旅游；⑤规范赴港澳台旅游市场秩序；⑥加强出境旅游的服务和监督；⑦实施旅游业'走出去'战略"。

《广东省促进全域旅游发展实施方案》要求优化"一核、一带、一区、一湾"全域旅游发展空间布局，其中"一湾"即指粤港澳世界级旅游休闲湾区。具体措施包括："一是加强粤港澳旅游合作，挖掘三地多元文化、主题公园、美食之都、购物天堂等优势旅游资源，打造各具特色的旅游产品体系；二是发挥粤港澳大湾区城市旅游联合会平台作用，共同策划更多粤港澳'一程多站'旅游精品线路；三是联合港澳推进与'一带一路'沿线国家和地区的旅游交流合作，举办国际性旅游展会和节庆活动，建设一批产业融合示范项目，打造粤港澳大湾区旅游品牌，共建粤港澳宜居宜业宜游的休闲湾区。"

《广东省海岛旅游发展总体规划（2017—2030年）》提出了树标杆、立特色、引潮流、争先进的四大发展目标。其中，树标杆是指"以万山群岛为龙头，以粤港澳世界级旅游休闲湾区建设为契机，统筹珠三角核心城市群的世界级旅游优势资源，积极打造粤港澳游艇自由行等高端旅游项目，打造世界顶级海岛休闲旅游集群"；立特色是指"依托广东美食在亚洲乃至世界的知名度，汇聚中国及亚洲餐饮美食之精华，借助海洋及海岛食材之鲜美，打造亚洲海洋美食旅游目的地"；引潮流是指"以横琴国际休闲旅游岛、南澳岛、上下川岛、海陵岛、放鸡岛等为核心发展海丝文化游精品线路，加强与港澳台区域旅游合作，拓宽与东南亚、澳新等国际旅游交流，切实实行'走出去'战略，将广东海岛旅游打造成为海上丝绸之路旅游带核心门户的战略支点"；争先进是指"打造20个滨海海岛旅游目的地，培育近200个休闲旅游用岛，积极创建国家蓝色旅游示范基地，打造海洋旅游强省，助力广东建设全国海洋经济发展综合试验区"。

专栏9.2　广东国际旅游文化节和中国（广东）国际旅游产业博览会

广东国际旅游文化节是由中华人民共和国国家旅游局（2018年3月更名为中华人民共和国文化和旅游部）支持，广东省委、省政府批准举办的大型旅游文化活动，自2005年创办以来，已成功举办10届，每届都吸引国内外众多宾客，逐步树立并巩固了"活力广东"的旅游形象和地位，已发展成为广东省和我国重要的旅游节庆品牌，是广东省向全球展现旅游活力、宣传岭南和我国旅游文化的重要窗口。2011年始，广东国际旅游文化节改由广东省内各地市轮流承办，每两年举办一届，是推动广东各地市加快融入粤港澳大湾区世界级旅游区建设、深化国际旅游交流合作的重要平台。

> 广东国际旅游产业博览会创办于2005年,经国家旅游局和广东省人民政府批准,2011年升级为国家级旅游展会,并正式更名为中国(广东)国际旅游产业博览会。在"一带一路"交流合作的大背景下,中国(广东)国际旅游产业博览会已发展成为开放的窗口、友谊的纽带、民间外交的有效渠道。2014年以来,每届中国(广东)国际旅游产业博览会均吸引众多"一带一路"沿线国家参会,推动广东与"一带一路"沿线国家围绕重点旅游项目开展务实合作,深化旅游领域投资合作,不断改善旅游基础设施,携手推动实现旅游业大发展。2018年举办的中国(广东)国际旅游产业博览会展览规模达到了历届之最,总共吸引了全球60个国家及地区参展。其中,马来西亚、泰国、日本、韩国等热门旅游目的地连续多年参展;拉丁美洲及非洲国家的参展规模空前,8个拉美国家及14个非洲国家的驻华使领馆、官方旅游机构参展展示当地旅游资源、寻找中国合作伙伴。此外,还有马来西亚、俄罗斯、泰国、柬埔寨、土耳其、波兰、古巴、厄瓜多尔、阿根廷、斯里兰卡、巴西、马里、老挝、卡塔尔、韩国、印度、越南、科威特等30多个国家政府官员和驻穗总领事亲临旅博会现场,参与各项主题活动。
>
> 参考来源:网上公开媒体报道消息整理。

二、密切人文交流合作

(一)粤港澳文化交流合作稳步发展

广东省文化厅、香港民政局、澳门文化局早在2002年便建立起了由三方轮流承办粤港澳文化合作会议的合作机制,在演艺节目和人才、文化咨询、文物博物、公共图书馆、非物质文化遗产传承与保护、文化创意产业这六个方面搭建交流合作平台。《粤港澳文化交流合作发展规划2009—2013》到期之后,广东省于2014年6月14日与香港、澳门新签订了《粤港澳文化交流合作发展规划2013—2018》,提出了重点加强以下八个方面的合作,"一是共同培育文化艺术创作、经营、管理人才,二是共同推动优秀文艺作品、文物博物藏品巡演巡展,三是共同提升公共文化服务水平,四是共同拓展网络及无线移动终端文化服务功能,五是共同组织多元化社区文化交流活动,六是共同推进粤剧和其他文化遗产的传承与发展,七是共同加强粤港澳文化产业合作,八是共同扩大粤港澳三地青少年文化交流"。

(二)"一带一路"职教联盟推动广东教育对外开放

近年来,广东省积极加强与"一带一路"沿线国家在教育领域的各项合作,广东教育对外开放合作的新格局已经基本形成,教育国际交流合作形式不断创新。根据国家"一带一路"共建教育行动的要求,为推动构建"一带一路"沿线国家教育共同体,广东省于2017年9月21日发起成立了广东省"一带一路"职业教育联盟。截至2018年年底,广东省"一带一路"职业教育联盟已拥有包括韩国、新加坡、马来西亚、柬埔寨、蒙古国、吉尔吉斯斯坦等多个国家的高校、企业、协会等在内的89个政校行企成员单位,有力地推动了广东职业教育开放以及与"一带一路"沿线国家在教育领域的国际合作交流。

(三)文博会等众多大型文化交流活动服务"一带一路"建设

被誉为"中国文化产业第一展"的中国(深圳)国际文化产业博览交易会(以下简称"文博会"),2016年开始设置"一带一路"展馆,并在2017年将原"一带一路"展馆升级为"一带一路"国际展馆,重点展示"一带一路"沿线国家和地区的传统工艺美术、创意设计、非物质文化遗产、文化旅游及演艺等内容。2018年文博会参展国家和地区达40

个,参展海外机构超过 110 家,合作领域基本涵盖整个文化产业。

作为中国文学界举办的首次以"海丝"为主题的大型国际性文学论坛,由广东省作家协会主办的首届 21 世纪海上丝绸之路文学发展论坛于 2018 年 11 月 12 日在广州开幕,来自柬埔寨、印度尼西亚、埃及、印度、缅甸、新加坡、泰国、越南等 15 个海上丝绸之路沿线国家和地区的文学组织负责人和知名作家应邀参会。21 世纪海上丝绸之路文学发展论坛旨在传承意蕴深厚的丝路文化精神,积极探索搭建起联通"21 世纪海上丝绸之路"沿线国家和地区文学工作者的桥梁,努力构建新时代广东与国际文学交流合作的平台。

深圳"一带一路"国际音乐季于 2017 年创办,以"交流融通、多元共生、合作共赢、共创未来"为原则,以"丝绸之路"为音乐季主线,以"打造成为具有国际影响力的亚洲音乐艺术盛会"为目标,最终实现以交流展示促进合作。深圳"一带一路"国际音乐季每年邀请"一带一路"沿线近 30 个国家和地区的数百位中外艺术家,有力地促进了"一带一路"沿线国家的人文交流和文明相互鉴赏。

参 考 文 献

[1] 陈建军,胡晨光. 产业集聚的集聚效应——以长江三角洲次区域为例的理论和实证分析[J]. 管理世界,2008(6):68-83.

[2] 陈精精. 浅析广州十三行[J]. 文史博览(理论),2013(3):23-25.

[3] 陈雯. 空间均衡的经济学分析[M]. 北京:商务印书馆,2008.

[4] 陈玉霞,高芬. 古代海上丝绸之路与中外交流[J]. 兰台世界,2011上:78-79.

[5] 初庆华. 我国国际商贸中心城市建设发展研究[J]. 商业经济研究,2016(8):198-200.

[6] 董光海. 海口:撬动"海上丝绸之路"开放发展的支点[J]. 大陆桥视野,2018(3):88-89.

[7] 杜威剑,李梦洁. 产业集聚会促进企业产品创新吗?——基于中国工业企业数据库的实证研究[J]. 产业经济研究,2015(4):1-9、20.

[8] 鄂立彬,黄永稳. 国际贸易新方式:跨境电子商务的最新研究[J]. 东北财经大学学报,2014(2):22-31.

[9] 范剑勇,冯猛,李方文. 产业集聚与企业全要素生产率[J]. 世界经济,2014,37(5):51-73.

[10] 该刊综讯. 汇聚侨力,合作创新,助推发展,第七届粤东侨博会在揭阳举行[J]. 潮商,2017(6):10-11.

[11] 关兵. 甘肃构建西北丝绸之路经济带新战略支点构想 [J]. 开发研究, 2017 (5): 99-103.

[12] 国际贸易: 打造更具影响力的国际贸易中心 [J]. 宁波经济 (财经视点), 2017 (7): 25.

[13] 韩永辉, 邹建华. "一带一路"背景下的中国与西亚国家贸易合作现状和前景展望 [J]. 国际贸易, 2014 (8): 21-28.

[14] 湖北省襄阳市社科联 (院) 课题组, 刘群, 王礼刚. "一带一路"支点城市国际化水平提升战略研究——以襄阳市为例 [J]. 大陆桥视野, 2017 (5): 66-72.

[15] 黄安. 福建融入海上丝绸之路建设的思考 [J]. 亚太经济, 2014 (5): 111-114.

[16] 黄汝丽. 广东自贸区南沙片区营商环境建设研究 [J]. 广东经济, 2019 (1): 36-40.

[17] 金利霞. 产业转移与区域不平衡发展: 以广东省为例 [M]. 北京: 科学出版社, 2017.

[18] 雷晓宇. 广州十三行传奇田 [J]. 中国企业家, 2006 (11): 102-105.

[19] 冷东, 赵春晨, 章文钦, 杨宏烈. 广州十三行历史人物人文资源调研报告 [M]. 广州: 广州出版社, 2012.

[20] 黎国林, 王云峰. 广州建设国际贸易中心发展模式与路径选择 [J]. 探求, 2016 (5): 5-10.

[21] 李国荣, 林伟森. 清代广州十三行纪略 [M]. 广州: 广东人民出版社, 2006.

[22] 李骏阳. 虚拟国际贸易中心的构想与实现路径研究 [J]. 广东商学院学报, 2011, 26 (5): 4-9.

[23] 李凯杰. 供给侧改革与新常态下我国出口贸易转型升级 [J]. 经济学家, 2016 (4): 96-102.

[24] 李卫卫. 广东与"21世纪海上丝绸之路"沿线国家贸易效应研究

[D]．广州：暨南大学，2017．

[25] 李郇，郑莎莉，梁育填．贸易促进下的粤港澳大湾区一体化发展[J]．热带地理，2017，37（6）：792-801．

[26] 李雅晴．近年来转口贸易收支规模大幅萎缩的原因探析[J]．对外经贸实务，2018（6）：33-36．

[27] 李扬，张晓晶．"新常态"：经济发展的逻辑与前景[J]．经济研究，2015，50（5）：4-19．

[28] 梁嘉彬．广东十三行考[M]．广州：广东人民出版社，1999．

[29] 梁廷楠．粤海关志[M]．清道光广东刻本．卷25．行商，347．

[30] 梁育填，刘鲁论，柳林，陈蔚珊．广东省与"一带一路"沿线国家（地区）出口贸易格局的时空变化[J]．热带地理，2015，35（5）：664-670．

[31] 林桂军．国际贸易中心的必备要素[N]．人民日报海外版，2013-11-07（02）．

[32] 林瀚．清代广州十三行在中西交流中的历史地位[J]．广州大学学报（社会科学版），2006（8）：61-64．

[33] 刘大海．"一带一路"战略框架下南海战略支点岛的内涵、定位与对策[A]．中国软科学研究会．第十二届中国软科学学术年会论文集（上）[C]．中国软科学研究会：2016：8．

[34] 刘军，徐康宁．产业聚集在工业化进程及空间演化中的作用[J]．中国工业经济，2008（9）：37-45．

[35] 刘亚娟，王笑梅．大连东北亚国际贸易中心建设的内涵和特征研究[J]．中国商论，2016（29）：66-67．

[36] 卢荻．外商投资与中国经济发展——产业和区域分析证据[J]．经济研究，2003（9）：40-48．

[37] 卢方琦．浅析广州营商环境的现状及提升措施[J]．广东经济，2017（9）：90-93．

[38] 卢中原．世界产业结构变动趋势和我国的战略抉择[M]．北京：人

民出版社，2009．

[39] 路江涌，陶志刚．中国制造业区域聚集及国际比较［J］．经济研究，2006（3）：103-114．

[40] 罗建中．中国（广东）自贸区南沙新区：提升政务服务水平优化营商环境［J］．广东经济，2017（9）：24-27．

[41] 罗勇，曹丽莉．中国制造业集聚程度变动趋势实证研究［J］．经济研究，2005（8）：106-115，127．

[42] 马士：东印度公司对华贸易编年史［M］．广州：中山大学出版社，1991．

[43] 聂辉华，江艇，杨汝岱．中国工业企业数据库的使用现状和潜在问题［J］．世界经济，2012，35（5）：142-158．

[44] 裴长洪．经济新常态下中国扩大开放的绩效评价［J］．经济研究，2015，50（4）：4-20．

[45] 彭芳梅．粤港澳大湾区及周边城市经济空间联系与空间结构——基于改进引力模型与社会网络分析的实证分析［J］．经济地理，2017，37（12）：57-64．

[46] 秦冲．广东省营商环境评价研究［D］．广州：华南理工大学，2018．

[47] ［清］印任光，张汝霖．澳门纪略［M］．赵春晨，点校．广州：广东高等教育出版社，1988．

[48] 青岛"一带一路"新亚欧大陆桥经济走廊主要节点城市海上合作战略支点城市［J］．走向世界，2015（20）：47．

[49] 邱灵，方创琳．北京市生产性服务业空间集聚综合测度［J］．地理研究，2013，32（1）：99-110．

[50] 申现杰，肖金成．国际区域经济合作新形势与我国"一带一路"合作战略［J］．宏观经济研究，2014（11）：30-38．

[51] 沈克华，彭羽．离岸贸易与香港国际贸易中心地位的演变——兼论对上海国际贸易中心建设的启示［J］．亚太经济，2013（3）：143-148．

[52] 沈志澄．国际加工贸易与补偿贸易［M］．上海：上海科学技术文献出版社，2002．

[53] 盛垒．疲弱复苏的世界经济：新变量、新趋势与新周期——2017年世界经济分析报告［J］．世界经济研究，2017（1）：3-17，135．

[54] 石琼丹．国际贸易中心城市的共性特征［J］．特区经济，2014（5）：131-133．

[55] 宋双双．在"一带一路"战略下扩大对外农业合作［J］．国际经济合作，2014（9）：63-66．

[56] 苏振东，董家佳，尚瑜．传递贸易："新常态"背景下中国对外贸易转型升级的新模式［J］．国际贸易问题，2017（9）：3-13．

[57] 谭阿勇．宋代海上贸易立法之探析［J］．河南科技学院学报，2016（5）：78-82．

[58] 覃波．清宫广州十三行档案的珍贵价值［J］．历史档案，2003（4）：117-123．

[59] 谭元亨．广州十三行——明清300年艰难曲折的外贸之路［M］．广州：广东经济出版社，2015．

[60] 天津：打造"一带一路"新支点城市［J］．山东经济战略研究，2015（3）：4．

[61] 屠建平，杨雪．基于电子商务平台的供应链融资模式绩效评价研究［J］．管理世界，2013（7）：182-183．

[62] 汪亮．国际贸易中心城市崛起的经验与启示［J］．城市观察，2011（4）：51-64，133．

[63] 王凤云，景永平．加工贸易及转型升级对我国经济影响分析［J］．时代经贸，2008（Z1）：54-58．

[64] 王欣亮．区域协调发展研究：要素配置视域下的产业转移分析［M］．北京：中国社会科学出版社，2018．

[65] 卫玲，王炳天．丝绸之路经济带支点城市建设的顶层设计［J］．西北大学学报（哲学社会科学版），2016，46（6）：82-88．

[66] 魏刚,傅兴星,徐艳.打好"桥牌",助推21世纪"海丝"战略支点城市建设[J].厦门特区党校学报,2015(5):14-17.

[67] 魏后凯.加入WTO后中国外商投资区位变化及中西部地区吸引外资前景[J].管理世界,2003(7):67-75.

[68] 魏俊.广州、粤海关与广州十三行[J].兰台世界,2016(2):96-99.

[69] 文东伟,冼国明.中国制造业产业集聚的程度及其演变趋势:1998—2009年[J].世界经济,2014,37(3):3-31.

[70] 吴伟平.关于上海国际贸易中心制度建设的研究[D].上海:复旦大学,2010.

[71] 谢代银.全球产业转移与区域战略抉择[M].重庆:西南师范大学出版社,2008.

[72] 新目标:建成区域性国际贸易中心城市[J].宁波经济(财经视点),2017(1):19.

[73] 许德友.以"一带一路"广化深化广东开放型经济[J].汕头大学学报(人文社会科学版),2016(1):5-13.

[74] 杨洪焦,孙林岩,吴安波.中国制造业聚集度的变动趋势及其影响因素研究[J].中国工业经济,2008(4):64-72.

[75] 游婧.我国十大城市群对外贸易空间效应研究——基于区域性国际贸易中心的视角[J].经济体制改革,2017(2):50-56.

[76] 詹小光.做好融合文章 加快三亚战略支点城市建设[J].大陆桥视野,2017(3):82-87.

[77] 张滨,刘小军,陶章.我国跨境电子商务物流现状及运作模式[J].中国流通经济,2015(1):51-56.

[78] 张良卫."一带一路"战略下的国际贸易与国际物流协同分析——以广东省为例[J].财经科学,2015(7):81-88.

[79] 张唐彪,付轩.古代丝绸之路上的跨文化传播者[J].喀什大学学报,2016(37):54-58.

[80] 张云飞. 城市群内产业集聚与经济增长关系的实证研究——基于面板数据的分析 [J]. 经济地理, 2014, 34 (1): 108-113.

[81] 赵珈艺, 李金玲. "一带一路" 沿线国家经贸合作现状及前景分析 [J]. 内蒙古财经大学学报, 2017, 15 (5): 28-31.

[82] 钟韵, 胡晓华. 粤港澳大湾区的构建与制度创新: 理论基础与实施机制 [J]. 经济学家, 2017 (12): 50-57.

[83] 周明生, 郎丽华. 新常态下的经济转型与 "十三五" 时期经济展望——中国经济增长与周期国际高峰论坛 (2015) 综述 [J]. 经济研究, 2015, 50 (8): 184-192.

[84] 朱延福, 刘瑞, 叶君. 经济新常态、贸易保护对各国失业的影响——基于GVAR模型的实证研究 [J]. 商业经济研究, 2019 (3): 133-135.

[85] 左学金. 世界城市空间转型与产业转型比较研究 [M]. 北京: 社会科学文献出版社, 2011.

[86] Caves E. Industrial Organization and New Findings on the Turnover and Mobility of Firms [J]. Journal of economic literature, 1998, 36 (4): 1947-1982.

[87] Gereffi G. International trade and industrial upgrading in the apparel commodity chain [J]. 1999.

[88] Kawa A. Supply Chains of Cross-Border e-Commerce [M]. 2017.

[89] Krugman P. Increasing Returns and Economic Geography [J]. Nber working papers, 1991, 99 (3): 483-499.

[90] Liu X, Chen D, Cai J. The Operation of the Cross-Border e-commerce Logistics in China [J]. 2015.

[91] Stiglitz E, Weiss A. Credit Rationing in Markets with Imperfect Information [J]. American economic review, 1981, 71 (3): 393-410.

[92] Tabuchi T, Zeng Z. Stability of Spatial Equilibrium [J]. Journal of regional science, 2010, 44 (4): 641-660.

[93] Tilman D. Competition and Biodiversity in Spatially Structured Habitats [J]. Ecology, 1994, 75 (1): 2 – 16.

[94] Ying W, Dayong S. Multi-agent framework for third party logistics in E-commerce [J]. Expert systems with applications, 2005, 29 (2): 431 – 436.